주민자치패러다임과
자치분권시스템 개혁

주민자치패러다임과 자치분권시스템 개혁

지은이 김찬동
발행일 2024년 12월 31일
발행인 김정겸 펴낸곳 충남대학교출판문화원 주소 대전광역시 유성구 대학로 99
전화 042-821-6045 홈페이지 http://www.cnupress.co.kr E-mail cnupress@cnu.ac.kr

ISBN 979-11-6503-295-1 93350
정가 20,000원

주민자치 패러다임과 자치분권시스템 개혁

김찬동

충남대학교출판문화원

머리말

내년이면 한국의 지방자치부활한지 35년째를 맞이한다. 일부에서는 한국의 지방자치가 30년이라고 하기도 하지만, 지방자치는 주민주권에 입각하여 주권자인 주민들이 지방문제를 스스로 해결하기 위한 의사결정기구로서의 지방의회를 구성하는 것에서부터 시작한다고 할 때, 지방의회를 구성한 1991년을 기점으로 산정하는 것이 합리적이다. 물론 그 당시에는 지방자치단체장이 중앙정부의 임명직이었기에 이를 반쪽 지방자치였다는 폄하가 있기는 하였지만, 지방자치단체장은 지방의회가 공모하거나, 전문성을 가진 자를 채용할 수도 있다는 기관구성방식을 생각한다면, 지방자치 부활의 기점을 1991년으로 보는 것이 타당하다.

그런데, 한국의 지방자치제도는 단체자치 패러다임에 의거한 지방자치행정체제를 가지고 있다고 한다. 그리고 그러한 제도 선택의 결과로서, 현재의 '중앙집권적 강시장-약의회 시스템'으로 구조화되어 있고, 여전히 지방문제를 중앙정부의 규제와 통제, 그리고 국고보조금에 의하여 처리됨으로서, 지방자치단체가 중앙정부에 의존적이고, 자율성을 가지고 지방문제를 해결해 나가기가 어려운 구조적 문제를 가지고 있다. 그러한 구조적 문제는 수도권과 비수도권의 격심한 격차문제로 나타났고, 대학생과 청년들의 수도권역으로의 유출이 급속하게 이어져서, 이제는 수도권의 블랙홀 현상으로 수도권의 삶의 질도 저하되고 있는 것이다.

인구감소시대에 지방소멸현상이 나타나고 있다. 비수도권의 군지역에서는 고령화현상이 40%에 이른 곳도 나타나고 있고, 군의 거주인구가 2만명이 되지 않는 곳도 있다. 인구 2만명은 지방자치법상 면이 읍으로 승격될 수 있는 기준이다. 즉 읍면의 상위 행정기관인 군의 인구규모가 읍의 인구도 되지 않는다는 것은 현재의 지방행정계층 구조가 더 이상 지속가능하지 않다는 것을 의미한다.

인구문제에 전문성을 가진 연구자들의 추계에 의하면, 20년내에 인구 2만명의 군 지방자치단체가 20여개 이상으로 증가할 것이라고 한다. 군의 인구가 2만명이 되지 않게 되면, 그 내부의 읍면의 인구도 1만명 미만 읍이나 혹은 1천명 정도의 면이 나타나게 된다. 공간연구자들에 의하면, 인구가 1만명이 되지 않는 곳은 민간서비스 기관들도 규모의 경제가 없어서 사라지게 되고, 공공서비스 기관들도 더 이상 지속하기가 어려워 기관을 폐지하지 않을 수 없게 된다고 한다.

유사한 사례가 초등학생의 인구가 줄어들어서 더 이상 초등학교를 유지하기 어려워 폐교하는 경우를 들 수 있다. 즉 공공서비스를 받는 인구수가 과소하게 되면, 더 이상 행정기관을 그 지역에 입지시키기가 어렵게 되는 것이다. 즉 면 주민센터의 폐지나 인근 읍면 주민센터와의 통합을 하지 않을 수 없게 될 것이다.

그렇게 되면, 현재 읍면에 있는 주민자치위원회 혹은 주민자치회는 어떻게 될 것인가? 현재의 주민자치회 시범실시는 협력형 유형만을 합법적이라고 하여, 읍면 주민센터와 행정기관의 존재를 전제로 하고 있는 곳인데, 면 주민센터가 폐지되거나 통합된다면, 주민자치회도 폐지하거나 통합해야 할 것인가?

그렇지 않다. 행정영역과 자치영역을 각각 독자성을 가지고 각각의 역할과 책임이 있는 것이다. 행정은 국가로서의 역할을 하거나 지방정부로서의 역할을 할 수 있도록 행정사무를 수행하는 것이고, 자치는 주민과 공동체의 자치사무나 공유사무를 스스로의 재원을 가지고 스스로의 법규를 만들어서 자치운영체(self-government)를 만들어서 책임을 질 수 있는 구조를 가지는 것이다.

이 부분의 이해를 위하여 행정동과 법정동의 관계를 살펴볼 필요가 있다. 법정동은 마을단위의 자치를 하던 구역에 붙인 명칭이고, 행정동은 국가나 지방자치단체의 행정관리를 위하여 사무소를 설치하고 공무원을 배치하여 운영하는 구역에 명칭을 붙인 것이다. 통상적으로는 몇 개의 법정동이 모여서 하나의 행정동을 설치하고 있다.

행정관리의 효율성을 위하여 몇 개의 행정동을 통합한 경우도 있었다. 서울시의 경우 2000년대 행정동 통합을 할 때, 주민자치위원회도 통합해서, 주민자치 영역이 행정관리 영역에 종속되어 관리된 경우가 있었다. 당시 주민자치위원회로부터 반발을 사기도 하였다.

만일, 인구감소로 인하여, 군의 인구가 2만 이하가 되고, 시의 인구가 10만이하로 떨어질 때, 군의 지위나 시의 지위를 폐지하고, 인근의 시군과의 통합을 할 수 있을까? 통합은 복합적인 이해관계를 조정해야 하는 문제여서 강력한 리더십에 의한 국가 공익적 목적이나 위기극복이라는 절실한 필요가 아니면 용이하지 않을 수 있다.

그렇다고, 인구가 감소되어, 더 이상 군 자치단체로서 유지가 어려운 정도의 자치역량규모가 된다면, 자치계층의 위계를 전환하는 대안도 검토가 필요하다. 즉 군자치를 폐지하고, 읍면자치로 전환하는 것이다.

이것은 선진국의 지방자치시스템을 보면, 프랑스의 코뮨자치정부,

독일의 게마인데정부, 일본의 정촌지방자치단체 등을 보면, 그 규모가 한국의 읍면 계층의 규모와 유사한 것이다. 즉 선진국의 지방자치제도의 설계 규모는 공동체 규모의 자치에서 시작하여 그 자치역량을 넘는 문제에 대해서 상위 정부에서 보충하는 방식으로 계층 구조가 설계된 것이다. 이것이 주민자치 패러다임에 입각한 지방자치제도의 설계이다.

한국의 경우에는 지방자치제도의 설계가 단체자치 패러다임에 입각하여 설계되었고, 국가 정권적 필요에 따라서 제도 유형의 채택이 이루어졌다. 과도한 중앙집권적 국가구조를 민주화하기 위하여 과잉의 자치분권을 강조하는 정치적 흐름이 있었고, 결과적으로 2000년대 초반에 직접 민주주의 제도를 새롭게 도입하였고, 대통령이 바뀔 때마다 국정과제로서 분권정책을 강조하기도 하였다. 그렇지만, 정치적으로만 분권자치가 표방되었고, 실제의 행정적으로는 중앙정부 부처에 의한 지방자치단체를 사무적으로 혹은 재정적으로 통제하고 규제하는 틀을 벗어나지 못하였다. 그리하여 지방의회도 입법분권 패러다임에 의하여 설계되지 못하고, 지방자치단체의 관료제에 부속기관과 같은 위상과 역할을 하면서, 자치입법과 예산심의의결을 하는 기관정도로 그 역할을 한정하였다. 그리고 그렇게 약의회에 중앙정부의 정당들이 공천권을 통하여 지방의원들을 장악함으로써, 지방의회선거는 중앙정치의 중간평가를 하는 기능으로 전락하기도 하였다.

지방자치부활 35년을 맞이하면서, 어디서부터 어떻게 한국의 지방자치시스템을 새롭게 개혁할 수 있을 것인가? 그리고 지방자치단체가 직면하고 있는 인구감소와 지방소멸의 문제를 대응할 수 있는 자치역량을 함양할 수 있을 것인가? 수도권의 인구 블랙홀 현상과 비수도권의 빈집 증가 문제와 청년인구의 지역유출의 구조화 문제를 어떻게 대응하여 풀어낼 것인가?

한국의 지방자치시스템을 선진국과 비교하면서 시사점으로 제시되었던 것 중에 가장 중요한 개혁방향중에 하나가 시군구 자치계층을 시읍면 자치계층으로 전환하여야 한다는 것이다. 한국의 기초지방자치의 인구규모가 너무 크고, 도시지역의 자치와 농촌지역의 자치를 구분하지 않고 획일적인 적용을 하는 구조적 문제를 해결하는 방향이 바로 시읍면자치계층으로의 전환이다.

독일의 게마인데 정부는 기초지방자치로서 공동체 자치관리를 할 수 있는 지방정부이고, 일본의 정촌 자치단체도 공동체 자치관리를 할 수 있는 농촌지역의 지방자치이다. 프랑스의 코뮨정부도 공동체 자치관리를 하거나 공동체 연합단위의 규모를 자치하는 정부이다. 자치분권의 선진 모형중에 대표적인 스위스의 코뮨정부도 총회를 할 수 있는 규모의 공동체 자치라고 할 것이다.

미국의 뮤니시팔리티(municipalities) 자치도 커뮤니티단위로 지방정부를 구성할 수 있는 다양한 유형이 기본으로 되어 있다. 그래서 도시지역은 시티정부, 타운정부로 되어 있고, 도시성이 낮은 곳은 빌리지정부로 되어 있다. 미국에서 카운티 계층은 주정부의 행정을 지역단위에서 관리하는 행정구와 같은 성격에서 자치단체로 전환한 것으로 보아야 할 것이고, 시민들이 자치헌장을 가지고 홈룰에 의하여 자치를 하는 공간은 뮤니시팔리티 자치 계층이라고 해야 할 것이다.

그렇다면, 한국에서 지방자치제도를 새롭게 재설계한다고 할 때, 도시자치와 농촌자치를 명확히 구별하는 제도적 장치가 필요하다. 그것은 도시지역은 도시정부로, 농촌지역은 읍면자치정부로 해야 할 것이다. 특히 인구감소와 지방소멸과 같은 문제는 국가의 행정으로서는 풀기 어려운 난제이다. 아무리 재정과 예산을 투입한다고 해서, 청년들의 마음을 바꾸기는 쉽지 않다. 청년들로 하여금 결혼하면 지원금을 주고,

출산하면 장려금을 주면서, 일자리도 공공기관에서 만들어서 비수도권의 인구감소지역에 거주하게 한다고 해서, 이들이 과연 10년이상 20년이상 장기적으로 그곳에 지속성있게 거주하게 할 수 있는가?

개인의 자유를 중시하는 자유민주주의 시스템하에서 국가와 공공에 의한 지원사업은 그 실효성이 단기간에 그칠 수 밖에 없다. 이미 인구감소지역의 군지방자치단체에서는 출산장려금에 의하여 출생율이 높아진다고 하나, 일정기간이 지나서 보면, 지역에서 인구유출이 일어나고 있는 것을 볼 수 있다.

또 인구감소지역에 대한 기금을 지방자치단체별로 50억에서 수백억을 투입하고 있지만, 대부분 시설사업에 사용되고 있는데, 과연 그것의 운영비를 스스로 부담할 수 있는 자치역량이 있는가도 문제이고, 10년이상 그 시설이 지속적인 유용성을 가질 것인가에 대해서는 누구도 장담하지 못한다.

일본의 유바리시를 방문해보면, 인구 10만의 도시가 현재 인구 5천명으로 되어 있는 전형적인 쇠퇴도시인데, 복지시설이나 도서관시설 등 시설은 잘 되어 있지만 인적이 한산하여 시설투자의 낭비를 목도하게 되었다. 한국의 군지역에 대한 국고보조사업들이 이렇게 되지 않을 것이라고 누가 장담하겠는가?

그렇다면, 관리의 단위를 미세화해야 한다. 군단위의 종합적 관리는 과비용이다. 인구 2-3만의 지역에 공무원이 500명-700명씩 투입하고 있는데, 공직이 일거리를 오히려 만드는 현상이 벌어지고 있다. 군자치계층을 읍면자치계층을 전환하여야 한다. 군의 사무를 광역적인 사무는 도로 이관하고 근린 사무와 기능, 그리고 조직과 예산을 과감하게 읍면 계층으로 이관하여야 한다. 그리고 읍면계층에는 근린의회를 구성하고, 읍면세를 징수할 수 있도록 하며, 읍면세로서 그 지역의 읍면행정을 처리할 수 있는 자치역량을 구비할 수 있도록 재산세를 읍면으로 이관해 주어야 한다. 특별한 '주민자치특구'로서 운영할 수 있도록 특례와 특별법으로 국가와 지방자치단체로부터 보충성의 원칙에 입각한 '전권한성의 자치권'을 이관해 주어야 한다.

지역의 인구감소와 지방소멸의 문제를 기본적으로는 스스로 생각하고, 스스로 숙고하면서 공동체단위에서 의사결정을 하게 해야 한다. 언제까지 행정이 이를 대행해 줄 수는 없다. 행정은 행정다운 역할로 그 수비범위를 축소해야 하고, 그 영역에 주민들이 스스로 지역문제를 결정하고 집행하며 책임 질 수 있는 자치제도의 혁신이 일어나야 한다. 그리고 그 공간에 민주공화정의 원칙과 헌법적 원칙이 적용될 수 있도록 학습하고 훈련하고 교육되어야져야 한다.

이를 위해 1부에서는 인구소멸의 문제와 자치분권의 문제를 다루었다. 2부에서는 자치분권과 지방의회의 문제를 다루었다. 3부에서는 광역행정과 공공리더십에 대해서 다루었다. 부록에서는 몇가지의 시론을 다루었다.

아무쪼록 이번에 출판하는 주민자치와 관련된 5번째의 저서가 한국의 지방자치 발전에 기여할 수 있기를 기대한다. 이 책은 한국의 주민자치문제에 관심을 가지는 학생들이나 현장의 주민자치위원들에게 도움을 줄 수 있기를 기대하고 편집되었다.

2024년 10월

가을의 정취를 즐겁게 감상하면서

김찬동

Contents

주민자치패러다임과 자치분권시스템 개혁

01

인구감소와 지방자치

1. 지방소멸과 분권자치정책
2. 지방자치의 성공조건
3. 주민자치와 총회정부: 총회형 주민자치는 지속가능한가?

01

지방소멸과 분권자치정책

I. 문제제기

인구감소와 지방소멸의 위기가 지방자치단체를 덮치고 있다. 특히 수도권의 인구집중으로 인하여 비수도권은 대학청년층의 인구가 감소하고, 고령화까지 진전되어, 인구소멸 위기에 직면하는 시군구가 급증하고 있다. 비수도권의 지방에서는 공가의 급증하고, 지방대학들은 학령인구의 감소로 인하여 존폐의 위기에 처하고 있다. 이미 저출산으로 인하여 초등학교가 폐교되는 숫자도 급증하고 있다.

이러한 인구감소와 지방소멸의 위기는 한국의 지방자치단체의 자치분권정책에는 어떤 영향을 미칠까? 지방자치단체의 인구감소는 재정위기로 이어지고, 지방자치단체의 자치역량을 더욱 더 떨어뜨려서,

자치하기 어려운 자치위기로 이어지게 된다. 이런 지방자치단체가 점점 늘어나게 되면, 지방자치단체의 통합논의가 일어나게 되고, 중앙정부는 시군구의 통합을 통해서 지방자치단체 재정관리의 효율성을 높이려 하게 될 것이다.

이미 지방자치단체 중에서 군지역의 경우 재정자립도가 30%도 되지 않는 곳이 50%이상이 되고 있기에 인구감소와 지방산업의 쇠퇴는 지방자치단체의 재정력을 더 어렵게 할 것이다. 이런 상황에서 자치분권정책을 더 지속한다는 것은 재정여건이 어려운 지방자치단체를 더욱더 어렵게 만드는 결과를 초래하게 될 것이다.

그래서 지방자치단체에 대한 자치분권 논의를 중단하고, 오히려 균형발전정책을 더 가속화하여 재정력이 평균이하인 지방자치단체에 대한 국고지원을 확대하여야 한다는 논리가 더 힘을 얻게 된다. 또 이러한 균형발전정책을 가속화하기 위해서는 중앙정부의 재정력이 더 강력해야 하고, 지방자치단체에 대한 집권화된 영향력을 가지고 있어야 지방자치단체들의 격차를 줄일 수 있는 힘을 가지게 된다는 주장이 힘을 얻게 된다. 이것은 중앙정부로부터의 분권정책을 폐기하고, 오히려, 중앙정부가 더 집권화된 지방정책을 해야 한다는 논리에 힘을 싣게 되는 것이다.

그렇다면 지방소멸위기에 직면한 한국의 지방자치정책은 분권정책을 중단하고, 균형발전정책을 우선하고, 중앙정부의 집권화된 지방통제를 유지하는 것이 과연 바람직할 것인가? 국토와 공간을 연구하는 연구자들은 지방도시의 살생부가 만들어져 있다고 할 정도로 인구감소로 인하여 10만이하의 중소도시들은 조만간 소멸될 위기에 있다고 하고 있다.

또 지금과 같이 17개의 광역시도의 경우 인구규모나 산업규모에서 편차가 너무 심하기 때문에, 수도권 집중으로 인한 비수도권의 쇠퇴와 지방자치단체간의 격차가 더 심화될 것이기 때문에 초광역권역을 중심으로 광역시도를 통합하고, 이러한 초광역권역의 지방자치단체에 대하여 중앙정부의 권한과 재정, 인력과 조직을 분권시키는 분권국가로 가야한다는 논지의 주장들을 하고 있다(김근영, 2019)

또 지방분권이 지방을 망하게 한다고 하기도 하면서, 분권보다는 지역간의 격차해소가 우선이고, 이 문제를 풀기 위해서는 지역의 거점대도시를 발전시키고, 거점 대도시를 중심으로 중소도시와 농촌지역을 네트워크화하여 지역에서 일자리와 대학교육이 이루어질 수 있는 다핵적 국토운영이 이루어져야 한다는 주장을 하고 있다(마강래, 2018).

그렇다면 이들이 주장하는대로 과연 한국의 자치분권정책은 실패한 것이고, 오히려 중앙정부가 중앙집권을 지속해나가면서, 지역간의 격차를 중앙정부 주도적으로 풀어나가는 균형발전정책을 지속하는 것이 과연 인구소멸과 지방소멸의 위기를 풀어낼 수 있을 것인가? 본고에서는 이 논지를 풀어가보려고 하고, 그럼에도 불구하고 자치분권정책은 새롭게 온전한 자치분권이 되도록 지속되어야 하고, 이를 위한 분권자치정책의 정책구조를 새롭게 재설계하여야 한다는 주장을 하고자 한다.

Ⅱ. 지방소멸문제와 자치분권정책의 위기

1. 지방소멸문제와 원인분석

한국의 인구변화가 급격하게 일어나고 있고, 인구감소로 인하여 지방은 소멸을 걱정해야 하는 단계에 이르고 있다. 고령화와 저출산이 동시에 진행되고 있고, 청소년의 인구감소가 현격하게 나타난다. 결과적으로 생산가능인구의 비율이 낮아져서, 지방자치단체는 물론이고 국가차원에서도 현재의 경쟁력이나 자치단체로서의 위상을 유지하는 것이 어려울 수 있는 위기에 직면하고 있다.

구체적으로 보면, 2014년 청소년의 인구가 천만명이하로 줄어들었고, 2015년의 일인가구의 수는 27.2%에 이를 정도로 가구수의 변화와 세대구조가 변화하고 있다. 또 2016년에도는 생산가능인구에 해당하는 15세에서 64세까지의 인구가 3,631만명을 정점으로하여 감소추세에 있다.

2017년에는 출생아의 수가 40만명이하로 떨어지더니, 2018년에는 합계출산율이 1.0이하로 되었고, 2022년에는 0.78로 떨어졌다. 지구상에서 가장 빨리 없어질 나라가 한국이라고 한다.

2031년부터는 5,296만명을 정점으로 인구가 국가 전체적으로 감소하기 시작할 것으로 예상된다.

인구감소의 원인으로는 국가전체적으로는 출생과 사망의 산술적

합에 따른 자연적 감소를 들고 있으나, 지방차원에서는 사회적 이동에 의한 비수도권지역에서의 인구감소와 지방소멸의 위기가 더욱더 문제가 심각하다. 비수도권의 지방에서 수도권으로의 인구이동의 원인을 살펴보면, 지방도시의 산업기반이 쇠퇴하면서, 탈산업화, 교외화, 인구이동이 발생하게 된 점을 들 수 있다.

비수도권의 인구감소는 다른 표현으로 하면, 지방의 중소도시의 쇠퇴라고 할 수 있다. 비수도권보다 수도권의 출산율이 더 낮다는 것을 보면, 그래도 비수도권의 출산율은 수도권보다는 높다. 그럼에도 불구하고, 비수도권의 인구가 감소하고 지방소멸의 위기에 처하는 것은 대학 청년들이 지방 비수도권에 일자리가 부족하거나 만족할만한 일자리(좋은 일자리)가 없어서, 수도권으로 사회적 이동을 한다는 것이다. 이것을 사회적 이동에 의한 인구유출이라고 하고, 비수도권에서 수도권으로 이동한다.

<그림1> 지방소멸에 대한 다층적 인과관계 분석

<1단계 분석>
지방(비수도권)소멸 ← 지방(비수도권) 인구감소 ← 수도권으로 인구유출(대학청년) ← 일자리부족

<2단계분석>
1차원인 ← 수도권일자리기회 많음 ← 수도권 SOC인프라 중앙정부투자 ← 중앙정부 집권통제
2차원인(← 지방대학경쟁력저하 ← 지방대학투자저조)

수도권에는 일자리도 많고, 4차산업혁명에 의한 새로운 산업에 대한 인력 수요가 생김으로 일자리의 기회가 상시적으로 존재한다. 특

히 수도권에 집중되어 있는 대학들에 진학한 대학생들은 일자리를 찾기 위해 수도권에서 계속 체류하는 데 익숙해져서 지방으로 내려가기가 어렵다.

결과적으로 수도권에 잔류하는 대학청년들은 고물가의 부동산가격과 정규직 일자리구하기의 어려움으로 인하여, 결혼연령이 늦어지고, 결혼을 하더라도 출산을 꺼려하거나 1명이상의 자녀를 낳기를 주저하게 된다. 출산비용과 육아비용, 자녀교육비용 등의 부담으로 인하여, 서울시의 출생률은 0.59까지 떨어져서 전국최하를 기록하고 있다.

문제는 수도권으로 대학청년들이 집중하고 있는데 비해 서울과 수도권의 출생률은 전국 최하위를 기록하고 있어, 국가 전체적으로 인구감소에 가장 기여를 많이 하고 있는 셈이다. 결과적으로 비수도권은 그래도 수도권보다 출생률은 높지만, 수도권으로의 사회적 이동으로 인하여 지방산업의 쇠퇴가 가속화되어, 빈 집의 증가와 지방소멸로 이어지는 것이다.

인구감소지역특별법을 통하여 지방소멸대응기금을 공모방식으로 지원하고, 균형발전특별회계에 의하여 인구감소지역에 대한 국고보조사업비를 지원하는 등 다각적으로 인구감소지역에 재정투입을 하고 있으나, 이처럼 중앙정부 주도적인 방식으로 지방소멸의 문제를 해결해 나갈 수 있을 것인가를 모니터링해 나갈 필요가 있다.

2. 수도권집중 심화와 중앙집권시스템

서울시는 인구과잉으로 인하여 택지부족현상이 1980년대부터 나타났다. 1기 신도시 건설의 경우 1989년이고, 2기 신도시인 판교, 화성, 파주 등이 조성되면서, 서울인구의 교외화현상이 대세를 이루었다.

그리고 광역시에서도 신도시 건설과 그린벨트 해제 등으로 인하여 대도시의 교외화 현상도 나타났다.

이처럼 인구의 도시화현상과 도시의 거대도시화현상은 세계적인 추세를 가지고 있다. 프랑스 파리와 일본의 도쿄가 전형적으로 도시화와 거대도시화현상을 보여주고 있다. 파리시는 2010년에 224만명이고, 파리도시부는 1,046만명이며, 파리 대도시권은 1,222만명으로서 전형적으로 대도시 광역권의 성장을 보여준다. 일본의 도쿄도 2018년기준으로 도심 23구가 897만명인데, 도쿄 대도시권역은 3,800만명에 이를 정도로 광역권역의 인구 집중을 보여주고 있다.

이러한 대도시화 현상과 대도시의 교외화 현상이 수도권에 일극집중되어 나타난 것이 한국의 국토공간이다.

2018년 12월의 수도권 지역의 인구는 2,580만명으로서 전국의 49.8%에 이르더니, 2023년 1월에는 2,599만명으로서 전국의 50.5%가 되어, 수도권에 대한 일극집중이 점점 심화되고 있다. 수도권이 거대도시화되면서, 서울 대도시로부터 경기도로의 교외화현상이 더욱 심화되고 있는 것이다.

수도권의 인구구성에서 경기도에 대한 인구비중이 점점 커지고, 서울시는 그 인구비중이 오히려 줄고 있는 것은 이러한 현상을 입증해준다. 즉 2018년 12월에 수도권의 인구비중을 보면, 서울시가 18.8%에서 2023년 1월에는 18.3%로 떨어지고, 인천이 5.7%에서 5.6%로 떨어졌다. 그런데 경기도는 25.2%에서 26.3%로 늘어난 것이다.

이럼 수도권의 거대도시화로 인하여, 기존의 행정구역체계로 관리하기 보다는 이를 통합하여 단일의 초광역행정체계를 구축하는 것이 보다 효율적인 관리가 가능하다는 주장이 있다. 이러한 주장에는 세 가지의 대안을 제시하고 있다.

첫째는 중앙정부소속의 특별지방행정기구를 설치하자는 것이다. 신설기구의 장은 장관급으로 임명하고, 담당사무는 수도권 전역을 대상으로 하는 도시계획과 주택, 주요도시기반시설과 교통, 산업과 고용, 물관리와 재난관리, 에너지와 환경, 그리고 쓰레기와 폐자원관리에 대한 초광역 공공서비스 공급에 관한 것이다. 이것은 전형적으로 중앙집권 패러다임에 의한 할거적 관료제조직이다.

둘째는 중앙정부가 주도하고, 서울과 경기, 그리고 인천이 참여하는 수도권광역위원회를 설치하자는 것이다. 여기서도 위원장은 장관급으로 임명한다는 것이다. 위원회는 국무총리실 산하로 하여야 할 것인데, 사무국 조직이 강력하지 않으면 실행력이 떨어질 수 있다. 그래서 제안하는 것이 국무총리실의 행정기구로서 처와 같은 부서를 설치하고, 국무조정실 산하에 수도권차장을 설치하여 수도권의 광역기능에 대한 업무를 담당하게 하는 것이다. 이것도 중앙집권적 패러다임에 의한 정책수단이기는 하지만, 할거적 관료제조직이라기 보다는 조정적 행정기능을 하는 조직이라고 할 수 있다.

셋째는 서울시와 경기도, 그리고 인천시가 주도하고, 중앙정부가 참여하는 거버넌스적 행정기구를 설치하는 것이다. 이것은 수도권 대도시권 계획을 세 지방자치단체가 참여하여 수립하고, 중앙정부도 참여하여, 중앙정부의 관점에서 원하는 정책을 제안한다. 그리고 참여자들간의 합의를 통하여 역할을 분담하고, 이에 중앙정부는 예산을 지원하는 것이다. 이것은 자치분권형 해결방식이라고 할 것이다[1].

문제는 한국에서 지방자치제도를 재도입한지 34년째가 되고 있지만, 이처럼 수도권의 거대도시화라고 하는 새로운 행정문제를 해결하는 방법으로 여전히 중앙집권적 패러다임에 의한 정책대안이 채택되고 있다는 점이다. 수도권교통본부가 대도시권광역교통위원회로 대체된 것은 여전히 중앙집권적 패러다임이 초광역문제 해결에 적용되고 있다는 것을 대변해 준다.

3. 자치분권정책의 구조적 한계

현재의 지방행정시스템을 그대로 유지한 채로 자치분권이나 재정분권을 정책적으로 추진하는 것은 지방자치단체의 역량을 제고할 수 없다. 오히려 열악한 자치역량의 편차를 더 크게 하여, 수도권에만 유리하고, 비수도권은 고사하게 만드는 나쁜 정책이 된다.

재정자립도의 전국지표를 보면, 2001년에 57.6%였던 것이, 2018년에는 53.6%로 낮아지고 있다. 전국평균인 53.6%를 상회하는 광역지방자치단체는 서울, 경기, 인천과 같은 수도권지역에다가 부산, 울산,

1 자치분권형 해결방식이 어려운 이유중에 하나는 구성 자치단체들이 연합체를 형성하더라도 과연 연합체와의 역할분담에 따를 것인가에 대한 부정적 인식이 있다. 여전히 행정구역중심의 이기적인 권한행사를 하게 되면, 연합체는 무력화될 수 밖에 없다. 즉 수도권의 대도시권계획이 수립되면, 서울시, 인천시, 경기도는 각자의 종합계획보다 상위계획을 우선하여야 하는 것이다. 신설되는 수도권 초광역 행정기구의 사무를 수행하기 위한 행정조직이 필요하고, 전문연구기관도 필요하며, 수도권 광역행정기구가 제대로 역할할 수 있도록 그리고 대도시권 계획이 실효성을 가질 수 있도록 법제도의 정비와 적절한 예산배정이 필요하다. 이것이 가능하기 위해서는 초광역 연합체의 주민대표기구로서 초광역연합의회를 구성하여야 할 것이고, 여기에 국회와의 입법분권을 위한 법률제정이 필요할 것이다.

대구, 대전에 불과하다. 나머지 10개의 광역지방자치단체는 재정자립도가 53.6%이하이다. 심각한 재정상황이고, 재정적 자치역량이 부족하기에 중앙정부로부터의 재정이전에 의존하는 것이고, 자치분권정책에 오히려 반대하고, 현재와 같이 중앙정부가 집권적으로 통제해주는 것을 선호하고 있을 수 있다.

자치분권정책이 성공하기 위해서는 지방자치단체의 자치사무에 대한 재정역량이 있어야 하고, 지방자치단체의 재정역량을 넘는 공공서비스의 공급을 위해서 연대하여, 협의체를 구성할 수 있어야 한다. 또 그러한 협의체는 상위계층의 공공서비스를 공급하는데 필요한 재정을 확보할 수 있어야 하고, 그 서비스를 공급할 수 있는 법적 권한을 가지고 있어야 한다.

문제는 한국의 지방자치단체에는 이러한 상위계층의 협의체를 구성하거나 그 위의 차상위 계층의 연합체를 구성하려고 할 때, 지방자치단체의 재정력으로서는 어림도 없을 뿐만 아니라, 이미 차상위 계층의 행정사무에 대한 법적 권한과 인력, 재원을 중앙정부가 선점하고 있어서 포괄적 법적권한-조직, 인사-재정의 종합분권이 이루어지지 않으면, 지방자치가 성공할 수 없다는 점이다.

비수도권의 지방자치단체는 재정력이 열악하기에 당연히 지방자치분권정책이 성공하기 어렵고, 심지어 수도권의 지방자치단체에서도 협의체나 연합체를 통한 공공서비스의 공급은 실패한 역사를 가지고 있고, 결국 중앙정부의 하부 행정조직으로서 중앙집권 통제관리하게 되는 사례가 있다. 바로 수도권의 광역교통서비스 공급에 대한 사례에서 자치분권적인 패러다임에 의한 수도권교통조합은 15년만에 실패하고, 중앙정부 국토교통부의 하부행정조직으로서 대도시권광역교통본부로 대체된 것이다.

이를 구체적으로 보면, 1996년에 서울시, 인천시, 경기도는 광역교통정책협의회를 구성하여 협의체를 만들었다. 1999년에 교통개발연구원에서 수도권광역교통기구 설립을 위한 타당성 조사연구가 수행되었고, 2003년에는 수도권 3개 지자체장이 광역교통기구 설치에 합의하였다. 드디어 2004년에 수도권교통조합 설립 추진단이 구성되었고, 2005년에 행정자치부는 수도권교통조합 설립을 승인한 것이다. 이리하여 광역자치행정 서비스에 대한 필요성을 상향적(bottom-up)으로 조합을 설립하여 해결한 것이다. 그러나 이미 이때에도 조합방식이 아니라, 수도권광역교통청이라고 하는 중앙정부의 하부행정기관으로서 하향적으로 해결해야 한다는 주장이 있었고, 이는 국회 등 중앙정부의 정치권에서 선거구호로 제기되기도 하였다.

<표1> 수도권교통본부의 해산과 광역자치행정의 실패

년도	내용
1996	서울시 경기도 인천시 광역교통정책협의회 구성
2003	수도권3개 지자체장 광역교통기구 설치 합의
2005	행정자치부, 수도권교통조합 설립 승인
2007	수도권교통조합을 수도권교통본부로 명칭 변경
2019	대도시권광역교통위원회 출범. 수도권교통본부 해산

그러나, 2007년에 수도권교통조합을 수도권교통본부로 명칭을 변경하였고, 2019년에는 대도시권 광역교통위원회라는 중앙정부 국토

교통부의 하부행정조직이 출범하면서, 수도권교통본부는 해산한 것이다.

이것은 자치적인 상향적 해결방식으로서의 '조합'이 실패하고, 하향식 중앙집권적 관리방식인 '권역지방행정기관'이 대체한 사례로서, 한국에서 수도권의 서울시, 경기도, 인천시와 같은 재정력이 상대적으로 우수한 지역에서도 상향식(bottom-up) 자치방식이 실패하였다는 것을 보여준다. 그렇다면 하물며 재정자립도가 더 낮은 비수도권 지방자치단체는 말하여 무엇하랴.

요컨대 현재와 같은 지방자치구조와 시스템을 가지고 분권자치정책을 지속적으로 추진한다해도, 자치분권정책은 실패할 수 밖에 없다. 어디서 문제가 생겼던 것이고, 어디서부터 자치분권정책을 새롭게 설계해 나가야 하는 것일까?

Ⅲ. 자치분권정책의 시계열분석과 문제점

1. 1990년대(국민의정부)의 자치분권정책

1990년대에 재도입되었던 지방자치제도는 무늬만 지방자치였지 실질적으로는 관치행정이 지속되는 극강단체장-극약의회의 구조를 가지고 있는 것이었다(김순은, 2021:14). 즉 대부분의 해정권한이 단체장에게 부여되었던 것이고 심지어 지방자치의 핵심기관이라고 할 수 있는 지방의회 사무기구의 인사권도 단체장에게 있었다. 한 마디로 비정상적인 지방자치제도이었던 것이다.

이런 상황에서 지방자치단체의 자치권을 강화하고, 지방행정문제를 지방자치단체가 스스로 기획하고 결정하며 집행할 수 있는 자치역량을 구비한 지방자치가 되도록 중앙정부의 자원(법적권한, 재정권, 조직권, 입법권 등)을 지방자치단체로 이관하는 분권정책이 제대로 구현되기는 어려운 것이 현실이었다.

이런 의미에서 지방자치단체로 중앙정부의 행정사무를 이양하는 것이 시작된 것은 1999년 김대중 정부에서부터이라고 할 수 있다. '중앙행정권한 지방이양촉진등에 관한 법률'을 제정하여 중앙정부의 행정권한을 지방으로 이양하는 지방분권정책의 제도적 도입이 시작된 것이다. 문제는 여기서 행정권한이라고 하면, 법제도적 권한과 예산, 조직과 인력에 관한 것이 종합적으로 이관되어야 할 것인데, 실제는 행정사무만 이양되는 것이어고, 나머지는 여전히 중앙정부가 가지고 있다는 것이어서 불완전한 분권정책이라고 할 것이다.

자치분권정책의 수단이 중앙정부의 사무이양으로부터 시작되었다는 것은 자치분권정책의 목표를 지방자치단체의 사무의 양이 많아지면 자치권을 제대로 행사할 수 있을 것이라는 가정하에 시작한 것으로 볼 수 있다. 그러나 이것은 정책문제인식이 잘 못된 것이다.

한국의 지방자치제도의 문제점은 중앙정부의 권한과 예산, 인력과 조직이 지방자치단체에 비해 압도적으로 우위에 있어서, 중앙정부와 지방자치단체의 관계가 상하관계로 이루어져 있다는 구조적인 것이다. 그런데 지방자치의 분권성을 높인다고, 중앙정부의 행정사무를 부분적으로 이양한다고 하는 분권정책의 도구선정에서 잘못된 것이다.

또 한국에 재도입된 지방자치제도가 제도적으로 불완전했던 이유는 당시 이 정책을 추진했던 주도자가 내무부였다는 것이고, 내무부는 지방자치의 재개에 소극적이었던 입장을 가지고 있었다. 또 민주주의의 진전을 위하여 지방자치를 반드시 도입해야 한다고 주장하였던 당시 야당 정치가는 제도가 불완전하더라도 일단 시급하게 도입하는 것 자체가 중요하다는 인식을 가지고 있었다(김순은, 2021:14)[2]

자치분권정책의 대상자도 지방자치단체여서, 자치단체가 지방자치의 주권자로서 능동성과 권리의식을 참여할 수 있는 것도 아니다. 이 점에서 자치분권정책의 대상자는 지방자치단체만이 아니라, 시민성을 가진 주민이어야 하고, 주민에 대한 분권도 정책 대상자의 대안으로서 검토되었어야 하였을 것이다.

결과적으로 1990년대의 자치분권정책은 행정사무이양을 주된 정책수단으로 하여, 지방자치단체가 집행하는 행정사무의 수를 늘리는 것이 곧 분권이라라는 인식을 정책결정자들이 가지고 정책을 추진한 것이다.

1990년대 말 국민의 정부에서 시작된 중앙정부의 행정사무 중에서 지방자치단체로 이양한 것은 232개이다. 전체 행정사무 4만5천개중

2 이러한 인식은 2021년도 문재인정부에서 지방자치법의 전부개정을 하고, 자치분권6법을 통과시킬 때도 여전히 반복된 측면이 있었다. 즉 자치경찰제도에 대한 10여년이상의 논의와 검토를 거치고서도 일단 자치경찰제도를 도입하는 것 자체가 중요하기에 불완전한 자치경찰제도일지라도 시작하자는 인식을 가지고 대통령소속 자치분권위원회는 추진하였다. 결과적으로 자치경찰위원회가 도입된 현재, 이름뿐인 자치경찰이라는 비판에 직면하게 되는 배경이 된다. 반쪽짜리 경찰이고, 지난해 이태원참사와 같은 치안문제에 대해 사무만 있고 권한이 없다는 지적도 있다. 명확한 이원화가 필요하다는 개혁방안을 제시하기도 한다.

에 1%도 되지 않는 정도였다. 그나마 국민의 정부에서 발굴한 것은 612개의 행정사무를 발굴하였지만, 실행한 것은 37%정도였고, 나머지는 참여정부에서 대부분 이양되었다. 즉 참여정부에서 374개의 사무가 이양된 것이다.

2. 2000년대(참여정부와 이명박정부)의 자치분권정책과 균형발전정책

참여정부는 자치분권에 관하여 혁신적인 정책을 추진하였다. 참여정부는 국정핵심과제로서 분권정책을 제시하였고, 국정운영의 2대 핵심과제의 하나로서 지방분권과 국가균형발전을 제시하였다. 그리고 이를 위해 분권과 분산을 21세기 국가발전의 새로운 패러다임으로 제시한 것이다. 참여정부의 국정구상단계에서 분권정책을 기반으로하여 지방자치역량을 강화하고, 이를 바탕으로 지역별로 발전을 도모하여 국가전체적인 균형발전이 되게 한다는 구상이었다. 즉 자치역량에 기반한 자치적 균형발전정책이 국정기획의 논리적 그림이었다고 할 수 있다[3].

또 참여정부는 지방분권의 3대추진원칙을 제시하였는데, 그것은 '선분권후보완원칙' '보충성원칙' '포괄성원칙'을 제시하였다. 이것은 분권정책의 성공을 위해서는 매우 중요한 기반을 제공하는 것이었는데, 선분권후보완원칙에서 지방정부와 시민사회에 대한 신뢰가 깔려있었

3 이것은 16대 대통령직인수위원회 활동기관에 표명된 새 정부의 지방분권정책기조는 '중앙정부의 기능과 권한을 적극적으로 지방자치단체에 이양하고, 지방자치단체의 재정력을 확충하여, 재정의 건전화를 도모함으로써, 지방의 자치역량을 강화한다'는 그림을 제시하고 있었음(김병섭, 2008:38)

고, 보충성의 원칙은 주민에 가까운 정부로 우선 배분한다는 것, 그리고 포괄성의 원칙은 중 대단위 사무를 포괄이양한다는 것이었다.

그러나 참여정부가 이러한 국정의 기본원칙과 분권의 논리모형을 따르지 않고, 균형발전 자체에 우선성을 두게 되면서, 중앙집권화된 권한을 분권하기가 어려워진 딜레마가 발생한 것이었다.

아무튼, 참여정부에서는 분권정책을 추진하기 위하여, 지방분권 종합계획을 수립하였고, 7개분야 47개 분권과제를 수립하였다. 그리고 교육감과 교육위원의 선거를 도입한 것도 이 때였다.

지방분권의 로드맵을 보면, 7대목표를 가지고 있었는데, 그것은 첫째 중앙-지방간 권한재배분, 둘째, 재정분권의 추진, 셋째 지방정부의 자치행정역량강화. 넷째, 지방의정활성화 및 선거제도개선, 다섯째, 지방정부의 책임성강화, 여섯째, 시민사회활성화, 일곱째, 협력적 정부간관계정립으로서 분권정책에 우선순위를 가지고 있었다.

이 중에서 첫 번째 국정목표에 대해서 구체적인 정책내용을 살펴보기 위하여 정책구조를 분석해 보면 다음과 같다. 즉 중앙-지방간 권한재배분의 정책목표하에 정책수단으로서 지방분권추진기반강화, 중앙권한의 획기적 지방이양, 지방교육자치제도 개선, 지방자치경찰제도 도입, 특별지방행정기관 정비가 있다. 그리고 이들 정책수단을 구현하기 위한 실행적 정책수단으로서 10가지의 세부과제를 제시하고 있다. 이를 정책구조 트리(tree, 나무)로 표시해 보면 다음과 같다.

<표2> 참여정부의 지방분권정책의 정책구조

정책목표	중앙-지방간 권한재배분
정책수단	지방분권추진기반강화, 중앙권한의 획기적 지방이양, 지방교육자치제도 개선, 지방자치경찰제도도입, 특별지방행정기관 정비
실행적 정책수단	사무구분체계개선, 중앙행정권한의 지방이양, 대도시특례제도강화, 제주특별자치도추진, 교육자치제도개선, 자치경찰제도도입, 특별지방행정기관기능조정, 지방분권화지표개발 및 분권화수준 측정제도도입, 자치단체관할구역합리적 조정, 지방분권특별법 제정

그런데, 참여정부에서도 국정구조나 정책구조대로 구체적인 부분에서 집행되었다고 보기는 어려운 측면이 있다. 그 구체적인 예로서 '중앙-지방간 권한 재배분-중앙권한의 획기적 지방이양-중앙행정권한의 지방이양'이라고하는 정책목표와 정책수단의 정책구조를 보면, 결국 행정사무를 이양하는 것으로 표현되고 있음을 볼 수 있다. 다른 정부에 비해 이양완료한 것이 획기적으로 많은 것은 분명하지만, 과연 이 정도의 성과로서 중앙-지방간 권한재배분이 이루어졌다고 볼 수는 없을 것이다.

참고로, 참여정부에서도 지방이양사무현황을 보면, 902개의 사무를 이양확정하였다. 참여정부에서 이양완료한 것은 참여정부에서 613개 사무이고, 이명박정부로 넘어가서 243개를 이양완료하였다. 그리고 박근혜정부에서 19개가 이양완료되었다. 여전히 추진중인 것은 27개가 남아 있다. 이것을 보면, 참여정부에서는 김대중정부에서 이양확정하여둔 사무 374개를 이양확정하였기에 이양확정한 것은 총 987개가 되는 셈이다.

아뭏튼 행정사무의 이양이란 관점에서 참여정부는 가장 많은 행정사무를 지방자치단체로 이양완료한 셈이다.

<표3> 역대정부의 중앙권한의 지방이양사무 수 현황

구분	이양 확정	이양완료						추진중
		국민의 정부	참여 정부	이명박 정부	박근혜 정부	문재인 정부	소계	
계	3146	232	987	763	206	400	2588	667
국민의 정부	612	232	374	4	1		611	1
참여 정부	902		613	243	19		875	27
이명박 정부	1587			516	186	291+109	993	594
박근혜 정부	-							
문재인 정부	45							45

출처:김순은외(2021:53)

다음으로 이명박정부에 들어와서는 자치분권정책은 그 우선순위가 낮아졌다. 이명박정부에서는 지방행정체제개편에 관심을 두었고, 그 결과로 통합창원시가 출범하였다.

이명박정부에서의 자치분권정책에 대한 우선순위는 낮았지만, 지방소비세 5%를 도입하였다는 점에서 재정분권에는 일정한 정도의 성과가 있었다고 할 수 있다. 그런데 지방에 대한 재정분권의 성과는 수도권지역에 대한 규제완화에 대한 보상적 성격을 가졌기에, 지방자치를 실질적으로 진전시켰다고 보기에는 어려운 측면이 있다.

이명박정부에서 행정사무의 이양현황을 보면, 1,587개의 사무를 이양확정하였다. 이 점에서 자치분권정책이 국정전체적으로는 그 우선순위가 낮은 것으로 평가되었지만, 중앙정부의 권한을 지방으로 이양하기 위한 노력의 양적인 측면에서는 그 어느정부보다 노력한 것을 알 수 있다. 또 이양확정한 것중에서 516개의 행정사무를 이양완료하였고, 다음 정부인 박근혜정부에서 186개를 이양완료하였다. 또 문재인정부에 들어와서도 291개가 이양완료되었다. 그렇지만, 여전히 이양확정한 것 중에서 미이양되어 추진중인 것도 594개나 되어 가장 많은 사무가 이양확정되었지만, 여전히 지방자치단체로 이양되지 않고 있음을 알 수 있다.

3. 2010년대(박근혜정부와 문재인정부)의 자치분권정책

박근혜 정부에서는 자치분권정책이 시련기를 그친다고 할 정도 그 우선순위가 높지 않았다.

그렇지만 박근혜정부에서는 국무회의의 심의의결을 통과한 지방자치발전계획을 수립하였을 정도로 국정차원의 조정력을 발휘하였지만, 실행에는 이르지 못하였다.

박근혜정부에서는 지방소비세를 추가로 확대하여 6%대로 하였는데, 이것은 부동산 경기 활성화차원에서 지방세인 취득세의 50%를 감면하였고, 이로 인한 지방세수의 손실을 보전하기 위한 것이어서, 진정성을 가진 재정분권정책이라고 평가하기에는 어려운 측면이 있다. 다시 말해 자치분권정책의 목적을 달성하기 위한 정책수단으로서 지방소비세 확대가 이루어졌다기 보다는 다른 정책의 목적을 달성하는 데 부수적인 수단으로서 활용된 셈이다(김순은, 2020).

박근혜정부에서는 지방이양사무를 이양확정한 것은 없다. 이점에서 지방자치발전계획을 수립하였지만 행정사무이양에 관한한 가장 소홀하였다는 것을 알 수 있다. 물론 박근혜정부에서는 이명박정부에서 이양확정한 것 중에서 186개를 이양완료하였다는 것은 있지만, 이는 앞 정부에서 이미 확정한 것을 이양완료한 것이다.

문재인정부(2017.5-2022.5)의 자치분권정책은 연방제수준의 자치분권을 비전으로 제시할 정도로 혁신적이었다. 2020년 12월에는 자치경찰법, 지방자치법전부개정 등을 국회에서 입법화하면서, 지방자치정책의 남겨진 과제들을 해소하는 개혁을 이루었다고 할 수 있다.

문재인정부에서 수립한 자치분권종합계획에서는 주민주권구현이라는 용어를 제시하였고, 단체자치중심에서 주민자치중심으로 전환한다는 방향성을 제시하였다. 자치분권종합계획은 2018년9월에 수립되었고, 2019년 시행계획을 수립하면서, 33개의 추진과제와 136개의 실행과제로 구체화되었다.

또 2020년 1월에 지방일괄이양법을 제정하여 400여개의 국가사무를 지방으로 이양하였고, 재정분권개혁을 통해 8.5조원의 지방세를 확충하기도 하였다. 역대 어느 정부보다도 자치분권의 성과를 보여주었기에 자치분권의 르네상스라는 표현을 사용하기도 하였다(김순은, 2020).

문재인정부에서 지방소비세를 다른 정책목적과는 무관하게 자치분권정책의 일환으로서 10%로 순수하게 확대한 것은 앞 정권의 지방소비세 확대와 대비되는 부분이다.

문재인정부는 자치분권의 구조적 개혁을 위한 헌법개정을 시도하였다는 점에서 획기적인 자치분권정책을 시도한 것으로 볼 수 있다. 자치분권형 헌법개정을 통해, 국가주의의 원리를 지방주의로, 효율중시의 국정운영체계를 민주성 위주로, 통치의 구조에서 협치의 구조로 개정하는 시도를 한 것이다. 그러나 국회의 동의를 받지 못해 무산된 것은 자치분권의 제도화란 관점에서 아쉬운 부분이다.

문재인 정부에서 이양확정한 것은 45개의 사무이고 여전히 소관부처에서 추진중인 것이어서 문재인 정부에서 이양발굴확정하여 이양완료한 것은 없다. 다만, 이명박정부에서 이양확정한 사무 291개와 일괄이양법을 통해 기능단위로 연결된 사무 109개를 합쳐서 400개의 사무를 이양완료하였다. 이 점에서 중앙권한의 지방이양사무 수준이란 관점에서는 문재인 정부가 참여정부나 이명박정부보다도 적은 수의 행정사무 이양 노력을 한 것을 알 수 있다.

여기서 각 정부별로 분권정책의 성과란 측면에서 보면, 중앙정부와 지방정부간의 권한을 재배분한다고 하는 국정목표를 제시하였음에도 실제로 그 성과를 수치로 표현하는 것으로서 행정사무의 이양이라고 하는 아주 미시적인 단위에서 양적인 측면으로 표현하고 있다. 물론 분권정책의 수단으로서 거시적 구조에서의 권한 배분을 정성적으로 표현할 수도 있을 것이다. 예를 들어 문재인정부에서 자치경찰제도를 드디어 실시하였다는 성과를 제시하기도 하는데, 문제는 그 알맹이를 보면, 형식적인 자치경찰제도의 도입에 불과하고, 실질적인 지방자치단체의 자치경찰이 권한을 가지고 자율적이고 자치적으로 제도가 운영된다고 보기 어려운 측면이 있다. 여전히 자치경찰에 대한 인사권이나 집행권한은 중앙정부에서 가지고 있는 것이다.

중앙정부에서 권한을 가지고 있는 측에서는 가능한 권한을 놓지 않으려고 하고 있어, 지방자치분권을 주장하는 측에서 강한 정치력을 가지고 중앙행정조직의 이관이 이루어지지 않고서는 자치권력이 지방으로 분권되어 조화로운 중앙-지방관계를 구축하기가 어렵다는 것이다.

이처럼 중앙정부의 권력을 지방자치단체로 이관(devolution)되지 않는 상태에서 지방자치단체가 자치역량을 가지고 지방의 발전이나 지역의 문제를 스스로 해결하기 어렵다. 예를 들어 인구감소와 인구유출로 인하여, 지방소멸의 위기에 직면하고 있는 지방자치단체의 입장에서 그 지방자치단체의 생존 유지도 어려운 재정여건하에서 중앙정부나 상위정부에 의존하지 않고서는 지방자치단체의 존립방법이 없다. 자치권을 반납하거나 파산하지 않는 한 중앙정부의 다양한 국고보조사업에 의존하지 않을 수 없고, 중앙정부의 규제나 지침을 따르기 위해서는 지방자치단체의 자치적인 결정권을 내려놓을 수밖에 없다. 이렇게 되면, 다시 중앙정부가 선호하는 정책, 중앙정부의 지침과 규제에 따라서 지방자치단체는 정책집행을 할 수밖에 없고, 자치분권은 후퇴하게 되지 않을 수 없다. 한마디로 자치분권정책의 실패이다. 그렇다면 자치분권을 우선하면서 균형발전(혹은 지역발전, 수도권에 빨려들어가지 않을 정도의 비수도권의 발전역량확보)을 어떻게 해야 할 것인가? 자치분권정책은 국정구조개혁의 일환으로 추진되어져야 하는 것이지, 단지 공간적 지역의 균형적 발전이란 관점으로 접근할 사안이 아니다. 이렇게 되면, 균형발전정책도 실패하고, 비수도권의 지방은 망하게 될 것이고, 비대한 수도권과 중앙정부 권력만이 남게 될 것이다.

Ⅳ. 균형발전을 위한 분권자치정책의 정책구조의 신설계

1. 정책목표의 신 설계 : 자치분권우선을 위한 중앙정부구조 감축분리

자치분권정책은 지난 34년동안 추진하였지만 제도적으로 실패하였다. 제도적으로 실패하였다는 것은 미시적으로 지방자치제도의 도입으로 인하여, 지역발전에 기여한 측면이 있지만, 그렇다고 지방자치제도를 통하여 지역발전이 성장하였다고 할 수도는 없다는 것이다. 오히려 수도권의 성장이 가속화되고, 비수도권 지방의 쇠퇴와 소멸위험에 이를정도로 실패하였다는 것이다. 다시 말해 지방자치제도 34년의 운영으로인한 가장 심각한 지방정책문제는 바로 '지역각 격차 확대'이다. 광역지방자치단체는 광역자치단체대로, 기초지방자치단체는 기초지방자치단체대로 그 격차가 더욱 벌어져서, 이러한 조정과 중개역할을 해야 할 중앙정부의 정책운영의 실패라고 할 수 있다.

현재 한국의 지방자치단체의 재정자립도는 지방자치제도를 도입할 때인 1991년의 재정자립도보다 10%이상 하락하였고, 군단위의 지방자치단체는 재정위기라고 할 정도의 지방재원고갈현상을 경험하고 있는 것이다. 조만간 자치단체로서의 폐지를 해야 할 것은 아닌가 심각하게 검토하여야 하고, 시민사회영역의 공동체자치로 전환하는 혁신적 조치가 필요할 수 있다. 여기서 말하는 시민사회영역의 공동체자치란 지역시민들이 스스로의 재원에 의하여 자치관리에 필요한 비용을 조달하는 것이다. 이 경우 현재의 지방자치단체와 같은 단체자치적 공공체자치와는 달리, 한정된 영역의 공유서비스의 공급을 위한 특정영역의 공동체의 자치를 의미하는 것으로서 이 영역에는 정부행정영역이 가능한 간여하지 않아야 할 것이다.

자치분권정책의 실패는 자연스럽게 균형발전정책의 필요성을 부각시키게 된다. 그렇지만 균형발전정책은 중앙집권적 패러다임을 강화하는 측면이 있기 때문에, 정책간 충돌과 모순이 발생하게 된다.

그렇다면, 새로운 자치분권정책은 어떻게 균형발전정책과 조화를 가지면서 정책추진을 할 수 있을 것인가?

균형발전정책은 3가지의 정책수단으로 구성되어 있다. 이것을 '3분(分)'정책이라고 하는데, 첫째는 분산정책이고 둘째는 분업정책이며 셋째가 분권정책이다. 균형발전정책은 정책문제로서 수도권의 집중을 가장 심각하게 보았던 것이고, 수도권에 있는 산업과 인구를 비수도권의 지방으로 이전시켜야 한다는 '분산'정책을 가장 중심적인 정책수단으로 제시하였다.

그런데, 수도권에 있는 기업이나 대학을 지방으로 이전시키는 실행정 정책수단이 현실적으로 불가능하자, 정부기관이나 공공기관을 비수도권인 지방으로 이전시키는 정책수단을 대안으로 채택한 것이다.

이러한 국토공간을 균형시키려는 정책은 필연적으로 중앙정부의 권한과 예산을 강력하게 하는 집권화된 정부를 필요로 한다.

결과적으로 이러한 균형발전정책은 중앙정부와 지방정부가 역할분담을 한다는 '분업정책'이나 지방자치단체로 하여금 스스로의 정책문제를 해결하기 위하여 스스로 기획하고 결정하며 집행하여 주민에게 책임을 지도록 한다는 '분권정책'을 소홀히 하게 되고, 중앙정부의 정책우선순위에서 홀대받게 되었다.

윤석열정부에서는 균형발전정책과 자치분권정책을 통합하여 지방시대정책을 추진하려고 한다. 전 정부의 균형발전정책이 중앙집권적 정부운영으로 인하여 실패하였다는 것을 인식하여, 윤정부에서는 지방정부가 분권자치적으로 균형발전정책을 추진하도록 하고 있다. 이것을 '자치분권적 균형발전정책'이라고 명명할 수 있을 것이다. 다시 말해, 수도권과 비수도권의 격차를 해소하기 위하여, 비수도권의 지방자치단체가 스스로의 기획과 제안, 그리고 중앙정부와의 협약을 통하여, 지역발전의 과제를 해결해 나가도록 하고, 중앙정부은 이러한 지방자치단체의 노력에 대해 지원이나 지지하는 역할에만 한정하도록 한다는 것이다.

이 경우, 자치분권적 균형발전정책을 위한 전제조건이 있는데, 이것이 구비되어야 한다. 그것은 지방자치단체가 그 관할구역내의 정책문제를 해결할 수 있는 기획 역량이 있어야 한다. 그리고 이러한 기획역량은 그러한 '자치분권적 균형발전정책'을 추진할 수 있는 위상과 조직, 그리고 인력과 재원을 가지고 있어야 한다.

2. 정책수단의 신 설계 : 초광역정부의 신설과 17개광역지방자치단체의 권역별 통합

수도권교통본부의 광역자치행정 실패사례에서 보여주듯이 현재의 광역지방자치단체에 대한 사무이양이나 재정분권정도로서는 광역시와 도의 심각한 격차의 문제를 해결할 수 없다. 오히려 권역별로 특별시, 광역시와 도를 통합하여, 권역의 경제자립을 위한 지역권역을 형성하고, 이 지역권역에 대한 중앙정부로부터의 '권한-조직-재정' 의 포괄적 '기관분리 및 이전'을 해야 할 것이다. 정책수단이 완전히 달라져야 한다.

이를 위해서는 현재의 17개의 광역지방자치단체간의 지역권역 연합체 형성을 위한 행정조직개혁이 이루어져야 할 것이다.

자치분권정책의 목표는 수도권과 비수도권의 균형을 회복할 수 있는데 맞추어지는 것이지, 전국적인 국토의 공간적 산업인구배치의 균형을 맞추자는 것이 아니다. 정책목표의 애매모호함을 없애야 정책은 일관성있게 목표를 달성할 수 있다. 이 점에서 자치분권정책의 정책문제는 '수도권의 비대화'에 있는 것이고, 이 문제를 해결하기 위한 정책수단으로 비수도권지역이 수도권에 상응할 수 있는 광역연합지역정부를 구성하는 것이다.

비수도권의 광역지방자치단체들을 서로 뭉치고 협력할 수 있는 '광역연합지역정부'를 구성하는 것인데, 그것은 충청권(대전, 충남,충북), 전라권(광주, 전북, 전남), 대경권(대구, 경북), 동남권(부산, 울산, 경남)으로 통합하는 것이다.

네 개의 광역연합지역정부는 자치분권적 균형발전정책을 추진하기 위해서, 광역연합권계획을 신설하고, 지방소재의 특별지방행정기관과 그 수행기능들은 광역연합지역정부의 행정조직과 기능으로 이양한다.

대표적인 특별지방행정기관으로서 중소벤처기업부의 12개 지역중소벤처기업청, 고용노동부의 6개 지방고용노동청, 40개지청, 1개 출장소, 산업통상자원부 소관의 한국산업단지공단 11개 지역본부를 광역연합지역정부에 이양한다.

다음으로 광역연합지역정부에는 그 기능을 제대로 수행할 수 있는 예산시스템이 설계되어야 하는데, 현재 중앙정부 예산 비중이 60%를 차지하고, 광역지자체가 10.7%, 기초지자체가 18.8%로 되어 있는 것을, 중앙정부 예산비중을 40%로 하고, 광역연합지역정부 20%로 재정분권을 하는 것이 급선무가 되어야 할 것이다.

그리고 광역연합지역정부가 한국의 민주공화정 헌법시스템에서 민주성과 대표성을 확보하기 위해서는 국회로부터의 법률제정권을 부여받은 광역연합지역의회가 구성되어야 하고, 그 의원들의 선출은 광역연합지역정부의 구성 전체선거구역으로부터 선거로 선출되어야 한다.

3. 정책대상자의 신설계 : 초광역지방자치단체를 분권정책의 대상자로

자치분권정책의 정책대상자는 중앙정부와 지방자치단체, 그리고 주권자로서의 주민이라고 해야 할 것이다. 지방자치분권 및 지역균형발전에 관한 특별법(시행2023,7.10)을 보면, 지방자치분권의 정의를 다음과 같이 하고 있다.

'국가 및 지방자치단체의 권한과 책임을 합리적으로 배분하거나 행정수요 및 지역특성에 따라 지방행정체계를 개편함으로서, 국가 및 지방자치단체의 기능이 서로 조화를 이루도록 하고, 지방자치단체의 정책결정 및 집행과정에 주민의 직접적 참여를 확대하는 것'이라고 정의하고 있다.

여기서, 자치분권정책의 목표는 첫째, 국가 및 지방자치단체의 기능이 서로 조화를 이루는 것이고 둘째는 지방자치단체의 정책결정 및 집행과정에 주민의 직접참여 확대이다. 이를 위하여 수단으로서 첫째, 국가와 지방자치단체의 권한과 책임을 합리적으로 배분하는 것과 둘째, 행정수요 및 지역특성에 따라 지방행정체제를 개편하는 것이다.

<표4> 자치분권 및 지역균형발전정책의 정책구조

구분	내용
정책목표	첫째, 국가 및 지방자치단체의 기능이 서로 조화를 이루는 것이고 둘째는 지방자치단체의 정책결정 및 집행과정에 주민의 직접참여 확대
정책수단	첫째, 국가와 지방자치단체의 권한과 책임을 합리적으로 배분하는 것 둘째, 행정수요 및 지역특성에 따라 지방행정체제를 개편하는 것
정책대상자	중앙정부 지방자치단체 주민
정책도구	지방시대위원회 지방시대종합계획 / 시도지방시대계획 및 시행계획 / 부문별 계획 및 시행계획 초광역권발전계획 및 시행계획 지역균형발전특별회계

지금까지의 자치분권정책의 대상자는 지방자치단체였고, 중앙정부는 이 정책의 추진자의 역할을 했다. 그러나 자치분권정책의 새로운 설계에서는 정책대상자가 지방자치단체만이 아니라, 중앙정부도 자치분권정책의 대상자가 되어서, 중앙정부의 권한을 이양하는 것만이 아니라, 중앙정부의 집권화로 초래한 수도권의 인구와 산업집중의 문제를 해결해야 한다.

즉 정책목표에 수도권의 인구와 산업집중을 직접 정책목표로 정해야 할 것이다. 이것을 정책목표로 하지 않으니, 정책수단으로서 국가와 지방자치단체의 권한을 합리적으로 배분한다거나, 행정수요 및 지역특성에 따라 지방행정체제를 개편하는 것을 제시하고 있는 것이다. 수도권의 인구와 산업집중을 해결하기 위해서는 수도권의 대학과 기업을 비수도권으로 이전하고, 더 이상 수도권의 대학이나 기업이 입지하지 못하도록 해야 하는 것이다.

위의 정책구조에서 수도권의 대학과 기업의 비수도권으로의 이전이라고 하는 중요한 정책수단이 빠져있는 것이다. 이것은 이 정책의 실패로 이어질 가능성이 있음을 의미한다.

한편, 지역발전균형정책의 정책구조를 살펴보면 다음과 같다.

법제12조를 보면, 정책목표는 지역혁신체계를 구축하는 것이다. 즉 '국가와 지방자치단체는 지역의 여건과 특성에 적합한 지역혁신체계를 구축하기 위해 산업계, 학계, 연구계간의 협력활성화, 지역혁신을 위한 전문인력의 양성, 기술 및 기업경영에 대한 지원기관의 확충, 지역혁신 관련 사업의 조정 및 연계운용에 관한 시책을 추진하여야 한다'고 하고 있다.

그리고 이를 위하여 첫째 주민생활기반확충과 지역발전역량강화, 둘째 지역산업육성 및 일자리 창출 등 지역경제활성화촉진, 셋째, 지역교육여건개선과 인재양성, 넷째 지역과학기술 및 정보통신의 진흥, 다섯째, 지역균형발전거점육성과 교통물류망확충, 여섯째, 지역문화관광의 육성 및 환경보건, 일곱째, 지역의 복지 및 보건의료의 확충, 여덟째, 성장촉진지역의 개발 아홉째, 인구감소지역에 대한 시책추진, 열째, 기회발전특구의 지정 및 지원 열한째, 기업 및 대학의 지방이전, 열두째, 공공기관의 지방이전 및 혁신도시 활성화, 열세째, 지역혁신융복합단지의 지정, 열네째, 상생형지역일자리사업의 선정 및 지원, 열다섯째, 초광역협력사업의 추진, 열여섯째, 지역발전투자협약의 체결, 열일곱째, 지역통계 기반 구축 및 개발관리로 되어 있다. 이를 표로 정리하면 다음과 같다.

<표5> 지역발전균형정책의 정책구조

구분	내용
정책목표	지역혁신체계구축
정책수단	산업계, 학계, 연구계간의 협력활성화, 지역혁신을 위한 전문인력의 양성, 기술 및 기업경영에 대한 지원기관의 확충, 지역혁신 관련 사업의 조정 및 연계운용에 관한 시책을 추진
실행적 정책수단	첫째 주민생활기반확충과 지역발전역량강화, 둘째 지역산업육성 및 일자리 창출 등 지역경제활성화촉진, 셋째, 지역교육여건개선과 인재양성, 넷째 지역과학기술 및 정보통신의 진흥, 다섯째, 지역균형발전거점육성과 교통물류망확충, 여섯째, 지역문화 관광의 육성 및 환경보건, 일곱째, 지역의 복지 및 보건의료의 확충, 여덟째, 성장촉진지역의 개발, 아홉째, 인구감소지역에 대한 시책추진,

실행적 정책수단	열째, 기회발전특구의 지정 및 지원, 열한째, 기업 및 대학의 지방이전, 열두째, 공공기관의 지방이전 및 혁신도시 활성화, 열세째, 지역혁신융복합단지의 지정, 열네째, 상생형지역일자리사업의 선정 및 지원, 열다섯째, 초광역협력사업의 추진, 열여섯째, 지역발전투자협약의 체결, 열일곱째, 지역통계 기반 구축 및 개발관리

다음으로 지방자치분권의 정책구조를 보면 다음과 같다. 자치분권을 위하여 첫째, 권한이양 및 사무구분체계의 정비, 둘째, 특별지방행정기관의 정비, 셋째, 교육자치와 지방자치의 통합 넷째, 자치경찰제 실시 다섯째, 지방재정의 확충 및 건전성 강화 여섯째, 지방의회의 활성화와 지방선거제도개선 일곱째, 주민참여의 확대 여 째, 주민자치회의 설치 아홉째, 자치행정역량의 강화 열째, 국가와 지방자치단체의 협력체제 정립 열한째, 지방행정체제개편으로 되어 있다.

<표6> 지방자치분권정책의 정책구조

구분	내용
정책목표	자치역량강화 중앙정부와 지방자치단체로의 분권 주민의 지방자치참여강화
정책수단	첫째, 권한이양 및 사무구분체계의 정비, 둘째, 특별지방행정기관의 정비, 셋째, 교육자치와 지방자치의 통합 넷째, 자치경찰제 실시 다섯째, 지방재정의 확충 및 건전성 강화 여섯째, 지방의회의 활성화와 지방선거제도개선 일곱째, 주민참여의 확대 여덟째, 주민자치회의 설치 아홉째, 자치행정역량의 강화 열째, 국가와 지방자치단체의 협력체제 정립 열한째, 지방행정체제개편

이번에 윤석열정부에서 자치분권정책과 균형발전정책을 통합한다고는 하였지만, 여전히 이 법률 내용을 보면, 균형발전정책의 목표와 수단, 자치분권정책의 목표와 수단은 별개로 들어가 있는 것을 알 수 있다. 즉 통합되어 하나의 정책으로 융합된 것이 아니라는 것이다.

지방자치단체의 자치역량이 충분히 구비되지 않았는데, 지역주도의 균형발전정책은 불가능하다. 여전히 중앙정부의 주도적인 균형발전정책이 현실적으로 나타날 수밖에 없을 것이다. 그렇다면, 지방시대정책은 형용모순이다. 즉 지방이 주도하는 균형발전정책이라고 하면서, 실제로는 '중앙정부가 주도'하는 균형발전정책이 되는 셈이다. 이 정책은 이미 실패가 예정되어 있는 셈이다. 균형발전에 있어서의 성과가 좀 나타날 수는 있을지 모르나, 지방시대 정책이 지향하였던 '지방이 주도하는' 균형발전정책은 실패라는 것이다.

균형발전정책의 정책구조도 이상한 점은 정책목표가 수도권과 비수도권의 균형있는 산업인구배치가 되어야 할 것인데, 실제로는 지역혁신체계구축이라고 되어 있다. 수도권에도 지역혁신체계를 구축하게 된다면, 오히려 더 수도권에 인력와 산업이 더 집중하고 있는 구심력이 형성되게 될 것인데, 현실은 바로 수도권으로의 구심력이 강하게 나타나고 있는 것이다.

이런 상황 속에서 지방으로의 지역혁신체계를 구축하는데, 지방자치단체가 지역혁신을 선도할 수 있는 역량과 자원을 가지고 있는가라는 점이다. 몇몇 대도시를 제외하고는 이것이 현실적으로 어렵고, 국고보조금사업이나 중앙정부의 공모사업에서 조금이라도 더 자원을 획득하는데 정책의 우선순위가 가 있어, 더욱더 중앙정부 의존적이

된다.

즉 균형발전정책을 추진하면 할수록, 지방지치단체는 더욱 의존적이 되어, 자치분권정책의 방향성과 역행한다. 서로 충돌하게 되는 것이다.

그런데, 여기서 지방자치단체는 일부 지방재정력이 높은 상위그룹의 몇몇 지방자치단체를 제외하고는 중앙정부로부터의 자원을 얻기 위하여 자치분권정책의 정책수단들은 버릴 수 있고, 언제든지 무력화할 수 있는 실정이다. 자치분권정책을 실패할 수밖에 없다.

4. 정책도구의 신 설계 : 지방시대를 위한 중앙정부 부처조직의 분리-이관 행정조직구조개혁

정책도구(tool, instrument)는 정책목적을 달성하기 위해 정책집행과정에서 사용하는 수단이다. 다시 말해, 정책도구는 정책수단 중에서도 실행적-집행적 수단을 특히 구분하여 지칭할 때 사용하는 개념이다.

정책도구는 보는 각도에 따라서 다양한 형태를 띠고 있는데, 사회적 규제나 경제적 규제도 도구가 될 수 있고, 보조금, 대출담보, 조세지출, 부과금등도 도구가 될 수 있다. 또 공기업, 민간위탁, 행정지도, 공공정보 등도 도구가 되기도 한다(정정길외, 2022:375)

자치분권정책의 경우, 정책도구로서는 정책목적을 달성하기 위하여 사용하는 지방시대위원회를 도구로 볼 수 있다. 지방시대위원회는 대통령소속으로 두고, 5년간 한시적으로 존속한다.

지방시대위원회는 39명의 위원으로 구성되고, 당연직위원으로서는 기획재정부장관, 교육부장관을 비롯하여 각부처의 장관들과 위촉위원 21명으로 구성된다.

지방시대위원회는 지방시대기획단을 소속으로 둘 수 있고, 지방시대기획단 지원조직을 두도록 하고 있다.

또 자치분권정책과 지역균형발전정책을 위한 정책도구로서 지방시대종합계획을 들 수 있다. 이것은 '지방자치분권 및 지역균형발전을 효과적으로 추진하기 위하여 관계 중앙행정기관의 장과 협의하고 지방자치단체의 의견을 수렴한 후 5년을 단위로 하는 계획'이라는 것이다. 그리고 이 계획을 수립할 때는 시도지방시대계획과 초광역권발전계획을 반영하여야 한다고 하고 있다.

이 계획서에는 지방자치분권 및 지역균형발전의 기본방향 및 추진목표, 지역균형발전시책 및 지방자치분권과제의 추진에 관한 사항, 지역균형발전특별회계의 운용에 관한 사항 등이 포함되어야 한다.

또 이 지방시대계획은 다른 정책들과의 연계성을 가지고 조정되어야 하는 '복합정책'이라고 할 수 있다. 즉 국가재정법에 의한 국가재정운용계획, 국토기본법에 따른 국토계획, 저출산고령사회기본법에 따른 저출산고령사회기본계획, 기후위기대응을 위한 탄소중립 녹색성장기본법에 따른 국가탄소중립 녹색성장 기본계획과 연계되어야 한다고 하고 있다.

그런데, 정책도구라고 하기에는 이 속에 정책의 목표와 수단, 그리고 집행조직으로서의 정책도구가 종합적으로 포함되어 있는 것이 지방시대종합계획인 것을 알 수 있다.

V. 결론

수도권의 집중과 지방소멸 문제는 정부가 해결하지 않으면 안되는 국정과제이다. 이미 비수도권의 지방자치단체는 인구감소와 대학청년들의 수도권으로 인구유출에 대해 스스로는 대책을 마련하기 어려운 상황이 되었고, 점점 고령화의 심화와 저출산 현상으로 인하여, 지방자치단체는 재정위기에 직면할 것이다.

물론 현재의 한국의 지방자치제도에서는 지방자치단체의 재정파산을 방지하기 위하여 교부금제도와 국고보조금제도가 있어서 지방자치단체의 기본수요와 조직인력운영이 가능할 수 있도록 지원하고 있는 시스템이다. 그러나 이것도 곧 중앙정부의 재정적 곤란에 빠지게 할 것이고, 중앙정부는 지방자치단체에 대해서 통합을 전제로 한 국고보조사업을 전개할 가능성이 높다.

지방자치단체로서는 재정적인 위기를 탈출하고 재정적 곤궁을 벗어나기 위하여, 다른 지방자치단체와의 통합을 하지 않을 수 없게 될 것이고, 이는 결과적으로 지방자치단체의 규모는 현재보다도 더욱더 커지는 현상이 전개될 것이다. 시군통합이나 시-시통합을 통하여 더 규모가 큰 도농복합자치단체가 되거나, 대도시 자치단체가 되어, 지역정책에 대한 자율성과 재정운영의 여유를 확보하려할 가능성이 높다. 그 과정에서 무리하게 화학적 통합을 하려고 하면서, 지방자치단체의 구성원들간에 갈등이나 소외가 발생하고, 지역문제를 해결하는 자치역량은 더 감소할 위험성도 있다.

윤석열정부에서는 자치분권정책을 독자적으로 추진하지 않고, 균형발전정책과 통합하여 추진한다. 자치분권정책을 추진하는 조직도 대통령소속 지방시대위원회의 하나의 국에 불과하여, 자치분권을 균형발전정책의 관점에서 추진되어야 할 것이다. 따라서, 지역이 주도하는 균형발전정책을 위한 수단정책으로서 자치분권정책이 추진되는 구조이고, 자치분권정책의 궁극적 목표는 지역간 불균형해소와 지역의 특성에 맞는 자립적 발전이 되어야 할 것이다.

다시 말해, 자치분권정책만을 가지고 독자적으로 이 정책의 성패를 논할 수 없고, 자치분권정책은 균형발전정책의 성패에 연동되어 있는 정책으로서의 위상을 가지게 된 것이다. 이 점에서 자치분권정책은 수단정책으로서의 정체성을 가지고 추진되는 것이지만, 그 실행방식에서는 중앙정부 주도가 아닌, 지방이 자치적으로 추진하는 '온전한 지방자치' 방식에 의하여야 할 것이다.

참고문헌

강영환. 2022. 어디에 살든 균등한기회를 누리는 지방시대. 도서출판선

강인재 신기현 이철우 최진혁. 2005. 자립적 지역발전 모델. 대영문화사

김병섭. 2008. 참여정부의 지방분권. 대통령자문정부혁신지방분권위원회

김순은외. 2021. 문재인정부의 자치분권 성과와 의의. 국정과제협의회정책기획시리즈 12. 대통령소속자치분권위원회

김순은 송하진 정용덕 정해구 외23인. 2022.한국의 지방자치:분권, 치리,정책. 법문사

마강래. 2017. 지방도시살생부. 개마고원

마스다히로야. 2015. 지방소멸. ㈜미래엔

지방자치발전위원회. 2016. 한국지방자치 발전과제와 미래. 박영사

정정길외. 2022. 정책학개론. 대명문화사

하혜수. 2020. 지방분권오디세이:우리나라지방분권의 진단과 대안. 박영사

02

지방자치의 성공조건

I. 들어가는 말

한국의 지방자치는 1991년부터 34년동안 운영해 왔는데, 그동안 지방자치의 성과도 있었지만, 한계도 여러 가지 측면에서 지적되고 있다. 특히 지방자치를 제도적으로 도입하였는데도, 한국의 국정운영은 더욱더 중앙집권화되고 있고, 수도권의 집중은 지속되고 있어, 지방은 인구도 가속적으로 감소하고, 심지어 지방소멸의 위기가 지적되고 있기도 하다.

중앙정부의 사무를 지방으로 이양하기 위한 노력과 자치분권개혁을 지난 20여년동안 국정과제로서 추진하였음에도 불구하고, 아직도 지방자치가 중앙정부에 예속되어 있고, 지역발전을 위한 자율성이 떨어진다고 하고 있다.

한국의 지방자치가 지역발전에 기여하고, 지역주민의 복리증진에 증진할 수 있는 자율적인 시스템을 가짐으로서 성공적인 지방자치가 되기 위해서는 어디서부터 어떻게 혁신하고 개혁하여야 할 것인가?

한국의 지방자치는 87년 민주화의 열매로서 91년부터 제도로서 부활하게 되었다. 이 때 지방자치에 대한 고유권설에 입각하여 제도설계가 된 것이 아니라, 기존의 전래권설에 입각하여 국가사무의 일부를 지방자치단체에 이양해 주어서 지방자치를 하게 하는 것이고, 그 외에 사무는 국가사무로 하는 단체자치의 이론에 입각하여 지방자치제도가 재도입되었다는 것이 현재의 지방자치상황을 설명하는 이론적 틀이 된다고 할 수 있다.

만일 그 당시에 지방자치에 대해서 정말 주민주권에 입각하여, 주민자치정부로서 지방자치가 운영될 수 있도록 제도설계가 진지하게 되었다고 한다면, 한국의 지방자치제도는 시읍면자치가 도입되었어야 했을 것이다.

그런데 한국에 91년에 도입된 지방자치는 시군구자치였다는 것과 대의 민주주의에 입각하여, 지방의회를 선거로 구성한다는 것, 그리고 국가와 지방의 기능과 사무배분은 중복적이고 기관위임사무에 의하여 정책집행은 지방자치단체를 통하여 종합적으로 한다는 특성을 가지는 것이었다.

2023년의 시점에서 한국의 지방자치제도를 평가해 보면, 성공적인 지방자치가 발전하지 못하는 원인에는 위에서 설명한 요인들이 작용하여 결과적으로 여전히 중앙집권적인 국정운영과 수도권과 비수도권의 격차확대, 인구감소와 지방소멸현상이라고 하는 지역정책문제가 국가적인 위기를 발생시키고 있는 것이라고 볼 수 있다.

그렇다면, 지방자치제도를 운영하면 운영할수록 더욱더 중앙정부 의존적이 되고, 지역문제를 지방정부가 스스로 결정하고 책임을 지는 것이 어려워지는 그 원인들을 살펴보고, 자치분권을 위한 노력으로서 시도된 주민자치정책의 전환, 그리고 주민자치회의 확대와 한계 등을 살펴보면서, 한국의 지방자치가 과연 어떻게 나아가야 성공할 수 있을 것인가, 그리고 자치분권정책이 실종하고, 지역발전정책의 혼란을 극복할 수 있는 방안이 무엇일까에 대해서 숙의가 필요하다.

본 고에서는 이러한 문제의식을 가지고 한국의 지방자치 34년을 돌아보고, 지역문제의 현상과 원인을 살펴보고자 한다. 그리고 한국의 지방자치의 한계, 즉 단체자치의 한계를 다시 한번 살펴보고, 이에 대한 대응정책으로서의 주민자치정책에 대해서 살펴보려고 한다. 주민자치정책도 지난 25년동안 추진되어 왔지만, 2023년의 시점에서 보면, 주민자치제도의 나아갈 방향과 동력을 상실하여 표류하고 있는데, 어떤 비전과 전략을 가지고 이 정책을 추진해 나가야 할 것인가라는 이상을 제시해 보고자 한다. 그리고 이상만으로 현실은 움직여 질 수 있는 것이 아니니, 현실로서의 주민자치정책은 과연 어떻게 해야 할 것인가도 숙고해 보고자 한다.

Ⅱ. 지방자치의 이상과 현실

1. 지방자치를 보는 이론과 관점

한국의 지방자치는 중앙집권적 국가운영의 관행을 가진 상태에서 지방의회를 구성하는 것을 지방자치라고 하는 정치적 관점에서만 제도로서 도입되었던 측면이 있다. 지방자치는 지역문제를 지역주민들이 지역구역의 통치권을 자기입법과 자기통제를 하는 것을 의미하는데, 이러한 지방자치개념에 충실한 제도설계가 이루어지지 않았던 것이다.

결과적으로 한국에 1991년에 부활한 지방자치는 지방행정은 과거의 국가중심적인 지방행정체계를 그대로 유지한 상태에서 지방정치영역에서만 도입하여, 중앙정치에 대한 보완하는 역할을 기대하였던 것이었다.

이것은 지방자치의 이론적 관점에서 보면, 철저히 전래설의 관점에서 지방자치가 도입된 것이고, 지방자치에 대한 고유권설에서 제도설계되어 도입된 것이 아니었던 것이다. 전래권설은 대륙계의 지방자치시스템에 기반한 것으로 아직도 행정법체계는 여전히 국가우위의 중앙-지방정부간 관계를 이론적 기반으로 하고 있다.

그러나 지방자치의 고유권설은 영미계의 지방자치 시스템을 기반으로 한 것으로 국가의 역할이전에 지방의 역할과 기능이 먼저 형성되었거나, 중앙정부의 역할과 기능이 약하여, 지방정부를 관리하거나 통제하기 어려운 시대적 배경과 사회문화적 배경에서 형성된 것이다.

이 점에서 한국의 지방자치는 조선왕조의 왕정체제와 일제식민지 시기의 사회문화적 배경, 그리고 박정희 정권의 30년간의 지방자치중단시의 국가주의적 지방행정체계의 영향을 받아, 지방자치라고 해도 여전히 대륙계의 지방자치 시스템에서 벗어나기 어려운 시대적 현실이 있었던 것은 사실이다.

그렇지만, 1952년에 도입된 지방자치제도는 미국식의 지방자치를 염두에 둔 측면이 있었다. 시읍면의 지방자치를 도입하였고, 시읍면의 지방의회구성을 통합형으로 하였다는 것, 그리고 도계층의 자치를 도입하기 전에 먼저 기초자치계층인 시읍면을 먼저 도입하였다는 것 등은 한국에 지방자치제도는 미국식의 풀뿌리에서부터 지방자치를 도입하는 제도 논리가 다분히 있었다고 할 수 있다. 물론 이 당시에 지방자치를 전쟁 중에 도입해야겠다는 것이 당시 중앙정치의 정권연장과 대통령선거를 유리하게 하려는 정치적 계산이 앞선 것이라는 지적이 있는 것은 사실이지만, 이 당시의 지방자치에 대한 프레임은 미국식의 지방자치를 염두에 둔 것이었다.

그러나, 1961년에 지방자치가 오히려 지역에서의 부패와 국가의 안정을 저해한다는 인식하에 지방자치제도를 중단하게 되었고, 지방의회는 폐지되었으며, 교육위원회도 폐지되었다. 지방의회와 교육위원회를 대신하여 지방자치단체장이나 상급행정기관의 장이 지방자치권한을 대체하였던 것이다.

그러다가 1987년 이후 민주화의 일환으로 지방자치제도를 도입해야 겠다는 정치적 합의가 있었지만, 현실제도로서 도입되는 것은 당시 정권이 지연시키는 전략을 쓰고 있었다. 이에 야당대표의 단식투쟁을 통해서 지방자치제도가 1991년에는 시군구부터 도입하기로 하였고, 단체장에 대한 선거는 1995년에야 도입하게 되었다. 당시 야당대표는 지방자치를 부활하는 것이 중앙정치의 독주를 막고, 민주적이 정권교체를 위하여 반드시 필요한 제도라는 인식을 가지고 있었고, 지방자치도 '주민자치정부'를 제도로서 도입하는 것을 주장하였다.

그러나, 당시 정권과 중앙정부관료들의 선택은 지방자치를 어쩔수 없이 도입하더라도 '단체자치'에 입각한 지방자치를 국가 주도적으로 도입하는 것으로 하였다. 즉 이들이 생각한 지방자치제도의 이론적 기반은 전래권설이고 국가의 제도로서 보장한 부분만 지방자치권을 행사하는 한정된 지방자치제도였던 것이다. 이것을 제도보장설이라고 하기도 하는데, 제도보장설의 원래 의미는 헌법이나 법령에 의하여 지방자치를 제약하는 것은 자치에 대한 기본권을 침해하지는 못하는 것으로 지방자치권은 제도적으로 보장된다는 의미를 가진다.

이 점에서 한국의 지방자치는 이론적 기반이나 역사적 형성과정을 보면, 고유권설에 입각하고 보충성의 원칙에 의한 제도 계층이 설계가 이루어지는 것이 아니었던 것이다. 이러한 부분은 오늘날 지방자치제도를 부활시킨 지 34년이 되고 있고, 국가사무의 이양이나 분권개혁, 그리고 자치발전, 자치분권 노력을 한지 20여년이 지나고 있지만, 여전히 지방자치의 한계와 후퇴를 보이고 있는 것은 지방자치에 대한 이론과 제도적 패러다임에서 문제가 있게 설계되었기 때문이다.

2. 지방자치 34년의 현실과 문제점

한국의 지방자치 34년 운영의 문제점은 지방자치를 한다고 하면서도 지방자치단체는 더욱더 중앙정부에 의존하는 재정구조가 되고 있고, 서울을 중심으로 한 수도권만 비기형적으로 비대해지고, 비수도권의 지방은 쇠퇴하고 인구는 감소하면서 심지어 지방소멸의 위험에 노출되어 있다는 점이다.

지방자치를 한다는 것은 지방의 문제는 지방이 스스로 결정하고, 필요한 세원을 스스로 부담하면서, 자율적으로 집행하고 책임을 지는 자치정부를 가진다는 의미이다. 이를 위해 주민들은 지방정부의 주권자로서 스스로 결정과정에 참여하거나 대표자를 선출하여 이들로 하여금 지방정부를 책임있게 운영하도록 하는 것이고, 스스로의 역량을 넘어서는 공공서비스의 공급은 다른 지방자치정부와 연대하거나 협의체 혹은 연합체를 만들어서 해결하고, 이러한 광역자치행정방식으로도 해결하기 어려운 것은 상위정부가 조정하고 지원하는 역할분담이 이루어지는 것을 의미한다. 즉 보충성의 원칙에 따라서 스스로 결정하고 처리할 수 있는 것은 주민들과 가장 가까운 근린정부에서 처리하고, 근린정부가 자치적으로 처리하기 어려운 부분은 상위정부가 조정하거나 역할분담하여 처리하는 정부간 역할분담이 이루어져야 하는 것이다.

그러나 한국의 경우는 근린정부에 대한 자치의 경험이 없고, 주민이 근린자치정부에 참여하는 과정을 통하여 민주주의의 역량을 함양하는 '주민자치'제도가 설계되어 있지 않다. 국가로부터의 전래권설에 따라 단체자치 패러다임에 의한 자치제도로 인해, 지방자치단체는 국가가 부여하는 사무와 권한만을 한정하여 행정을 처리하고, 조례입법을 하도록 되어 있는 것이다.

이것은 지방자치단체의 조례제정권의 범위를 '법령의 범위에서(지방자치법28조1항)' 혹은 '법령의 범위안에서(헌법117조1항)'라고 하는 제약하에만 할 수 있도록 하고 있다. 다시 말해 법령의 범위를 넘어서거나, 법령의 범위밖에서는 조례를 만들 수 없다는 것으로서, 전형적으로 국가전래설의 철학에 기반하고 있는 것이다. 이는 지방의 문제를 지방이 스스로 입법을 통하여 행정을 하기 보다는 중앙정부의 법령이 어떻게 규정하고 있는가에 따라서만 조례를 만들어서 자치할 수 있다는 것이다. 그러면서 행정계통으로서는 중앙정부의 행정의 지휘감독을 받도록 되어 있는 것이다.

요컨대 지방정부의 정치와 행정이 이중적인 경로를 통해 규제를 받고 잇는 것이다. 즉 지방정치는 국회의 법률이나 중앙정부의 행정입법(법령)에 의하여 조례입법권이 제약하고 있고, 지방행정은 중앙정부의 행정권과 예산권에 의하여 통제받고 있는 것이다. 그리하여 지방자치단체는 조직권이나 인사권, 재정권에서 중앙정부 부처의 통제하에 운영되고 있는 것이다.

지방자치법상으로는 지방자치단체의 사무로서 7분야61개의 사무를 처리하도록 하고 있지만, 법률에 이와 다른 규정이 있으면, 지방자치단체의 사무로 하지 않는다는 독소조항(지방자치법제13조2항)에 의하여 지방자치단체의 사무로서 예시되어 열거되었지만, 이것이 법률조항에 의하여 철회될 수 있는 구조로 되어 있다.

이러한 법제도적 장치가 한국의 지방자치가 34년이 지나더라도 여전히 중앙정부에 의존적이고, 지방자치단체가 자립적인 역량을 키우지 못하는 원인이 되고 있는 것이다.

다음으로 지방재정의 의존성의 문제이다. 지방자치단체의 재정자립도는 1995년에 66.4%였지만, 2005년에 56.2%로 떨어졌고, 2014년에는 50.3%로 낮아졌다. 그리고 2019년에도 재정자립도는 51.4%에 머무르고 있다. 이것은 지방자치를 하면 할수록 재정자립도가 낮아져서 중앙정부에 의존하는 구조가 되고 있다는 점이다.

지방자치단체의 종류별로도 재정자립도에 큰 차이가 나는데, 서울의 경우 80.1%이고, 광역시평균이 49.9%, 도는 37.0%이다. 군의 경우는 18.3%여서 서울을 제외한 광역시나 시의 경우도 재정자립도가 30%대에서 40%대로 중앙정부의 재정지원 없이는 지방자치단체의 사무를 처리할 수 없을 정도로 의존적인 구조이다.

<표1> 지방자치단체 유형별 재정자립도(2019)

	서울	광역시	세종	도	제주	시	군	구	전국
재정 자립도	80.1	49.9	72.7	37.0	36.5	36.8	18.3	29.8	51.4

출처:행정안전부(2019).「지방자치단체 통합재정 개요(상)」

또 지방자치단체의 세입구조를 보면, 기초자치단체는 지방세보다 국고보조금의 비율이 높은 구조여서 중앙정부의존이 심각하다. 또 도의 경우도 지방세보다 보조금의 비율이 높은데, 기초자치단체에 비해서 지방교부세의 비중은 낮은 것을 알 수 있다.

<표2> 지방자치단체 유형별 일반회계 세입구성(2019)

	서울	광역시	세종	도	제주	시	군	구	규모(조원)
지방세	73.6	44.8	59.9	35.2	32.0	26.0	8.0	16.7	83.0
지방 교부세	0.7	14.6	3.5	9.7	33.4	22.2	44.3	1.5	43.1
보조금	18.0	31.1	20.1	19.3	24.3	34.8	34.6	53.9	100.7
규모(조원)	24.2	33.2	1.2	63.0	4.5	68.4	33.1	34.1	261.6

출처:행정안전부(2019).「지방자치단체 통합재정 개요(상)」

요컨대, 한국의 지방자치제도는 34년의 운영결과를 보면, 여전히 법제도적으로 법령의 범위안에서 조례를 만들도록 되어 있고, 지방자치행정의 경우도 지방자치법에서는 자치사무를 71개를 구체적으로 예시하고 있지만, 이들 자치사무도 법률에서 다른 규정을 하고 있으면 국가사무가 되어 버리는 구조이기에 여전히 중앙정부 의존적인 법제도이다. 또 지방재정의 관점에서도 지방자치단체는 전반적으로 재정수입에서 지방세의 비중이 50%이하일 뿐만 아니라, 재정자립도에서도 평균이 50%에 불과하여, 중앙정부의 보조금에 의존하는 3할자치에 불과한 셈이다.

3. 수도권집중과 불균형발전, 그리고 지방소멸의 위기

한국 지방자치 34년 운영에도 불구하고 여전히 해결되지 않은 지방정책문제로서는 수도권집중의 문제, 불균형발전의 문제, 지방쇠퇴와 지방소멸의 위기를 들 수 있다. 이러한 지방정책문제의 원인으로 여전히 중앙집권적 지방행정운영을 제시하고, 중앙집권적 지방행정운영의 문제를 해결하기 위해서는 중앙정부에 대한 분권개혁과 지방자치단체의 자치역량강화를 들 수 있다. 이러한 논리구조의 모형을 제시해 보면 다음과 같다.

<그림1> 지방정책문제의 논리구조모형

정책문제		원인		해결방안
수도권집중 불균형발전 지방쇠퇴(소멸)	←	중앙집권행정	←	행정분권개혁 자치단체역량강화 주민참여확대

지방자치제도를 34년간 지속하고 있는데도, 여전히 수도권의 인구집중, 산업집중, 금융집중이 지속되고 있다는 것은 지방자치정책의 실패를 의미하는 것이다. 2023년1월 자료에 의하면, 수도권의 인구는 2599만명으로서 50.5%에 이르고 있다. 서울시가 18.3%, 인천이 5.6%, 경기도가 26.3%로서 한국의 수도권인구집중현상은 세계적으로도 특이한 현상이다.

1980년대부터 수도권인구집중을 막기 위하여, '수도권정비계획법'을 통하여, 과밀억제권역, 성장관리권역, 자연보전권역으로 나누어서 공간관리정책을 추진하였고[1], 2000년대들어와 노무현정부에서는 수도권인구집중문제를 해결하기 위하여 혁신도시를 전국의 10개지역에 조성하여[2], 이곳에 수도권에 있는 공공기관을 이전하는 정책을 추진하

1 과밀억제권역으로는 의정부, 구리 등 14개시이고, 성장관리권역은 연천, 포천 등 14개시군, 자연보전권역은 이천, 가평 등 8개 시군이었음

2 10개의 혁신도시는 충북에 진천-음성군, 전북에 전주시-완산군, 광주전남에 나주시, 제주에 서귀포시,

였다.

지방을 살리기 위한 공간정책으로서 노무현 정부에서는 혁신주도형 발전과 다극분산형발전이라는 정책을 추진하였고, 이명박정부에서는 세계화에 대응하는 광역경제권구축과 지방분권과 자율을 통한 지역주도발전을 제시하였다. 박근혜정부에서는 지역행복생활권을 구현하고, 맞춤형 패키지 정책지원을 한다고 하면서, 역시 지역주도 및 협력강화를 정책목표로 제시하였다.

그럼에도 불구하고 지방은 인구유출과 고령화로 인하여, 점점 쇠퇴하고 소멸할 위험에 처하고 있다. 지방 중소도시의 일자리는 빠른속도로 사라지고 있고, 지방의 인구유출은 최근 20여년간 가속화되고 있는 것이다.

대도시의 경우, 집적의 경제로 인한 일자리창출이 가능하여, 인구의 대도시 쏠림현상이 지속되고 있다. 이리하여, 수도권은 지속적으로 다른 지역의 인구와 기업을 빨아들이게 되고, 중소도시는 공동화되는 시소효과(seesaw effect)가 나타나는 것이다. 2040년에는 지방자치단체의 30%가 지방자치단체로서의 기능을 상실하게 될 것이고, 천문학적인 연명치료 비용이 들어갈 것이라고 한다(마강래, 2017:33).

지방의 중소도시 인구감소와 인구유출은 심각하다. 특히 인구 15만명이하의 지방자치단체의 급속한 인구유출은 중소도시의 발전에 심각한 어려움을 초래하고 있다. 지방중소도시는 인구도 줄어들 뿐만 아니라, 고령자만 남게 되는 쇠퇴도시의 모습이 그려진다. 지방중소

경남에 진주시, 부산에 영도-해운대-남구, 울산에 중고, 대구에 동구, 경북에 김천시, 강원에 원주시의 10곳이다.

도시의 인구감소에서 특히 문제가 더 심각한 것은 다른 지역으로의 인구유출에 따른 '사회적 감소'가 중요한 요소로 지적되고 있다.

국가 전체적으로도 300년 후에 지도상에서 사라질 첫 번째 나라가 한국이라고 경고한 데이비드 콜먼의 주장에 주목할 필요가 있다. 한국의 출산율은 1980년대부터 2명이하로 되기 시작하여, 2005년에는 1.08명, 2016년에는 1.2명, 2022년에는 0.78명이라는 심각한 현상에 직면하고 있다. 2005년에는 '저출산 고령화사회 기본법'을 제정하여 국가정책적으로 인구감소문제를 대응하고 있으나, 그 효과는 나타나지 않고 엄청난 규모의 예산만 투입되어지고 있다. 전형적인 정책실패의 사례이다.

한국의 지방자치단체들이 그 기능을 상실하게 되는 시점으로서 1995년대비 인구규모가 50%로 떨어지는 시기라는 지적을 하고 있다. 그리고 2040년에는 전국 지방자치단체 중에서 30%는 1995년 대비 인구규모가 절반으로 줄어들 것이라는 예측을 하고 있다. 그런데 이런 지방자치단체는 인구 15만명이하의 지방중소도시라는 것이다(마강래, 2017:38).

요컨대, 한국의 지방자치정책은 지난 34년간의 국가정책적으로 그 중요성을 인식하고 제도운영을 하고 있지만, 지방은 쇠퇴하고, 수도권과 대도시만 성장하는 시소현상이 나타나고 있다. 이러한 지방자치정책의 실패는 지방자치정책과 관련된 제도에서 그 구조적인 문제가 있다고 하지 않을 수 없다. 여기서는 그 구조적인 문제로서 단체자치 패러다임에 입각한 지방자치제도에 근본적인 원인이 있다고 지적하고, 이 패러다임의 전환을 모색하는 것에서부터 수도권집중과 중소도시소멸에 대한 대응 해법을 찾아야 할 것이라는 점을 지적하고자 한다.

III. 단체자치의 한계와 주민자치패러다임으로의 전환노력

1. 단체자치의 한계

한국의 지방자치제도가 단체자치라는 것은 헌법과 지방자치법을 통해서 규정하고 있다. 즉 헌법 제 8장에서 지방자치라는 장을 두고, 제 117조에서 '지방자치단체'는 주민의 복리에 관한 사무를 처리하고 재산을 관리하며 법령의 범위안에서 자치에 관한 규정을 제정할 수 있다 '고 규정하여, 지방정부가 아니라 지방자치단체라는 것을 명시하고 있다. 지방정부가 되면, 주민을 주권자로서 규정하고, 그 권리와 의무에 대하여 직접 지방정부의 법률(혹은 조례)에 규정을 할 수 있게 된다.[3]

3 헌법에서는 한국이 민주공화국이고 주권은 국민에게 있고, 모든 권력은 국민으로부터 나온다라고 규정하고, 제2장에서 국민의 권리와 의무라는 장에서 모든 국민은 인간으로서의 존엄과 가치, 행복을 추구할 권리를 가지고, 법앞의 평등, 신체의 자유, 거주이전의 자유, 직업선택의 자유, 주거의 자유, 양심의 자유, 종교의 자유, 언론출판의 자유, 집회결사의 자유, 재산권보장, 선거권, 공무담임권 등의 권리와 납세의 의무, 국방의 의무 등 의무를 규정하고 있다. 그러면서 대한민국이라고 하는 정부의 권력기관으로서 국회(3장), 정부(4장), 법원(5장), 헌법재판소(6장), 선거관리(7장), 지방자치(8장)을 규정하고 있다. 여기서, 정부 속에 대통령, 국무회의, 행정각부, 감사원을 속하게 하는 조문구조를 가지고 있다는 점은 헌법입법자의 국가와 정부의 시스템구조에 대한 철학과 가치를 엿보게 된다. 정부 속에는 중앙정부와 지방정부로 구성되는 것을 인식하지 않은 인식이고, 지방정부를 인식하지 않고, 단지 지방자치단체로서 8장에서 규정하고 있는 것은 전형적으로 국가전래설에 입각한 자치철학을 가지고 있었다고 추론할 수 있다. 한국의 지방자치제도가 왜곡된 것은 이러한 헌법적 입안자의 철학에 문제의 근원이 있는 것으로 볼 수 있다. 특히 행정법학계의 통치권에 대한 인식이 이러한 단계에 머무르고 있는 것으로 보여지는데, 한국의 지방자치제도의 발전에 발목을 잡는 부분이라고 생각한다.

다음으로 지방자치법에서도 제1조에서 '지방자치단체의 종류와 조직 및 운영, 주민의 지방자치행정에 관한 사항과 국가와 지방자치단체사이의 기본적인 관계를 정함으로써, 지방자치행정을 민주적으로 능률적으로 수행하고, 지방을 균형있게 발전시키며, 대한민국을 민주적으로 발전시키려는 것을 목적'으로 한다고 규정하고 있다. 이 조항의 논리적 구조대로 현실의 한국 지방자치가 운영되고 있다면, 단체자치 패러다임에서 조금 벗어나고 있다고 볼 수 있다.

왜냐하면, '주민'이 등장하고, 제2장 주민이란 장에서 '주민은 법령으로 정하는 바에 따라 주민생활에 영향을 미치는 지방자치단체의 정책의 결정 및 집행과정에 참여할 권리를 가진다'(제17조1항)고 규정하고 있기 때문이다. 즉 주민이 지방자치단체의 운영에 참여할 권리를 명시하고 있는 것이다. 2021년 지방자치법 전부개정이전에는 '주민'의 이러한 참여권리를 명시하지 않았었다.

그러나 여전히 지방자치법에서 주민을 지방자치단체의 주권자로서 규정하고 있지 않고 있다. 즉 주민투표를 붙일 수 있는 권한은 지방자치단체장에게만 있으며(제18조), 조례의 제정이나 개정, 청구를 할 수 있는 권한도 주민에게는 없고, 단지 '청구'할 수 있을 뿐이다. 주권자라고 하면, 주민들의 일정한 수가 모여서, 조례를 발안할 수 있어야 할 것이다.

다음으로 지방자치단체가 중앙정부와의 관계에서 여전히 종속적이고 의존적인 관계에 있는 단체자치 패러다임에 있다는 것을 '중앙-지방정부관계'를 통해서 확인할 수 있다. 이것은 행정제도와 정치제도, 조정양식, 자원측면에서 살펴볼 수 있다(하혜수, 2020:115-134).

단체자치의 폐해로서 근본적인 문제는 지방자치제도를 운영하고 있음에도 불구하고 여전히 중앙정부 우위의 지방행정시스템이라는 것이고, 지방자치단체는 중앙정부에 여러 가지 측면에서 의존적이라는 것이다.

그 첫째로 행재정제도의 의존성이다. 중앙과 지방의 사무구분제도에서 중앙정부 의존적인 구조가 여전히 작동하고 있는 것이고 그 운영규모는 점점 더 커지고 있다는 점이다[4]. 대표적인 제도가 '기관위임사무' 제도이다. 기관위임사무는 2011년에 법정수탁사무로 개편하려고 하였으나, 관련 법률이 국회에서 무산되었다. 이는 2000년 일본의 기관위임사무제도 폐지를 참고하여 분권형 중앙-지방관계로 전환하려는 것이었다.

감사제도에서도 행안부장관은 자치사무에 대해 보고를 받거나 서류장부 등 회계를 감사할 수 있다. 또 시정명령, 취소정치, 대집행 등과 같이 권력적 통제권이 규정되어 있다.

둘째로 정치제도의 의존성이다. 자치입법권에 '법령의 범위안에서' 자치에 관한 규정을 제정할 수 있다고 헌법117조1항에 규정되어 있다. 또 지방선거에 대하여 정당공천제가 작동하고 있어, 자치단체장과 지방의원에 대한 정당의 영향력이 매우 높다. 또 선출직 공무원으로서의 지방의회나 지방자치단체장들의 협의회가 구성되어 있지만, 중앙과 지방의 대등한 협의하는 것이 아니라 지방의 일방적인 건의에 그치고 있고, 중앙정부의 정책에 반영하도록 압박할 수 있는 규정은

4 자치사무의 비중은 1994년 25%에서 2013년 32%대로 높아지고 있으나, 지방정부의 세입에서 중앙정부 보조금이 차지하는 비율이 57.8%로서 선진국들에 비해 높은 수준이다(하혜수, 2014:40)

미흡하다

셋째로 조정약식에서도 중앙과 지방이 대립하는 갈등상황에서 협상적이거나 설득적 조정을 기다리는 양식이 아니라, 강압적이고 계층적인 조정양식이 우세하다. 2015년의 청년수당갈등이나 2014년 누리과정갈등 2007년 동남권신공항갈등 등 중앙정부와 지방자치단체간의 정책갈등이 일어났을 때, 중앙정부의 일방적 결정이나 시정명령, 직권취소의 방식으로 처리되었던 것이다[5]. 이는 중앙정부가 계층제적 조정양식으로 지방정부와의 갈등을 해소할 수 있는 제도적 구조가 되어 있기 때문에 가능한 것이다.

넷째로 자원측면에서는 지방자치단체의 자원이 중앙정부보다 상대적 비중이 낮다. 인적자원으로서 공무원의 수와 자질[6]이란 측면에서 지방공무원의 수는 2002년 35.4%에서 2009년 34.8%로 감소하였다. 2017년에는 36.5%로 지방공무원의 비중이 증가하였지만, OECD선진국에 비해, 낮은 수준이다(하혜수, 2020:127). 정보자원의 측면에서도 중앙정부는 경제인문사회연구회 소관의 26개 연구기관과 국가과학기술연구회 소속의 25개 연구기관을 보유하고 있으나, 지방정부는 16개 시도연구원을 보유하고 있는데 불과하다.

이처럼 한국의 지방자치제도는 단체자치 패러다임에 의하여 구조화되어 있어서, 지방자치제도의 운영 경험과 기간이 누적되어감에도

---

5 물론 일부의 사례에서는 지방정부와 주민의 의견이 반영되고, 주민투표에 의하여 입지가 결정되는 경우가 있었다. 청년수당 갈등의 경우, 초기에는 정치적 요인 때문에 계층적 조정양식으로 시작하였으나, 정권교체이후에 협의와 조정하는 수평적 조정양식으로 전환된 경우도 있었다.

6 자질을 비교하기는 쉽지 않으나, 단순히 고위공무원단의 수는 중앙부처에 비해 10%도 되지 않음. 2013년의 자료에 의하면, 중앙부처 613명이나 지방정부는 40명에 불과함.

불구하고, 지방자치단체의 중앙정부의존적 구조를 탈피하지 못하고 있다. 다시 말해, 한국의 지방자치제도는 실패라고 보기는 어려울 정도의 성과가 있는 것은 분명하지만, 그렇다고 성공적인 운영이라고 하기도 어려운 문제점을 여전히 안고 있고 개혁의 노력들이 있었지만, 전체적으로는 여전히 지방자치의 성공을 위해서는 혁신적인 제도개혁의 노력이 지속되어야 함을 알 수 있다.

그렇다면, 지방자치의 성공을 위한 미시적이고 점진적인 노력을 지속하여야 하는 전제하에서, 이러한 미시적이고 점진적인 노력만으로 해결하기 어려운 지방자치의 논점들에서 혁신적 제도개혁의 노력이 있어야 할 것이다. 여기서는 주민자치 패러다임을 향한 노력으로서의 주민주권 개혁과 주민자치 운영을 위한 노력들을 살펴보고, 그 한계와 성공을 위한 거시적 논점이 무엇인가를 생각해 보자

2. 주민주권에 입각한 지방자치

주민자치는 주민이 주권을 가지고 지방정부를 구성하여 자기입법과 자기통제를 하는 것을 의미한다. 주민자치는 주민이 주권자로서 주인으로서 주체로서 자기통치를 하는 것이라고 하기도 한다(박철, 2018:295). 주민이 주권에 의해 자기지역을 통치하고 또 통치를 받는 것이다. 다시말해, 주민자치는 주민이라고 하는 개인에서 출발해서, 시민, 결사체(공동체), 주민자치주체기구, 지방자치단체까지를 자치적으로 운영하는 것을 의미한다.

그런데, 한국에서는 주민자치란 용어가 혼란에 빠져있는데, 그 원

인은 지방자치 유형으로서의 주민자치라는 용어보다는 읍면동에서의 주민단체를 지칭하는데 주민자치라는 용어를 사용하는데 치중하였고, 결과적으로 주민자치위원회나 주민자치회가 마치 '주민자치' 인 것으로 오해를 불러일으킨 것이다.

주민자치는 단체자치와 함께 국가영역의 일부인 지방정부의 운영방식의 한 축임에도 불구하고, 한국에서는 주민자치라는 용어를 행정의 상대영역에서 주민대표기구를 설치 운영하는 것을 주민자치라고 지칭하고 있는 것이다. 그런데 이러한 주민자치위원회나 주민자치회는 시민사회영역의 자치조직이라고 하기는 어려운 것이다. 왜냐하면, 행정의 파트너로서 읍면동 행정에 참여하는 하나의 행정 의존적 주민단체이기에, 행정이 빠지면 일거에 무너지게 되는 것이 현재의 주민자치위원회나 주민자치회이기 때문이다. 시민사회영역의 주민자치라고 한다면, 행정이 빠지더라도 자립적으로 운영될 수 있어야 하는 것이다.

이렇게 주민자치라는 용어가 행정 의존적으로 운영되다보니 행정안전부나 시민활동가들도 주민자치회의 설치는 정부가 주도해야 한다고 주장하고, 중간지원조직이라고 하는 마중물을 통하여서 해야 한다고 하는 것이다. 그리고 중간지원조직에 대한 지원을 행정이 해야 한다는 것이다.

이러한 주장과 논리는 결국 국정의 운영주체가 다른 정당으로 바뀌는 순간 주민자치는 행정으로부터의 지원을 중단하게 되었고, 결과적으로 확대되던 기존의 주민자치회는 중단할 수밖에 없는 상황에 처하게 된 것이다.

이러한 한계로 인하여, 주민이 주권자의 입장에서 지방자치제도를 형성하고, 주민자치정부에 의사결정자로서 참여하고, 집행과정에도 참여하거나 세원을 부담하는 '책임있는 주민'으로서의 제도혁신이 이루어져야 할 것이다.

지방자치정부에 책임있는 주민으로서의 권한과 의무를 부여하는 것을 '주민분권'이라고 한다면, 정부의 권한을 주민에게 이양하는 분권이 이루어져야 한다. 여기에는 두 가지의 방식이 있는데, 하나는 대의제를 전제로 하여 개별사안에 대한 결정권을 주민에게 이양하는 것이고, 다른 하나는 총회제를 통하여 일상적인 결정권을 전체주민에게 이양하는 것이다.

전자는 대의제하에서의 주민결정, 주민참여, 협치의 세가지를 들 수 있고, 주민결정에는 주민발의, 주민표결, 주민소환 등 주민의 직접결정권한방식을 들 수 있고, 주민참여에는 주민소송, 주민감사청구, 주민의견제시 등을 들 수 있다. 협치에는 주민참여예산제, 숙의형 공론조사, 주민배심원제 등을 들 수 있다(하혜수, 2020:21).

후자에는 미국의 타운정부나 스위스 코뮨정부에서 나타나는 주민총회제를 들 수 있다. 이것은 투표권을 가진 주민들이 직접 광장이나 시티홀에 모여서, 공동체의 정책을 직접 결정하는 것이다.

이러한 주민분권은 주민주권이 법제도적으로 보장되어야 작동할 수 있는 분권방식이라고 할 수 있고, 행정적 지방분권, 정치적 지방분권, 재정적 지방분권, 법률적 지방분권이 성공적으로 이루어지기 위한 전제조건이라고 할 수 있다. 즉 주민분권의 혁신이 없이는 이러한 4가지의 지방분권이 성공하기는 어려울 수 있다.

이 점에서 한국에서 주민주권의 논의가 이미 2010년대 중반부터 학자들 사이에 논의되어 왔고, 이를 2021년도 지방자치법의 전부개정에서 개혁의 철학으로서 주민주권론이 활발히 논의되었다는 점은 지방자치제도의 성공을 위한 진일보를 한 것이라고 할 수 있다. 김순은(2012)은 일찍부터 주민주권론을 제시하면서, 주민에 의하여, 주민을 위하여, 주민의 지방정부가 구현하는 사상적 토대가 되어야 한다고 하였다. 그러면서 주민주권론이 활성화된다면, 지방자치의 발전에 기여할 것이라고 제안하였다. 그러면서 주민주권론의 실체적인 의미는 미국의 홈풀제도에서 찾을 수 있고, 이 용어는 20세기 말 일본을 중심으로 본격적으로 사용되었다고 한다. 그러면서, 한국과 같이 단체자치의 기초위에 설립된 나라에서는 국민주권만 강조되었고, 결과적으로 주민자치에 입각하여 지방자치가 설계되어야 지방자치의 발전이 가능한데, 주민자치의 철학적 기반이 되는 주민주권론이 그다지 소개되지 않은 한국에서는 지방자치의 발전이 어렵고, 지방분권의 논의도 일정한 한계가 있을 것을 예고하였던 것이다.

3. 주민자치위원회와 주민자치회 제도운영의 한계

주민주권의 논의가 고유권설에 입각하여 보면, 주민이 지방자치정부를 형성하고 결정하고 집행하는 주권자가 되어야 한다. 그러나 전래권설 혹은 단체자치 패러다임에 입각하여 보면, 주민은 국가의 주권자로서 중앙정부의 형성과 결정, 집행을 담당하는 조직의 구성이나 기관의 선출에 선거과정에서 참여하지만, 상시적으로 중앙정부의 운영에 참여하는 것은 아니다. 중앙정부의 운영을 담당하는 조직이나 기관의 대표자를 선출하는 주권자이기는 하지만, 그 하부행정기관이나 단체자치를 담당하는 조직이나 기관의 주권자는 아닐 수 있다는 이미지를 가지게 된다. 즉 국민으로서의 국가의 주권자이기는 하지만, 그 하부 행정기관 혹은 자치단체의 주권자는 아닐 수 있다는 역설이 발생하게 된다는 것이다. 이것은 합리적이지 않다.

이 점에서 국민으로서의 주권을 가진 자는 지방자치단체의 주민으로서 그 기관의 구성이나 형성, 결정 그리고 집행과정에 주권성을 직접 가지거나 대표자를 통하여 주권을 행사할 수 있는 주민주권을 제도화시켜주는 것이 합리적이다. 만일 지방자치단체의 주권성을 인정하지 않게 되면, 그 공백을 중앙정부로부터 통치권을 위임받은 개인이나 조직이 자치권을 대체하게 되고, 이는 중앙정부 의존적인 조직이나 개인으로 활동하게 되는 것이다. 주민주권을 통한 지방자치권의 형성이 제약되게 되는 것이다.

<표3> 주권성과 기관구성의 계보

국민주권	(1991년지방자치재도입)	주민주권
국회의원선출/대통령선출		주민총회
국회의견제권/행정각부의 집행권		위탁된 집행위원회
하부행정기관	지방자치단체	자치집행조직
	지방의회선출/단체장선출	
읍면동 주민센터		
	주민자치위원회/주민자치회	

바로 이러한 현상이 전형적으로 나타난 것이 바로 행정기관으로부

터 위임받은 행정참여활동을 하는 주민자치위원회나 선출직 단체장으로부터 위촉받은 주민자치회의 활동이라고 할 수 있다.

주민자치위원회나 주민자치회는 기본적으로 그 조직구성의 계보가 읍면동 주민센터에서 위임되었거나 지방자치단체장으로부터 위촉받았다고 하는 위상을 가지고 있다. 전형적으로 국가로부터 유래하는 국가전래설의 계보를 가지고 있다. 여기서는 주민주권성이 연결될 수 있는 여지가 없다.

주민주권성은 기본적으로 주민이 총회를 구성하여 공동체나 공공기관의 의사결정을 할 수 있는 것을 의미하고, 이러한 주권자로서의 주민이 그 자치정부의 권리와 의무의 행위자가 되어야 하는 것이다. 한국의 경우, 주민은 지방행정기관의 행정대상자로서 그 행정서비스를 향유할 수 있는 소비자로서 인식하는 '행정기관 우위의 인식'에 기초하여 있고, 지방자치란 것도 이러한 '행정기관 우위의 인식'에서 설계되고 논의되었던 것이다. 그리하여, 1991년의 지방자치란 것도 국가로부터의 위임된 범위내에서의 지방자치에 한정된 것이었고, 주민이 지방의 문제를 스스로 결정하고 집행한다고 하는 주민주권에 입각한 지방자치는 제도화되지 않았다. 단지 국가의 법령의 범위내에서 부여된 자치권을 '자치적으로 행사하기 위하여' 그 절차적인 조직으로서 지방의회가 필요하였던 것이고, 지방의회에 '상시적인 주민주권성'이 배제된 대의제도만을 지방자치제도로서 도입하였던 것이다. 이 부분을 곽현근(2020:34)은 '지방분권만 상대적으로 강조되면서 주민자치(지방민주주의)원리가 소홀히 다루어졌다'는 표현으로 정리하고 있다.

문재인 정부 5년간 자치분권의 논의가 가장 활발한 시기였다고 할 수 있다. 연방제에 버금가는 자치분권을 선거공약과 국정과제로 제시하기도 하였고, 자치분권에 기초한 분권헌법개정안도 제시하기도 하였다. 그리고 2020년에는 지방자치법 전부개정안이 국회를 통과하기도 하였다. 그리하여, 주민조례발안에 관한 법률(2021), 중앙지방협력회의의 구성 및 운영에 관한 법률(2022), 지방의회인사권 독립과 정책전문지원인력 채용 등 지방자치를 강화하는 제도개혁이 활발하게 이루어졌다. 그러나 정권이 바뀌면서 자치분권개혁의 논의가 정파적인 것으로 오해되어, 윤석열정부에서 지방화시대라는 구호는 제시되었지만, 분권자치의 논의가 무관심해 지고 있는 듯하다. 자치분권의 발전은 지역정부간의 경쟁을 통하여 지역발전을 위한 창의적이고 혁신적인 아이디어가 산출될 수 있는 제도적 토양이 되는 것이고, 결과적으로 국가의 발전이나 주민생활의 행복으로 이어질 수 있는 근원적인 정책이다. 이 점에서 최근의 자치분권 개혁의 논의와 공론화가 사그라들고 있다는 점은 안타까운 현상이다.

Ⅳ. 최근의 지방자치와 분권혁신에 대한 논점과 미래

1. 자치분권의 실종

2022년 이후 한국의 자치분권정책이 실종되었다. 부울경을 특별지방자치단체로 하여, 수도권역에 대응할 수 있는 메가리전(mega-region)을 만들려는 시도가 있었지만, 2022년 제8회 전국동시지방선거를 통하여, 부산시, 울산시, 경상남도의 수장이 다른 정당출신으로 교체됨으로 인하여, 특별지방자치단체의 의회와 사무국이 구성할 수 있는 단계까지 갔지만, 중단되고 말았다.

최근에는 대전시와 세종특별자치시, 충청남도와 충청북도가 2024년부터 특별지방자치단체를 구성하여, 수도권역으로의 인구집중과 경제력집중에 대응하기 위한 메가리전을 만들려고 준비하고 있다.

이러한 메가리전이 성공하기 위해서는 한국의 행정계층구조에서는 중앙정부의 권한과 예산, 조직과 인력을 이양(devolution)해 주어야 하는데, 이러한 분권이양이 전제되지 않은 상태에서 구성 지방자치단체들만의 협력과 연대만으로서는 한국의 중앙집권적 지방정책운영의 구조를 깨기 어렵다.

결과적으로 앞으로 5년정도는 분권정책이 제대로 추진되기 어려울 가능성이 높다. 2023년 5월 현재의 시점에서 윤석열정부에서는 아직도 지방시대위원회라고 하는 자치분권과 균형발전을 통합적으로 담당하는 조직조차 만들지 못하고 있다. 국회의 법제위원회에서 보류되어 있고, 2024년의 국회의원 총선이 있기 전에는 본회의를 통과하지 못할 가능성이 높다.

한국의 지방자치가 성공하기 위해서 가장 거시적인 정책이 메가리전을 분권자치적으로 운영할 수 있는 시스템을 구축하여야 하는데, 이것이 제대로 추진되기가 어렵기에, 지방자치는 오히려 이전 정부보다 퇴보할 가능성이 있다.

다음으로, 분권자치정책을 위한 컨트롤 타워의 부재이다. 윤석열정부의 분권자치정책은 문재인정부의 자치분권위원회와 국가균형발전위원회를 통합한 지방시대위원회를 통하여 추진될 예정이었다[7]. 그리하여 분권형 균형발전정책을 추진한다는 것이었는데, 윤석열정부의 지역공약이나 지역주도의 지방시대를 위한 정책추진의 국정조직의 출범이 늦어지고 있는 것이다[8]. 특별법이 정책비전으로 제시한 것은 '어디에 살든 균등한 기회를 누리는 지방시대'라는 것이고, 이를 위해서는 '분권형 균형발전'의 필요성을 제시한 것이다.

이것은 문재인정부의 자치분권정책이 '중앙정부 주도형 균형발전'이었다는 인식에 따라 윤석영정부에서는 자유와 경쟁, 공정의 가치를 우선하는 국정가치의 실현을 위하여 '분권형 균형발전'을 제시한 것이다.

분권형 균형발전의 정책수단으로서 제시된 것이 기회발전특구와 교육자유특구의 신설이었다. 그러나 이번 특별법의 통과에서는 교육자유특구가 제외되어 있는데, 이것은 지방에 대기업 등이 내려오기 위해서는 지방의 교육인프라의 확충이 전제되어야 하는데, 이것이 빠져있어, 특별법의 실효성이 떨어지는 것이 아닌가 하는 지적이 있다.

문제는 분권형 균형발전정책을 국정과제로서 어떻게 추진할 것인

---

7 법률상으로는 '지방자치분권 및 지역균형발전에 관한 특별법'은 '지방자치분권 및 지방행정체제개편에 관한 특별법'과 '국가균형발전특별법'을 통합하는 것이다. 여기서 주목할 것은 '지방행정체제개편'이라는 법률상의 주요 논제의 하나가 법률통합과정에서 법률 명칭상으로는 사라지게 된 것이다.

8 2023년 5월26일 현재 '지방자치분권 및 지역균형발전 특별법'이 국회본회의를 통과하였다. 지난 2022년 9월에 입법예고되었고, 11월에 국무회의 의결을 하였지만, 여야 이견과 이해관계자간의 소통부재로 2023년 3월에 국회 행안위를 통과하였고, 두차례 법사위에 계류되었다가, 5월 26일 법사위와 국회 본회의를 통과함

가하는 점이다. 대통령소속의 지방시대위원회가 이 정책을 주도한다면, 중앙집권형 균형발전정책이 되어 버려, 지역주도의 지방시대를 지향하는 방향성과 어긋나게 된다. 그렇다면, 지역이 주도하는 지방시대위원회를 위해서는 지역권역에서 지방시대위원회를 컨트롤타워조직으로 설치하고, 이들 지역권역별로 지방시대위원회가 서로 상호 연대 협력하여 국정과제를 추진할 수 있는 '지역시대위원회 연합체'가 설치되어야 할 것이다.

2023년 5월 25일에 통과된 지방자치분권 침 지역균형발전에 관한 특별법에서는 분권형 균형발전정책의 컨트롤 타워로서 지방시대위원회를 구성하도록 되어 있는데, 39명이내의 위원으로 구성되고, 자치분권 및 균형발전 등과 관련된 국정과제를 심의 의결하도록 하고 있다. 또 특별법에서 기회발전특구의 지정운영 근거도 담고 있고, 기업의 지방이전이나 투자촉진을 위한 세제 및 행 재정적 지원을 규정하고 있다[9]. 그리고 특별법에 의하여 5년 단위의 지방시대 종합계획도 수립하게 된다.

문제는 '지역주도의 지방시대'를 국정과제로 지향하면서, 지역주도란 것이 17개 광역시도가 주도하는 것인지, 새롭게 구성될 특별지방자치단체로서의 광역연합체가 주도하는 것인지, 아니면, 시군구가 주도하는 것인가에 대한 정책적 선택이 명확하지 않다는 것이다. 현실적으로는 17개 광역시도가 주도하는 것을 의미하는 것으로 여겨지는

9 교육기회특구에 관한 내용은 야당의 반대로 이번 법률에서 삭제되었다. 야당은 교육자유특구가 특목고등의 귀족학교가 생길 수 있기에 이번 특별법에서 삭제하고, 추후 별도의 입법과 심의를 통해 처리하기로 하였다.

데, 각 광역시도마다 이 정책을 주도할 준비와 역량이 제대로 되었는가라는 점에서는 현격한 지역격차가 있다. 경북도의 경우에는 지방시대정책국을 전국 최초로 설치하여, 지방시대 어젠다를 발굴하고, 고등교육권한의 일부 지방이양에 따라 교육, 주거, 결혼, 출산 등 생애전주기를 포괄하는 U시티 등 지방시대 정책을 선도했다.

강원도의 경우도 강원도의 자치권과 특례를 부여하는 강원특별법 전부개정안이 통과되었다. 강원도는 70년간 접경지역이란 지리학적 특성으로 인해, 지역발전에서 손해를 보았는데, 이번 특별법 전부개정을 통해 높은 자치권을 보장하여 실질적인 지방분권이 가능하게 하였다는 것이다. 산림이용진흥지구, 농촌활력촉진지구 지정권을 도지사에게 주고, 환경영향평가, 기후변화영향평가 등 환경부 장관의 권한도 일부 이양되었다. 이리하여 환경, 산림, 국방, 농업분야의 4대 영역의 규제를 완화하는 특례가 포함되었다.

이러한 분권정책의 진전에도 불구하고, 수도권 인구집중문제, 비수도권지역의 지방소멸문제, 단체자치 패러다임의 한계, 주민주권에 입각한 주민자치제도의 방향상실, 재정분권, 중앙정당의 지방분권, 분권형 지방자치에 부합한 지방의회의 위상과 구조 등에 대한 지속적 논의가 지난 1년이상 중단되었다는 것은 한국의 분권자치정책에서 문제라고 하지 않을 수 없다.

2. 지역발전정책의 혼란

수도권과 비수도권의 지역발전에 대한 격차가 심화되고 있다. 지역주도의 지방시대라는 윤석열정부의 국정공약대로라면, 비수도권지역의 지역발전은 지방주도로 해야 한다는 것인데, 과연 재정자립도가 50%도 되지 않는 지방자치단체가 이 정책을 추진할 역량이 있는 것일까?

청년일자리사업의 경우에도 중앙정부인 행정안전부가 주도하고 있는 것을 알 수 있다. 청년이 지역의 일원으로 살아가며 정착할 수 이도록 돕기 위해 지역별 상황에 맞게 맞춤형 일자리를 지원하는 사업이 '지역주도형 청년일자리사업'이다. 문화, 복지, 안전 등 지역사회서비스 분야에서 청년이 관심을 갖는 일에 대한 경험과 직무역량을 쌓을 수 있는 기회를 제공하는 것이다.

지방자치단체가 지역의 상황에 맞게 직접 설계, 기획하고 행정안전부가 운영을 지원한다고 하고, 2018년부터 11만명이상을 청년을 지원하였다고 한다. 예산규모로는 2018년 831억, 2019년에 2210억원, 2020년에는 2350억원, 2021년에는 2450억원을 투입한 사업이다. 이를 통해 지원받은 청년은 2018년에 1만명, 2021년에는 2.9만명이라고 한다.

이 사업도 기본적으로는 청년일자리에 대한 기본유형을 행안부가 제시하고, 지자체가 사업을 설계한 후 행안부의 공모에 응하여 심사에서 채택된 경우에 국비지원이 이루어지는 구조이다. 사업을 집행하는 것은 지자체가 한다.

지원 유형으로서는 4가지의 유형이 있는데, 지역정착지원행, 창업투자생태계조성형, 민간취업연계형, 지역포스트코로나대응형[10]이다.

10 2021년에 신설된 것으로 7천명이 정책대상자임

그런데 이러한 사업들은 지원기간이 2년이고 1년의 추가가 가능하지만, 중장기적으로 지속가능한 것이 아니고, 중앙정부의 지원이 중단되면, 사업자체가 지속되기 어려운 것이다. 즉 중앙정부의 지원이 중단되었을 때, 이들을 채용한 마을기업, 협동조합, 농어업법인, 중소기업 등 지역기반의 법인이나 단체가 더 이상 고용하지 못한다면, 이 사업은 단발적인 성과로 그치게 된다.

사업성과를 보면, 정규직으로 전환된 인원이 29,585명, 사업참여후 창업성공한 인원이 3,307명, 사업종료후 민간일자리로 취업이 연계된 인원이 5,899명이라고 한다. 또 수도권 청년이 비수도권으로 전입한 경우도 1,552명이라고 한다(행안부, 2022)

대표적인 사업으로는 전남 마을로 프로젝트(지역정착지원형), 경북 도시청년 시골파견제(창업투자생태계조성형), 광주 청년일경험 드림(민간취업연계형), 서울 패션산업 청년 앱 프로슈머 일자리사업(지역포스트코로나대응형) 등이 있다.

지역발전정책은 지방자치단체장의 선거공약을 통하여 4년주기로 제시되고 있다. 즉 선거의 영향을 크게 받고, 단체장이 바뀌거나 단체장의 소속정당이 바뀌는 경우에는 지역발전정책방향이 크게 요동치는 경우가 많다.

세종시의 경우도 22년지방선거에서 당선된 최민호 시장의 공약을 보면, 골고루 잘사는 도농상생실현으로서 1) 농촌 융복합 6차산업 20대사업지원, 2)읍면동 지역 고질민원해결 3)농민수당신설지급이 있고, 광역교통체계의 획기적 개편으로서 1)수도권 전철의 조치원 연장 추진 2)경부선 호남선 KTX철도망 구축 투트랙으로 추진 3)사통팔달

한 연계교통 체계 완성을 제시하고 있다.

반면, 전임 이춘호 시장의 공약을 보면, 1)읍면에 2개의 미니신도시 건설 2) 행복도시-대전, 행복도시-조치원 도로 신설 3)대전-세종-충북 광역철도, 세종-대전반서 구간 전철 조기선설 4)수도권 전철 행복뒷 연장, 행복도시-서울직통열차도입 5)KTX 세종역건설, 가라(첫마을)IC설치, 6)도심출퇴근 상습정체구간조속해소 등이다.

다시 말해, 지역발전정책은 단체장이 선거에서 누가 당선되는가에 따라서 지역내에서 요동치는 경우가 생기고 이는 지역발전의 지속성을 확보하지 못하게 되는 정책실패가 일어날 수 있다.

또 한국의 경우 50년간 지속해온 지역균형발전정책이 실패하였다는 평가가 있다. 즉 1969년 12월 26일 박정희 대통령은 도시인구집중억제와 도농균형발전조처 수립지시로 시작된 개발억제와 균형발전정책은 정권과 무관하게 일관하게 추진해 왔다.

행정기관과 공공기관이전은 1970년대 한강이남 이전을 시작으로 과천, 세종, 혁신도시 14곡의 건설로 이어졌고, 전두환대통령시절에는 수도권개발억제를 핵심으로 하는 수도권 정비법을 제정하였다. 김영삼 정부에서는 지역균형개발 및 지방중소기업육성에 관한 법률이 제정되어, 서울과 수도권 발전을 억제하였다.

그럼에도 불구하고 한국의 수도권 경제력 집중도를 보면, OECD회원국중에서 가장 높다. 미국과 독일은 10%도 되지 않고, 영국은 20%대, 프랑스와 일본은 30%대이다. 그런데 한국은 거의 50%대에 이르고 있는 것이다.

한국에서 지역균형발전정책을 이렇게 오랜 동안 추진해왔는데도,

오히려 지역간 격차가 커지고 있다는 것은 지역발전정책의 구조와 방향이 잘못되었다는 것이고, 지역간 격차를 해소하는 노력을 방해하는 정치 경제 사회적 세력이 존재하기 때문일 수 있다. 다시 말해, 한국의 지역발전정책의 방향을 바로잡고, 정책구조를 혁신하기 위해서는 이 정책을 주도할 정치 경제 사회 세력이 형성되고, 서로 연대하여, 정책형성과정에 대항세력으로서 참여하여야 한다. 수도권집중을 선호하는 세력은 글로벌 경쟁이라고 하는 새로운 정책프레임을 제시하여, 수도권지역에 반도체산업의 대규모 클러스트를 형성하는 것이 미국이나 중국과의 치열한 경쟁에서 당연하다는 인식을 형성하게 하였다. 결과적으로 경기도 용인시 처인구에 2042년까지 20년간 삼성전자가 300조원을 투자하여 첨단 반도체 공장 5곳을 구축하기로 한 것이다. 이것은 2019년SK하이닉스가 신규 반도체라인의 입지를 용인시로 결정하는 과정에서 경북 구미시는 100만평의 공장용지 무상임대 등 파격적 제안과 지역주민들이 총력적으로 반대하였던 정치사회적 과정이 있었고, 이를 무마하기 위해 SK는 별도의 대규모 투자를 약속하기도 하였던 것이다. 그러나 4년이 지난 현재는 지방자치단체들은 이러한 수도권집중에 대해서 저항하기도 힘들 정도로 힘이 약해진 것은 아닌가 한다. 지방의 학력인구 감소로 지방대학들은 폐교의 위기에 직면하고 있고, 지역의 산업단지나 공장들은 노동력 확보가 어려워 외국인 의존도를 높이거나 사업을 접는 경우가 생기는 것이다. 지방의 청년들은 지역기업의 낮은 임금으로는 미래가 없다고 생각하여, 인생의 기회를 수도권과 서울에서 찾으려하는 것이다.

그렇다고 하면, 지역발전정책의 실패를 어떻게 대응하고 풀어나가야 할 것인가? 인구와 자본, 지식이 집적된 곳에서는 새로운 발전의 기회들이 생기는 것이 사실이다. 인구가 2500만이 집적된 공간에서 생기는 직업의 기회와, 인구 500만의 공간에서 생기는 직업의 기회, 그리고 인구 50만이하의 도시에서의 직업의 기회는 다르다. 일정한 인구규모가 되지 않으면, 전혀 직업창출의 기회가 생기지 않을 수도 있고, 집적의 이익이라는 것은 규모체증의 법칙이 작용하여, 규모가 커질수록 가속화하기도 한다.

이런 상황에서 기계적이고 획일적인 지역간 평등을 주장하기 보다는 불균형으로 인한 문제를 해결하는 방향으로 정책목표를 세우는 것이다. 즉 차등적 발전과 발전의 위계를 수용하면서, 각각의 발전단계마다 발전의 목표와 지역성장이나 주민의 생활행복이 다를 수 있음을 인정하고, 풀뿌리 공동체에서부터 보충성의 원칙에 입각한 지역발전 전략을 수립하는 것이다. 이것은 근린자치정부에 대한 분권을 통해, 아래에서부터 위로의 상향적(bottom-up) 지역발전시스템을 새롭게 구축하여야 하지 않을까 하는 제언을 해 본다.

3. 근린자치정부(neighborhood self-government)의 설계를 통한 분권 혁신

한국의 지역균형발전정책을 지금처럼 중앙정부가 예산과 권한을 가지고 수도권과 비수도권, 대도시와 중소도시, 그리고 농어산촌에 대한 중앙집권적 조정정책으로서 지역간 격차문제를 해결하기 어렵다는 것이 분명해 졌다. 그렇다고 지역간 격차의 문제를 지방자치단체에게 해결하도록 하는 것도 기대하기 어렵다. 광역지방자치단체이든 기초지방자치단체이든 지역간의 격차를 해결할 수 있는 역량도 없을 뿐아니라, 각 지방지차단체간의 연대나 협력을 통하여 해결할 수 있는 광역자치행정시스템이 구축되어 있는 것도 아니다.

이러한 와중에 글로벌 국가간의 경쟁은 더욱 치열해지면서, 한국이 국가로서의 발전과 지속성, 경쟁력을 확보하기 위해서는 더욱더 자본과 경제력을 집적시키는 선택을 하지 않을 수 없다고 할 때, 수도권과 비수도권의 격차는 더욱더 심화될 것이고, 지방소멸과 중소도시 쇠퇴는 피할 수 없는 현상일 수 있다. 또 이 문제를 해결하기 위해서는 더욱더 중앙정부의 권한과 예산, 전문적 인력이 더욱더 필요할 수도 있다. 이는 결과적으로 중앙집권 국가운영이 심화될 것이고, 수도권집적을 더욱더 가속화 시킬 수 있다.

그렇다면, 이 지역간 격차의 문제를 어떻게 어디서부터 해결해 나갈 실마리를 잡을 수 있을 것인가?

이 과정에서 지방자치제도가 34년째 운영되고 있지만, 지방자치정책의 실패도 정책구조의 측면과 정책과정의 측면에서 깊이있게 살펴보아야 할 것이다. 정책구조의 측면이라 함은 정책의 목표와 수단, 도구와 대상자들이 제대로 논리성을 가진 인과관계를 가지고 있는가라는 것이고, 정책과정의 측면이라 함은 정책에 참여하는 참여자들의 영향력, 동기와 선호 등이 어떤 것이며, 또 어떤 정책연대가 구성되어 정책결정과정에 서로 갈등관계를 형성하고 있는지를 살며보는 것이다.

지방자치정책은 그 정책대상자가 지역사회의 주권자로서의 주민과 구역공동체여야 하는데, 읍면동행정의 대상자로서의 주민으로 되어 있는 부분을 지적할 수 있다. 즉 지방자치정책은 지방의회를 구성하는 주권자로서의 주민이 지방자치정책의 대상자라면, 자치행정의 민주화와 능률화, 그리고 지방을 균형있게 발전시키고 한국을 민주적으로 발전시킨다는 정책목표를 가지고 있다[11].

문제는 정책목표가 다중적이어서 정책수단을 어떻게 선택하는가에 따라서 정책구조의 경로가 전혀 다른 방향으로 갈 수 있는 것이다. 서로 상치되는 목표들을 복합적으로 안고 있는 것이다. 먼저 민주화와 능률화는 서로 상충되는 것으로 보이고, 또 자치법에 균형발전이라고 하는 목표도 들어 있어, 자치를 우선할 것인지 균형발전을 우선할 것인지도 애매모호하다. 즉 자치를 우선하면 지역간의 격차가 더 커져서 불균형이 심화된다는 공간연구자들의 지적을 따른다면, 자치발전에 기여하는 수단을 채택하지 않는 정책구조의 경로를 택할 가능성이 높다. 즉 균형발전을 우선하려고 하면, 국가의 중앙정부가 주도하여서 지역의 격차를 벌이지 않도록 관리하는 것이 이 정책에 기여하는 수단이 되는 셈이고, 결과적으로 시민사회영역의 자치역량을 키우기보다는 자치행정영역의 효율적 관리를 위하여 정부영역의 통제가능한 대상자들을 대상으로 정책을 추진할 수밖에 없는 것이다.

결과적으로 지방자치정책은 정책대상자로서 읍면동의 행정대상자로서의 주민으로 선택하고, 이들을 주민자치센터라고 하는 행정이 관리하는 사무공간의 일부를 비워서 그 공간의 운영에 참여하는 주민으로서의 '주민자치위원회'를 만들어서 이것을 '주민자치'라고 간주한

11 지방지치법 제1조 참조

것이다. 사실은 주민자치가 아니라 행정사무에 대한 주민참여에 불과한 것이다.

정책대상자에 대한 정의와 선택을 잘못하는 바람에, 정책도구도 행정사무 예산을 가지고 규제하는 방식을 택하게 된다. 즉 시민사회 영역의 자율적이고 자치적인 참여자로서 인정한다면, 이들에 대한 설득이나 유인의 방식으로 정책을 추진할 것이지만, 지방행정영역의 통제를 받는 정책대상으로서의 주민들은 행정사무예산을 가지고 '규제'할 수 있는 것이다.

한국의 지방자치정책이 새롭게 혁신하고 발전하기 위해서는 정책의 가장 기본적인 것부터 다시 설계하고 인식의 전환이 필요하다. 지방자치발전 정책은 시민사회를 대상으로 하는 정책이고, 시민사회가 스스로 근린정부를 형성하여 근린생활서비스를 스스로의 부담으로 공급하는 근린자치정부를 형성하는 제도설계로부터 시작하여야 할 것이다. 근린자치정부를 형성할 수 있도록 특별법에 의한 분권이 이루어지고, 그 구역에 대해서는 특별한 자치를 법령으로 보장하는 특별구자치가 이루어져야 할 것이다.

V. 나오는 말

한국의 지방자치제도에 대해서 뿌리에서부터 재검토가 필요한 시기이다. 한국의 지방자치제도의 부활을 보면, 지방의회를 선거로 구성하는 것으로부터 시작하였다. 이 점에서 지방자치의 중심에는 지방의회의 구성과 관련되어 있는 것임을 알 수 있다.

다시 말해, 지방자치제도의 중단은 1961년에 지방의회를 폐지하고, 그 권한을 지방행정기관장에게 부여하거나 상위의 지방행정기관장이 가지도록 하였다. 그리고 그 지방행정기관장에 대한 인사권은 중앙정부의 장관이나 대통령이 가지도록 한 것이다. 여기에서 지방자치제도의 새로운 성공을 위한 개혁의 실마리를 탐색해 볼 수 있을 것이다.

지방자치란 것은 단순히 폐지하였던 지방의회를 선거로 구성하는 것만으로 작동하는 것이 아니라, 중앙정부로 집권화된 권한과 예산을 분권시켜서, 지방자치단체가 스스로의 계획과 결정, 그리고 집행이 가능한 '자치행정'이 이루어져야 하고, '단체자치에 의한 기관위임행정'은 폐지되어야 하는 것이다.

일본은 2000년 분권개혁을 하는 과정에서 가장 중요한 요소로서 '기관위임사무제도'를 폐지하는 것을 주된 의제로 삼았고, 중앙정부와 지방자치단체와의 수평적 관계를 구축하는 것을 주된 내용으로 했던 것이다. 물론 이후의 일본의 재정분권개혁이나 국비지원사업들을 추진하는 과정에서 여전히 중앙정부 우위의 구조가 크게 변하지 않고 제도상의 개혁만에 그친 것이라는 비판은 있지만, 분권개혁의 핵심을 다루었던 것으로 본다.

한국의 경우, 지방자치 34년의 경험과 30여년만의 지방자치법 전부개정을 통하여 주민주권에 입각한 지방자치, 나의 삶을 바꾸는 생활자치, 연방주의에 버금가는 자치분권 등의 캐치 프레이즈를 가지고 노력하였던 혁신 노력이 일단락 된 시점에서 '한국지방자치의 성공조건'을 다시한번 생각해 보게된다.

그것은 지방정부와 중앙정부의 명확한 역할분담에 입각한 법적권한, 재정권한, 조직인사권한의 분권화이고, 이러한 분권화를 수용할 수 있는 그릇으로서 '메가리전정부'의 형성이다. 이것은 중앙정부부처의 개혁도 필요하고, 17개시도지방자치단체의 개혁도 필요한 것이다. 어쩌면 지방행정체제개편이 진지하고 다각적으로 다시 검토되고 분석되어야 한다. 즉 21세기의 글로벌 국가로서 합당한 자치분권시스템에 대한 논의가 새롭게 시작되어야 할 것이다.

참고문헌

강영환. 2022. 어디에 살든 균등한기회를 누리는 지방시대. 도서출판선

강인재 신기현 이철우 최진혁. 2005. 자립적 지역발전 모델. 대영문화사

김근영. 2019. 지방분권국가로 가는 길. 한국학술정보

김순은. 2020. 우리나라의지방자치와 지방분권:자치분권으로가는길. 조명문화사

김순은. 2012. 지방자치와 주민주권: 주민주권론과 지방자치의 발전. 지방행정연구 26권1호. 한국지방행정연구원

김순은 송하진 정용덕 정해구 외23인. 2022.한국의 지방자치:분권, 치리,정책. 법문사

김찬동. 2022. 주민자치제도와 민주주의 혁신. 충남대학교출판문화원

마강래. 2017. 지방도시살생부. 개마고원

마스다히로야. 2015. 지방소멸. ㈜미래엔

박철. 2022. 발칙한주민자치와 시민권력. 좋은땅.

이승종.2014. 지방자치론:정치와 정책. 박영사

이현출 전상직 김필두편. 2022. 읍면동민주화: 어떻게 이룰 것인가. 건국대학교출판부

하혜수. 2020. 지방분권오디세이:우리나라지방분권의 진단고 대안. 박영사

행정안전부. 2022. 지역주도형청년일자리사업. 전자정부 누리집(업무안내, 지방재정경제실)

03

주민자치와 총회정부: 총회형 주민자치는 지속가능한가?

I. 문제제기

주민자치에는 두가지의 갈림길이 있다. 하나는 정부로 할 것인가와 다른 하나는 관리로 할 것인가이다. 정부로 한다는 것은 주민자치 정부의 주권자를 그 구성원인 주민으로 두고, 정부의 관할구역내에 일정한 자치권을 부여하는 것으로서, 민주주의와 정치참여와 관련이 된다. 한편 관리로 한다는 것은 사무 다시 말해 공유서비스 혹은 공공서비스의 공급을 집행하는 방식과 관련되는 것으로서, 이 사무를 그 구역의 구성원들이 참여하여 결정하고 집행하는 것과 상위(혹은 광역)정부의 행정관료제가 외재적으로 관리하는 것으로 구분할 수 있다. 전자를 자치관리라고 할 것이고, 후자를 타치관리 혹은 한국적 맥락에서는 관료제에 의한 관리(관치라고 함)라고 부를 수 있다.

지난 20여년간 한국의 주민자치는 타치관리에서 시작하여, 자치관리를 지향하는 제도개혁의 과정을 거치고 있다고 할 수 있다. 즉 주민자치위원회에서 주민자치회 시범실시로 제도전환을 한 것은 타치관리에서 주민들이 그 구역의 사무를 자치관리하려는 시도였다고 할 수 있지만, 이를 정부를 구성하는 것까지 시도한 것은 아니었다. 단 학계에서는 해외의 사례를 바탕으로 하여 한국의 읍면동 구역의 규모라고 하면, 지방정부를 구성하고 있는 선진국의 사례가 있으므로, 읍면동을 지방정부(혹은 지방자치단체)로 획기적인 제도전환을 해야 한다는 주장도 있기는 했다.

이 과정에서 한국의 주민자치는 타치관리라고 하는 틀을 벗어나지 못하면서, 총회라고 하는 공론장, 마을계획이라고 하는 계획만들기, 주민세를 활용한 사업집행, 주민참여예산제도를 주민자치제도에 융합함으로써, 예산수립과정에 참여라고 하는 다양한 제도적 장치를 결합함으로써, 자치관리의 형태를 취하려고 노력하였다.

그런데, 이러한 노력은 결과적으로 상위정부의 행정관료제에 의한 외재적 지도와 관여로 인하여, 과다한 예산이 소요되었고, 공무원이외의 공무에 종사하는 계약직 인력들이 증가되었으며, 행정조직도 그 외연을 확장하여 커지게 되었다. 즉 전반적으로 타치관리를 자치관리로 전환하는 행정비용이 고비용이었고, 이로 인하여 형성된 네트워크는 특정한 정당의 영향력을 키우는 도구가 되었다는 비판에 직면하게 되었다.

이러한 비판은 지난 2021년의 지방자치법 전부개정과정에서 '주민자치회' 규정을 삭제하는 현상으로 나타났고, 22년 지방선거를 계기로 지방자치단체의 단체장이 다른 정당으로 바뀐 경우에는 기존의 주민자치회 시범실시에 관련된 예산이 대폭 삭감되고, 중간지원조직으로서의 주민자치 혹은 공동체 활성화 지원조직들이 폐지되는 격변기를 경험하고 있는 것이다.

여기서 한국의 주민자치제도는 과연 어떤 길을 가야하는 것인가? 자치관리의 길을 간다고 하면서도 여전히 타치관리의 패러다임 속에 갇혀있는 주민자치를 동굴에서 끌어 내어, 지방정부로서의 길을 가게 할 것인가 아니면, 현재와 같이 주민자치회 시범실시를 계속 지속시키면서, 지방정부로의 길을 가도록 더 과감한 개혁을 하여, 총회형 정부로까지 가게 할 것인가?

어느 길을 택하든 쉽지 않은 선택임은 분명하다. 지방정부로 간다는 것은 읍면동에 선거를 통해서 읍면동의회를 신설하거나 읍면동총회를 통하여 지방정부로서의 구역에 대한 공공서비스 공급의 의사결정과 집행을 처리하는 기관구성형태를 설계하는 것을 의미한다. 이것은 이미 존재하는 시군구 의회와 어떤 역할분담과 관계설정을 할 것인가라는 새로운 과제를 발생시킨다.

다음으로 주민자치회 시범실시를 지속하는 것은 지역에 따라 가능한 곳도 있고, 그렇지 않은 곳도 있다. 즉 지방자치단체의 단체장이 속한 정당에 따라 이를 지속하는 곳과 그렇지 않은 곳으로 나누어지게 되고, 행정안전부의 입장도 그 선택은 자율적으로 하도록 지침을 내리고 있다. 주민자치회 시범실시를 지속하는 경우에도 기존의 마을공동체만들기 사업이나 공동체 지원을 위한 중간지원조직과 인력, 그리고 이를 관리하는 시군구 행정담당조직을 그대로 둘 것인가 아니면, 축소 혹은 다른 예산이나 조직으로 통합할 것인가의 선택도 남겨져 있게 된다.

어떤 선택을 하든 주민자치회 시범실시를 지속하는 경우에는 지금과 같은 총회형 주민자치를 지속할 것인가 아니면 총회정부로 대대적인 개혁을 하여 자치 선진국과 같이 근린구역에 대한 자치정부를 제도적으로 도입할 것인가의 선택을 해야 한다. 본 고에서는 이러한 선택을 할 경우를 염두에 두고 해외사례와 한국의 주민자치가 걸어온 궤적, 그리고 총회정부를 도입하고자 할 때 헌법 내지는 법률의 개혁이 어떠해야 하는가를 살펴보고자 한다.

Ⅱ. 총회정부에 대한 이론적 검토: 총회형 근린정부로서의 해외사례

1. 스위스 게마인데 정부[1]

게마인데에는 주민게마인데(정치적 게마인데[2]), 지역적 게마인데(인적기반

1 이하의 내용은 이기우(2014) 제5장 제5절 게마인데를 참조하여 요약한 것임

2 조세권을 가짐. 교회게마인데도 조세권을 가짐

의 게마인데, 교회게마인데, 시민게마인데), 특정한 사무만을 수행하는 게마인데(학교게마인데, 산림게마인데)로 구분할 수 있다.

주민게마인데의 주민 수는 게마인데에 따라 다양한 차이를 가지는데, 가장 큰 게마인데는 취리히(38만), 겐프(18만), 바젤(16만), 베른(12만), 로잔느(12만), 빈트투르(9만)와 같은 대도시가 있는가 하면, 게마인데 평균 주민수는 2,806명이어서 50%이상의 게마인데의 주민수는 1,000명 미만이다.[3]

스위스 게마인데는 규모가 작음에도 그 자치권과 권한은 상당히 보장되어 있다. 칸톤에서 헌법으로 보충성의 원칙이 규정되어 있고, 연방이나 칸톤의 권한으로 명시적으로 속하지 않는 모든 사무는 게마인데가 처리한다. 스위스 게마인데는 재정자율성과 조세자율성을 가지고 있다.

스위스 게마인데는 단순히 집행기관에 그치는 것이 아니라, 지역현안을 스스로 결정하는 정치적 기관으로서 중요한 의미를 가진다.

게마인데는 정치체제를 형성하는데 상당한 자율성을 가지고 있다. 게마인데가 정치적 기관을 어떻게 형성할지는 칸톤이 입법권을 가지고 있어, 칸톤마다 다를 수 있다. 같은 칸톤안에서도 게마인데마다 그 정치체제가 다를 수 있다.

게마인데의 정치기관은 의결기관과 집행기관으로 나눌 수 있다. 그 외에 위원회가 있고, 행정의 수장으로서 게마인데 서기가 있다.

---

3 주민수가 5만명이 넘는 도시는 모두 10개이고, 주민수가 1만명이상인 게마인데는 129개로서 통상적으로 '시'로 불림. 주민수가 100명도 안되는 것도 100개가 있음. 가장 작은 게마인데 주민은 15명(코리포)임.

1) 게마인데 의결기관

게마인데의 의결기관(입법기관)은 두 종류가 있다. 그것은 게마인데 총회와 지방의회인데, 전자는 모든 유권자들이 일년에 두 번 혹은 여러번 한 자리에 모여서 게마인데의 안건을 심의하고, 결정하는 것이고, 후자는 선거를 통해 당선된 지방의원들로 구성되는 것이다.

게마인데 총회는 통상 집행기관의 장이 주관을 하지만, 칸톤 베른에서는 게마인데총회의장을 따로 선출하여 회의를 주관하기도 한다.

1970년대 많은 게마인데에서 지방의회제도를 도입하였고, 그 원인은 1971년 여성의 투표권도입으로 게마인데의 유권자가 배로 늘었기 때문이다. 이외에도 게마인데 인구가 증가한 것이나, 게마인데 총회에 대한 만족스럽지 못한 경험이 있었기 때문이다.

게마인데 의회를 가진 것은 전체 게마인데 중 18.1%로서 591개이다. 대부분은 게마인데 의회가 없이 게마인데 총회에서 지역사안을 논의하고 의결한다. 게마인데 의회를 도입하는 곳이 있는 반면, 게마인데 의회를 폐지하고 게마인데총회를 다시 도입하기도 한다.

스위스 서부의 칸톤 겐프(GE)나 노이에브루크(NE)에는 모든 게마인데가 의히를 가지고 있다. 칸톤바트(VD)나 테신(TI)에도 의회를 가진 게마인데가 많다. 한편, 인구가 1만명에서 2만5천인 경우에도 총회를 갖고 있는 곳도 있다.

의결기관으로 의회로 할지, 총회로 할지는 규모와 관련이 깊지만, 정치적인 문화와도 관련이 있다. 독일어권 게마인데는 프랑스어권이나 이탈리아어권 칸톤보다 총회제도를 선호한다. 칸톤 프라이부르크, 테신, 바트, 노이에부르크, 겐프에서 5천이상의 주민을 가진 게마인데에는 모두 게마인데의회를 가진다. 한편 독일어권 칸톤에서는 인구 2만이상인 곳에서 의회를 도입한다. 주민수 1만에서 2만사이는 50%, 5천에서 1만아시은 10%가 의회를 도입한다.

게마인데의회의 의원수는 대체로 게마인데의 크기에 비례한다. 독일어권의 취리히, 바젤, 베른의 의원수는 125, 130, 80석이다. 서부 스위스 겐프와 로잔은 80석, 100석이다.

2) 게마인데 집행기관

○ 구성

게마인데 집행기관은 협의체기관인 게마인데정부(Gemeinderat)이다. 게마인데정부는 장이 주재하고, 각료는 게마인데 행정기관의 한 부서를 주관한다. 여기서 주관은 의안의 준비와 결정의 집행을 의미한다. 결정권은 협의체기관인 게마인데정부에서 가진다.

게마인데 정부의 각료는 작은 게마인데는 명예직이고, 큰 게마인데는 전문직이다. 스위스의 각료의 수는 18,200명이었는데, 줄어드는 추세이다. 게마인데마다 평균 6.02명에서 5.86명으로 감소하였다. 57%의 게마인데가 집행기관의 수는 5명이다. 28.8%는 집행기관의 수가 7이다. 나머지는 9명이거나 그 이상이다.

○ 선출

각료의 임기는 4년인데, 일부 칸톤에서는 5년임기로 선출하기도 한다. 각료의 선출방법은 칸톤마다 다른데, 대부분은 투표소선거로 선출되지만, 14%의 게마인데는 총회에서 선출한다. 칸톤에서 어떤 선거 절차로 각료를 선출할지를 법률로 정하고 있다. 유력한 정당에서 게마인데 정부의 각료를 배출한다.

게마인데의 장은 합의제기관인 게마인데정부를 주관한다. 게마인데에 위임된 연방법률이나 칸톤법률의 집행, 게마인데 법규를 집행하는 권한과 책임이 있다. 작은 게마인데에는 게마인데총회의 의장으로서 회의를 주재한다. 게마인데 의장은 주민으로부터 직선하거나 총회에서 선출되거나, 의회에서 간선하기도 한다. 임기는 2년에서 4년이다.

○ 근무형태

각료는 명예직이다. 16,200명의 각료중에서 280명만 전일제로 근무한다. 전체각료의 2%에 불과하다. 2,700명(17%)는 반일제로 근무한다. 나머지 13,200명은 명예직으로 활동한다.

3) 위원회

위원회는 입법적 기능을 하는 경우도 있고, 집행적 기능을 하는 경우도 있다. 위원회의 설치목적은 다양한 정치집단을 참여하도록 하거나 위원회위원의 전문지식을 활용하고자 하는 경우에 설치한다. 게마인데정부의 각료가 위원장을 맡고 위원은 지방의회나 집행기관에서 선출한 위원으로 구성한다. 사회부조위원회나 예산을 작성하는 재정위원회, 회계감사위원회나 사무감찰위원회 등도 있다.

4) 게마인데 서기와 게마인데 공무원

○ 서기

게마인데 서기는 사무직원의 수장으로 게마인데 정치와 게마인데 행정의 가교역할을 한다. 서기는 전반적인 행정조직과 행정조정, 사무국의 지휘, 사무범위내에서 행정기관이나 시민에 대한 조언, 집행기관이나 입법기관 위원회의 회의 준비와 기록 등을 담당한다. 1990년 이후 서기의 역할을 증대시켜, 다른나라의 시 지배인(city manager)와 유사한 역할을 부여하고 있다.

○ 인력

게마인데에 근무하는 공무원은 180,000명정도이다. 규모가 500명이하인 게마인데는 일반행정에 평균 2명이 근무한다. 공기업등 외곽조직에 근무하는 인력과 학교에 근무하는 인력도 있다.

2. 미국 타운정부[4]

미국 뉴잉글랜드의 타운미팅은 오랜시간에 걸친 삶을 통해 정치와 행정영역에 상호작용하는 규칙내지는 규범, 그리고 제도로서 기능하였다고 한다. 매사추세츠의 지방정부는 312개의 타운이 있고, 39개의 시로 구성되어 있다고 한다. 인구규모로서 가장 큰 타운은 프레

4 이하의 내용은 김영기(2014) 제9장 매사추세츠 타운정부론을 정리함

이밍햄(Framingham)으로서 68,318명이고, 가장 작은 타운은 고스놀드(Gosnold)로서 75명이다.

타운정부의 기관구성을 보면, 주민총회(OTM, open town meeting)은 262개이고, 대표제 주민총회(RTM,representative town meeting)은 42개라고 한다. 또 타운매니저-의회형(town manager-council)는 5개타운이고, 4개타운은 시장-의회형(mayor-council)를 취하고 있다고 한다. 여기서 특이한 점은 16개의 자치단체는 시(city)정부 형태를 취하고 있는데도, 명칭은 여전히 타운을 사용하고 있다는 점이다.

타운미팅 제도 혹은 타운제도는 주의 법률에 편제하여 근거하여 설립되고, 운용된다. 매사추세츠 주정부의 법률 제1편 제7장에서 자치단체(cities, towns, and district)의 업무에 대한 규정이 있고, 이 장 제39조에서 타운정부의 핵심에 해당하는 주민총회에 대한 규정도 하고 있다. 여기서 주민총회의 시기를 결정하는 집행위원회의 권한, 공직자의 선거에 관한 내용, 주민총회의 의결정족수, 의장의 선출, 회의장의 질서유지 등에 대해 규정하고 있다. 또 자치헌장에 대해서는 제7장 제43B조에서 20절에 걸쳐서 규정하고 있다.

또 자치단체의 자치헌장과 자치법의 조항은 주법률과 대립되는 경우에는 주법률의 조항이 통제한다고 규정하여, 그 우열관계를 명확히 하고 있다. 또 자치헌장은 주 법무장관의 승인을 받아서 시행되기에 저촉되는 것을 막는 장치가 있는 셈이라고 할 수 있다.

1) 타운정부 의결기관

여기서는 롱메도 타운의 자치헌장을 소개하면서 헌장을 제정하는 목적이 통치기관(governing framework)를 만들기 위한 것이고 공공서비스를 제공하기 위한 것이라고 명시하고 있다. 즉 자치헌장의 전문에 '우리 주민은 주민들에게 책임성, 효율성, 통합성, 대응성을 갖춘 방식으로 공공서비스를 제공하고 또 타운의 유산과 자원을 증진시키는 통치기관을 창설하기 위해 헌장을 제정한다'고 밝히고 있다.

자치헌장 제1장 제1-3절에서 '행정의 집행권은 집행위원회에 귀속시키고 의결권은 주민총회에 귀속시킨다'고 함으로써, 타운정부의 의결권은 주민총회이고, 타운정부의 권력의 중추적 소재지로서 의결기관의 역할을 수행하는 곳임을 규정하고 있다.

주민총회는 주 헌법에 근거를 가지고 있고, 해당타운별로 등록된 유권자의 출석으로 이루어지는 집합체 또는 집합적 의결기관이다. 자치헌장 2장에서는 타운의 모든 권한은 따로 법률이나 자치헌장에서 규정하지 않는 한 타운미팅에 귀속한다고 규정되어 있다. 그래서 타운미팅은 타운의 모든 권한 행사의 권원이고 타운에 부과된 모든 책무를 다하는 근원이 된다

주민총회는 의결기관이기에, 회의일시와 다룰 안건은 회의일 14일 전에 공고해야 한다. 집행위원회나 주민청원에 의하여 성립된 안건들은 총무국에 접수되고, 총무국장은 타운의 지정된 게시판에 사본을 게시하거나 따로 법률이 규정한 바에 따라 배포해야 한다. 이런 공고는 타운의 웹사이트를 통해서도 볼 수 있다.

주민총회에서 의결한 안건은 대개 타운의 재정과 관련되므로, 의장의 소관아래 재정위원회(finance committee)를 두고, 운영하는데, 이 위원회의 위원은 의장, 재정위원장, 재정국장 등 3인으로 구성되고 ,등록

한 유권자 7명을 3년의 임기로 임명한다. 재정위원회는 기금준비, 장기재정기획, 재정정책 등에 관해 자문기능을 수행한다.

2) 타운정부 집행기관

타운정부의 집행기관은 집행위원회와 집행위원회가 임명하는 타운매니저, 그리고 위원회(committee, board, commission)이고, 타운매니저가 임명해서 구성하는 행정기관으로 구성된다.

자치헌장에서는 선출직 공직자로서 집행위원, 교육위원, 기획위원, 의장, 주택위원, 그리고 법률이나 지방정부간 협약에 의해 설치되는 위원회의 위원을 열거해서 명시하고 있다. 이 중 의장은 주민총회를 주재하는 권한과 책임을 가진 공직자이고, 선거제 집행기관으로서 집행위원회, 교육위원회, 주택위원회, 기획위원회가 있다.

집행위원회(board of selectman)는 뉴잉글랜드 타운정부의 가장 핵심이 되는 집행혹은 행정기관이다. 격년 또는 동시에 선출되는 3-9명의 집행위원으로 구성된다. 3명으로 구성되는 경우가 가장 많다. 집행위원회는 주민들이 일상적인 업무처리를 위해 한꺼번에 자주 집회에 참여하는 것은 시간낭비가 된다는 경험을 바탕으로 7명의 집행위원을 선출하고, 타운의 업무처리를 6개월단위로 맡겼던 역사적 경험에서 시작되었다. 이후 1년임기로 선출하게 되었다. 역사적으로 보면, 일부 규모가 큰 타운에서는 집행위원회의 상당한 권한을 전일제로 근무하는 타운매니저(town administrator or town manager)에게 위임하기도 하였다. 코네티컷 주의 경우는 동료 집행위원들이 선출하는 수석집행위원(first selectman)을 두고, 타운행정의 최고 책임자 역할을 부여하기도 하고,

시장으로서의 역할을 수행하게 하기도 하였다.

타운의 집행권은 집행위원회에 속하고 집행위원은 선출직 공직자 가운데 유일하게 수당을 년 1천-2천달러를 받는다. 집행위원회는 타운정부가 집행할 법규와 질서를 기초하고, 공식적인 모든 활동의 기록을 맡는다.

집행위원회는 타운 매니저, 법무국장, 노동국장, 유권자위원회, 선거관리관들 등을 임명한다. 집행위원회의 권한 중 가장 핵심은 타운 매니저를 임명하는 권한이다. 집행위원회는 타운의 주된 정책기관이기도 하며, 장기적인 타운의 운영계획이나 시설을 기획하고, 집행위원회가 임명한 공직자를 감독하며, 예산집행의 적합성 여부를 점검한다. 또 집행위원회는 타운의 인허가권 기관이기도 하고, 인허가와 관련된 조건이나 규제를 설정하고, 모든 인허가관련의 법규를 집행한다.

또 롱메도 타운의 경우에는 집행기관에서 임명한 타운 매니저를 통해서, 행정의 효율성, 대응성을 높이려는 시도가 있었다. 2004년 제정된 자치헌장에서 이전에는 규정되어 있지 않았던 직위인 타운 매니저 직위가 있고, 세세한 규정을 두고 있다.

선출직 위원회로서 교육위원회가 있는데, 임기3년, 7명의 교육위원으로 구성된다. 매년 임기가 만료되는 교육위원이 생기도록 임기를 배열한다. 이들은 무보수이다. 교육위원회는 교장과 교육관련의 공직자를 임명하고, 이들의 보수를 결정하고, 임무를 설정하며, 재임기간과 관련된 규정, 해임절차를 결정한다. 교육위원회는 교육과 관련된 정책을 결정하는 기관이고, 교육관련의 장기계획과 시설수요 등을 결정하고, 공직자를 감독하고, 예산의 적합한 운용여부를 심사한다.

주택위원회는 5년임기의 선출직 위원5명으로 구성되고, 무보수로 일한다. 매년 임기가 만료되는 위원이 생기도록 배열한다. 주택위원5명 중 4명은 타운선거를 통해서 뽑고, 나머지 1명의 위원은 주정부가 임명한다는 점이 특이하다.

기획위원회는 임기5년의 선출직 위원 5명으로 구성하고, 매년 임기가 만료되는 위원이 배열되도록 배열하며, 무보수로 일한다. 자치헌장의 규정에 따라 타운 매니저에게 부여된 권한과 책무를 제외하고 헌법과 법률의 규정에 따라 기획위원회에 부여된 권한을 행사하고, 책무를 수행한다. 기획위원회는 타운의 장기계획의 집행을 조정한다.

3) 위원회

위원회에는 선출직과 임명직의 위원회가 구분되어 있다. 선출직 위원회로서는 집행위원회(select board), 교육위원회(school committee), 의장(moderate), 주택위원회(housing authority), 기획위원회(planning board) 등을 들고 있다.

임명직 위원회로서는 역사보존위원회(historic district commission), 공원 및 여가위원회(park and recration commission), 평가위원회(board of assessors), 기타 위원회로서 자치법이나 주민총회의 결정, 또는 집행위원회나 교육위원회가 설치하는 위원회를 들고 있다. 이들 위원회의 해산은 설치권이 부여된 기관에서 검토하여 결정한다.

임명제 집행기관으로서 위원회는 집행위원회가 임명권을 행사하는 부서와 타운 매니저가 임명권을 행사하는 부서로 나누어진다.

집행기관의 업무를 수행하는 임명제 위원회는 그 수가 매우 많고 다양한다. 평가위원회, 회계위원회, 보건위원회, 건물해체위원회, 케이블통신자문위원회, 자본계획위원회, 헌장심사위원회, 지역사회보전위원회, 노인위원회, 문화위원회, 재정위원회, 역사위원회, 재활용위원회, 유권자위원회, 규칙위원회, 학교건물위원회, 고형쓰레기감시위원회, 기술자문위원회, 교통안전위원회, 수목위원회, 용도구역위원회 등이다. 이들 위원회 위원들에게는 보수를 지급하지 않는다.

4) 타운정부 시티매니저와 공무원

주민총회의 기록자 역할은 타운의 총무국장이 담당하고, 심의가 연기된 회의의 기록을 공지하고, 의사진행을 기록하며, 주 법률, 자치헌장, 타운자치법 또는 주민총회가 결정한 바에따라 그에게 부여된 책무도 수행한다.

타운 매니저는 5명으로 구성되는 집행위원회에서 최소한 4명의 집행위원이 찬성해야 임명하도록 하고 있다. 타운매니저의 자격은 교육과 훈련경력, 자치행정의 경험 등 관리 내지 행정역량이 입증된 자로 하되, 선출직 공직의 퇴직 후 1년이 경과한 자여야 한다. 그리고 전일제 근무가 가능한자여야 하고, 다른 직의 겸직은 금지하고 있다.

타운 매니저는 행정부서의 수장으로 규정하고 있고, 타운의 모든 행정업무의 수행게 관해 임명권을 가진 집행위원회에 책임을 진다. 타운 매니저는 자신의 권한과 책임 중 일부를 다른 공직자에게 위임할 수 있지만, 위임받아 수행한 공직자가 취한 조치는 타운 매니저의 행위로 귀속된다. 타운 매니저는 행정부서의 장을 임명할 때는 집행위원회의 동의를 받아야 한다. 타운매니저는 타운의 인사정책, 급여, 노사협상 등 인적자원 관리의 책임을 진다. 또 타운매니저가 임명한 모든 공무원과 직원의 급여를 정한다.

타운 매니저는 집행위원회의 모든 회의와 주민총회의 모든 회의에 출석한다. 타운 매니저는 연간 운용예산안과 자본개선 계획을 준비해 제출해야 한다. 타운 매니저는 학교를 제외하고, 타운의 모든 시설의 임대나 사용 권한을 가진다. 타운 매니저에 관리권이 부여된 재산의 유지와 보수에 책임을 진다.

타운 매니저는 관리권이 부여된 부서, 공직자, 직원 활동에 대해 언제든 조사할 권한이 있고, 타운의 모든 부동산 동산 등 재산목록을 완전하게 유지하고 관리한다. 또 타운 매니저는 행정부서간의 공적인 의사소통을 조정하는 책임자이고, 타운 업무의 위험관리관이다.

타운 정부의 공무원으로서 총무국장, 경리국장, 징세국장이 잇는데, 종전에는 선출직이었으나, 자치헌장 9장에 의해 임명직으로 전환하였다. 총무국장은 타운 업무와 관련된 모든 서류의 원본의 접수와 보관, 각 위원회의 임명된 공직자에 공지하는 일, 조사나 독회 등을 위한 타운의 서류를 준비하는 일, 각 공직자와 위원회의 정기 보고서를 접수하고 보존하는 일 등이다.

경리 및 징세국장은 이전에는 겸무로 처리하였으나, 자치헌장 채택으로 총무국장직을 분리하고, 경리 징세국을 별도로 설치하였다.

타운 매니저가 임명하는 행정부서로는 재정행정국, 건설국, 기획 및 지역개발국, 회계국장, 소방국장, 경찰서장, 보안관, 검목관등이 있다.

한편 교육위원회가 임명하는 행정부서로서는 교육국이 있다. 교육국장은 7명의 교육위원 중에서 최소한 5명이 지지하는 결정에 의해 임명되고, 주의 법률과 교육위원회가 규정한 정책에 따라 학교체제를 관리하며 그 직무를 수행한다.

3. 정부와 단체, 그리고 지연조직의 구분

한국의 주민자치 제도를 어떻게 할 것인가에 대한 길을 정하는데 있어, 정부로 할 것인가 자치단체로 할 것인가 아니면, 지연조직으로서 할 것인가라는 세가지의 갈림길에서 선택을 해야 한다.

지금까지 한국의 주민자치는 지연조직으로서 행정조직의 위원회라는 조직형태를 선택해 왔던 것이고, 읍면동에 대한 풀뿌리 민주주의를 강화한다는 의미에서, 주민자치회 시범실시를 시도하였던 것이다. 그러나 이 시범실시는 3가지의 주민자치 모형 중에서 협력형(관치의존형)만을 시도하였고, 전국적으로 1300여개에 걸쳐서 실시하였지만, 여전히 행정사무에 근거하여 운영하는 것이어서 아무리 주민총회를 개최한다고 하더라도 자치 선진국의 총회제 정부가 될 수는 없는 것이었다.

이 점에서 위에서는 스위스의 총회제정부로서의 게마인데 정부와 미국의 타운정부의 구조와 운영방식에 대해서 살펴봄으로써, 한국의 주민자치회는 총회형 정부가 될 수는 없는 것이라는 점을 인식할 수 있기를 기대하였다.

만일 2013년도에 연구하여 제안하였던 주민자치 모형 중에서 협력형(자치단체형), 주민조직형(총회형 정부)을 시범실시하였다고 한다면, 협력형은 자치단체형으로 발전할 수 있는 시범실시가 되었을 것이고, 주민조직형은 총회형 정부로 갈 수 있는 시범실시가 되었을지도 모르겠다. 그러나 한국의 현실에서는 두가지의 모형을 현재의 법제하에서는 시범실시도 할 수 없다는 유권해석을 내려서, 시도조차 하지 못하였던 것이다.

결과적으로 한국의 주민자치는 협력형만을 실시하였고, 이 협력형을 총회형 정부로 가기 위한 안간힘을 썼으나, 결국 정치적 지지를 얻지 못하고, 정당간의 이해관계 갈등을 불러일으키는 제도가 되고 말았다.

다음 장에서는 한국의 주민자치회가 총회형 정부를 지향하려는 노력을 살펴보고, 그 한계도 살펴 봄으로써, 한국의 주민자치 제도가 어떻게 그 한계를 극복해 나갈지에 대해서 성찰해 보도록 한다.

Ⅲ. 한국 주민자치 제도의 설계와 총회형 공론장 모형

1. 주민자치위원회 모형

읍면이란 공간에 주민자치를 생각할 때에, 주민자치위원회 모형은 지연조직이라고 하기 보다는 행정의 자문조직으로 보는 것이 조직론적으로는 타당할 것이다. 이것은 읍면동에는 읍면동사무소라고 하는 행정하부조직이 설치되어 있고, 읍면동사무소의 여유공간에 주민들이 여가와 취미 프로그램을 통하여 공동체를 형성할 수 있는 행정사무에 해당하는 것이 '주민자치센터'였고, 이 시설의 운영에 주민들이 '참여'할 수 있도록 주민으로 구성된 '주민자치위원회'를 두도록 한 것이다.

조직론적으로 보면, 주민자치위원회는 조직형태로서는 '위원회'인데, 자치권을 가진 위원회도 아니고, 총회형 정부의 집행기관으로서의 '위원회'도 아니다. 단지 행정관료제의 행정사무에 '참여'하는 주민들의 모임으로서 그 사무는 주민자치센터의 운영위원회 정도의 기능을 가진 것이다.

이 부분을 좀더 이해하기 위해서는 원래 1952년부터 10년간은 읍면 자치단체였다는 점이다. 읍면의회가 구성되었고, 읍장과 면장을 1956년부터는 주민직선으로 선출하였던 적도 있었다.

그러다가 1961년 군사정부의 지방자치에 관한 임시조치법으로 읍면계층은 군자치로 전환하게 되었고, 군의 하급행정조직이 되었다. 이로 인해 읍면 공간은 지방자치 '정부'라는 공간에서 군의 행정관리 공간으로 전환되었고, 주민자치의 공백이 생기게 된 것이다. 주민자치의 공백으로 인하여, 행정과 주민은 멀어지게 되었고, 주민의 행정에 대한 참여나 통제기회가 줄어들어, 군 행정관리의 효율성은 높아졌을지 모르나, 자치관리의 민주성은 희생된 것이다.

주민자치위원회는 행정관리의 입장에서 주민들의 참여를 통하여 주민자치센터라는 행정사무를 '주민참여'적으로 집행하기 위한 조직형태로서 만들어진 것이다. 이 점에서 주민자치위원회는 조직론적으로 행정관료제의 관리에 도움을 주기 위한 주민의 지연조직에 불과하다. 즉 행정의존적 주민지연조직인 셈이다.

2. 주민자치회 시범실시 모형과 총회형 공론장

주민자치회 시범실시의 법적 근거는 '지방자치분권 및 지방행정체제개편에 관한 특별법'이었다. 주민자치회는 풀뿌리 자치의 활성화와 민주적 참여의식 고양을 위하여 읍면동에 설치하는 것으로 되어 있다.

주민자치회는 조직론적으로 보면, 주민들의 자치적인 모임으로 총회를 의미하는 것으로 볼 수 있다. 그리고 이 총회에 자치권과 구역이 주어진다면, 총회형 정부가 될 수도 있을 것이다.

그러나, 한국의 주민자치회 시범실시는 시군구의 행정사무의 일부를 위임 위탁받아서 처리하는 측면과 구역내의 주민화합과 발전에 관한 공동체 사무를 처리하는 측면이 결합되어 있는 기능을 가지고 있다.

이명박정부와 박근혜정부에서의 주민자치회는 총회로서의 성격은 전혀 없었고, 기존의 주민자치위원회와 사실상의 차별성이 없었고, 주민자치센터의 프로그램 심의회였던 행정에 참여하는 주민의 지연조직에 불과하였다.

그러다가 문재인정부에 들어와서 주민자치회는 행정안전부에서 표준조례를 만들어서, 주민자치위원을 주민총회에서 선출하도록 하고 있고, 마을자치계획을 수립하도록 하고 이것도 주민총회에서 결정하도록 하고 있다. 또 서울형 주민자치에서는 주민참여예산에 대한 기능도 주민자치회에 주어서, 시군구의 예산에 대한 참여권한도 부여하고 있다.

어떤 의미에서는 주민자치회 시범실시는 주민총회가 읍면동 구역에 대한 의사결정을 하도록 하고 있고, 주민세환급을 통하여 마을사업도 할 수 있는 재정적 자립성도 가지는 것으로 읍면동 구역에 대한 주민자치를 할 수 있는 구조적 여건을 만들고 있는 것으로 보인다.

그러나, 본 고에서 본 것처럼 주민자치회 시범실시의 주민총회라는 것이 제2장에서 보았던 총회형 정부라고 하기에는 자치권의 보장정도나 정부로서의 의결기관과 집행기관의 기관구성, 집행조직으로서의 다양한 위원회, 그리고 총회형 정부의 공무를 담당하는 공무원들의 조직이 구성되어 있다고 보기 어렵다.

한국의 주민자치회 시범실시에서의 주민총회는 공론장으로서의 기능을 하는 것으로서, 자치권을 행사하는 구역에 중심적인 의결기관이라고 하기는 어렵다.

3. 고비용과 정치화되어 갈등을 불러일으킨 제도 운영

주민자치회 시범실시는 주민총회의 운영이나 마을자치계획의 수립 등을 위하여 별도의 중간지원조직을 두었다. 그리고 이 중간지원조직의 운영을 주민자치위원들이 직접 운영하는 것이 어렵기에, 시민운동단체나 주민공동체단체 등에 위탁을 하였다.

그리고 주민자치 혹은 마을공동체만들기를 위한 중간지원조직을 동계층에는 자치지원관을 두었고, 구계층에는 자치구주민자치사업단을, 그리고 특광별시 계층에는 주민자치사업단과 같은 행정조직을 두었다. 여기에 연봉 3-5천의 계약직 공무원을 채용하여 주민자치회 시범사업을 지원하도록 하였다.

즉 주민자치회 시범사업이 운영되기 위해서는 주민총회를 운영하기 위하여 고비용의 예산이 소요되는 행정사무였고, 주민자치회의 마을자치계획을 수립하거나, 주민참여예산제도에 주민자치회를 참여하게 함으로써, 기존의 주민참여를 위한 행정사무를 집행하는 예산사업이 된 것이다.

또 서울형 주민자치회의 경우에는 중간지원조직을 위탁받아 운영하였던 시민운동단체나 주민공동체단체가 특정 정당의 지지세력으로 인식되어, 다른 정당으로부터 주민자치회 자체에 대해서 더 이상 사업확대를 반대하는 갈등이 나타나게 되었다.

결과적으로 주민자치회는 2021년 지방자치법 전부개정과정에서 여당과 야당의 합의를 이끌어내지 못하여, 법률 조문에서 삭제되기도 하였고, 여전히 주민자치회에 대한 독자적인 법률이 국회를 통과하지 못하고 있다.

2022년의 지방선거를 통해서, 지방자치단체의 단체장이나 지방의회의 구성의원들이 다른 정당으로 바뀐 경우에는 주민자치회 사업이 더 이상 지속하지 못하고 중단되는 현상이 나타나고 있다.

Ⅳ. 구역 공유서비스에 대한 한국형 자치관리 모형을 향하여

1. 공유지로서의 주민자치구역

주민자치는 자치개념의 대상을 사람에서 공간으로 전환하여야 할 것이다. 그리고 그 공간에서 필요한 공유서비스 혹은 공유재산에 대한 자치 관리에 대한 다양한 모델을 제시하여야 한다. 그 자치관리의 모델은 근린정부형이 될 수도 있고, 지역자치조직이 될 수도 있으며, 공동체자치체가 될 수도 있을 것이다.

개인이 모여서 가정을 이루고 가정이 모여서 이웃공동체를 이룬다. 이웃공동체는 구역을 바탕으로 공동체가 형성될 때는 지연공동체가 되지만, 목적을 바탕으로 공동체가 형성되면, 그것은 기업공동체, 종교공동체, 취미여가공동체 등으로 나타날 수 있다. 이들 공동체는 그 공동체가 제공하는 공유서비스를 어떻게 공급할 것인가에 대한 의사결정과 집행방식을 가지고 있어야 공동체가 지속가능할 수 있고, 공동체를 통하여 그 구성원이 필요로 하는 공유서비스를 공급받아 구성원의 복리가 증진될 수 있는 것이다.

여기서 지연공동체의 경우에는 자연조건에 의해 형성된 농산어촌의 공동체와 도시화로 인하여 전통적인 혈연, 지연 등에 의하여 공동체가 해체되고, 원자화된 개인들이 직주가 분리되어서 거주하고 있는 구역에 함께 거주함으로 인하여 생기는 도시형 공동체로 구분할 수 있다. 또 도시형 공동체도 단독주택이나 연립주택이 중심이 된 일반

주거단지와 아파트와 같이 누층적 거주공간이 밀집된 아파트단지가 있다.

여기서 공동체마다 공유지 혹은 공유서비스를 어떻게 구성원들이 공급하고 관리할 것인가가 공동체의 지속성에 영향을 주게 되는데, 공유지 혹은 공유서비스를 시장메카니즘에 맡겨서 영리적 가치를 가지고 공급하게 할 것인가 아니면, 구성원들이 상호간의 신뢰를 바탕으로 호혜성과 유대감을 가지고 시민사회 메카니즘으로 공급하게 할 것인가의 선택을 해야 한다.

문제는 이러한 선택을 시민사회가 스스로 성찰하고 설계할 수 있는 기회를 주지 않고, 이를 행정관료제가 대체해 버리는 것이다. 한국의 주민자치가 지속적으로 해결점을 찾아내지 못하고 있는 것은 바로 이러한 공유지 혹은 공유서비스의 공급 문제를 시민사회영역이나 시장경제메카니즘을 통하여 사회적 자본을 바탕으로 해결하거나 가격기능을 통하여 수요와 공급을 조정하는 방식을 정부영역의 행정관료제를 통하여 대체하였기 때문이다.

즉 사람들이 살아가는 곳에는 공유지(혹은 공유서비스, 이하에서는 공유지로 대체함)가 언제나 생기고, 그 공유지를 그 구성원들이 스스로 참여하여 공급하려는 노력을 하지 않으면, 공유지의 비극(tragedy of the Commons)[5]이 발생한다. 즉 공간에 거주하는 구성원들이 살아가는 공유지를 방치하

5 제한된 자원을 둘러싸고 포식자가 너무 많으면 항상 문제가 생긴다는 것이다. 생물학자인 하딘(Garrett Hardin)은 1968년의 논문에서 공유지의 희귀한 공유자원은 어떤 공동의 강제적 규칙이 없으면, 무임승차로 인해 결국 파괴된다는 사실을 지적하였다. 마을의 초지를 공유하는 사람들이 자신의 이익을 챙기기 위해 가능한 많은 소떼를 초지에 풀어놓게 되면, 그 결과 초지가 소멸하는 비극을 초래한다는 것이다.

게 되거나, 과도하게 사용하게 됨으로써, 공유지가 훼손되어, 더 이상 지속적으로 그 공유지를 이용하지 못하는 비극을 초래하게 된다는 것이다.

공유지의 비극이 발생하는 것은 몇가지의 조건이 있다고 한다. 하딘(Hardin)이 제시한 것으로 첫째 아무나 쉽게 접근할 수 있는 오픈 액세스(open access) 형태의 자원인 경우, 둘째 공동체 구성원들간에 의사소통이 전혀 없거나 거의 없는 경우, 셋째, 구성원들이 오직 자신의 이익만을 위해 행동하는 경우라고 한다.

하딘은 이 공유지의 비극을 해결하기 위하여 사유화 혹은 정부개입이라는 두가지의 해결책을 제시하였다. 사유화는 시장경제메카니즘에 맡기는 것이고, 정부개입은 정부영역의 관료제관리에 맡기는 것이다. 한국의 읍면동의 공유지 문제는 행정관료제의 관리에 맡겨져 있어서, 관치라는 비판을 받고 있는 것을 연상하게 한다.

하딘은 공유지의 비극이 늘 나타나는 것은 아니라고 한다. 사람들은 장기적인 상황을 예측할 수 있을 정도로 계획적이어서 서로 소통하면서 상황을 정리해 간다는 것이다. 사유화보다는 공유자원을 그대로 유지하는 것이 유리하다는 것도 알고 있고, 정부개입없이 이해관계자들이 서로 조정해 공유지를 유지할 정도로 사회성을 가지고 있다고 한다. 오스트롬(Elinor Ostrom)은 이해관계자들이 서로 소통하고 조정함으로 통해 공유지의 비극문제를 해결할 수 있음을 보여주었고, 이를 통해 노벨경제학상을 2009년에 받기도 하였다. 본 고의 논지에 따르면 바로 시민사회영역에서 자치관리역량을 함양하여 해결하는 것이다.

한국의 도시화된 아파트단지에서 고층화된 아파트단지라는 공간에서 생기는 공유지가 있다. 바로 엘리베이트의 공동이용, 주차장의 공동이용, 음식물 및 생활쓰레기의 공동처리, 단지내 조경관리, 단지와 복도의 청소, 상하수도 및 전기서비스, 층간소음의 공동관리 등 세대별로 소유권을 가지고 있지만, 아파트라는 공동생활을 영위하기 위해서는 함께 사용하는 공유지(공유서비스)가 발생하고 이를 정부영역이 해결해주지 않기에, 세대들이 스스로 '자치관리'할 수밖에 없다.

시민사회영역에서 '자치관리'는 공유지(공유서비스)를 관리하기 위한 규칙, 절차 등에 대한 자치규율을 만드는 것에서 시작한다. 자치라고 할 때, 그 본질을 자기입법[6]과 자기통제라고 하는데, 여기서도 자기입법이 자치의 본질이라고 하는 것은 바로 이를 두고 말하는 것이다.

1920년대 미국 메인주 연안의 바닷가재 어장은 남획으로 인해 바닷가재의 씨가 말랐다고 한다. 이에 어부들은 한데 모여서 머리를 짜서 바닷가재의 통발을 놓는 규칙, 순서 등에 대한 자치규율를 만들었고, 이를 집행함으로 인해, 미국북동부의 다른 해안과 달리 바닷가재 어장이 살아남았다고 한다. 자치규율을 만들어서 이를 집행하는 '자치관리'는 공유지의 비극을 해결하는 방법이다.

한국의 주민자치 논의에서 주민에 초점을 두다보니 주민주권, 총회형 운영, 주민참여예산제도, 참여형 마을계획만들기 등으로 제도혁신 논의가 진행되었는데[7], 만약 주민자치 논의를 공유지의 비극을 해결하

---

6 자기입법의 반대개념은 타자입법 혹은 타자통제라고 할 것이다.

7 이런 제도의 의도와는 달리 주민자치는 정쟁화되는 현상이 나타났고, 주민자치의 입법화가 중단되게 되었다.

기 위한 공유지(공유서비스)의 관리를 위한 다양한 방안을 탐색하는 길로 논의를 진행해 볼 것을 제안해 본다.

2. 공유서비스와 공유재산의 발생과 관리방식

주민자치구역이 공유지일 수 있다는 생각에 이르게 되면, 이 공유지를 어떻게 관리되고 있는가를 살펴볼 필요가 있다. 공유지의 관리는 세가지의 방식이 있다. 하나는 사유화하는 것이고, 둘째는 자치관리하는 것이며, 셋째는 정부관리하는 것이다. 사유화는 공유지를 시장경제메카니즘의 소비자와 공급자로서 가격에 의하여 자율조정되게 하는 것이고, 자치관리는 시민사회의 다양한 공동체가 자기입법과 자기통제를 통하여 스스로 관리하는 것이다. 정부관리라 함은 시민사회가 스스로나 사유화를 통하여 해결하기 못하기에 관료제를 통하여 행정력을 통하여 관리하는 것이다.

한국의 읍면동 주민자치는 읍면동 공간에서 발생하는 공유지(공유서비스)를 관료제를 통하여 행정력으로 관리하는 대표적인 제도이다. 주민자치위원회 시대는 물론이고 현재 주민자치회 시범실시의 경우도 여전히 관료제를 통한 행정력에 의한 관리라는 본질에는 차이가 없다. 단지 그 관리의 외형을 시민사회단체에 외주화를 한다든가, 마을공동체를 통하여 마을사업의 경영을 하게 하는 방식을 도입하였지만, 여전히 행정예산과 행정조직의 행정사무의 일환으로 한다는 점에서는 여전히 정부영역의 공유지 관리라는 것이다.

아프리카 마사이족은 영국 식민지배 이전에는 부족단위로 목초지를 잘 관리하였다고 한다. 그런데, 부족들이 운용하는 자치관리제도를 이해하지 못한 영국이 초지를 보호한다고, 법을 만들고 행정력을 동원하여 이용자수를 제한하였다고 한다. 그랬더니, 자치제도가 무너진 상황에서 초지를 감독할 감시인력이 부족하게 되었고, 영국이 시행하는 제도를 믿지 못하는 사람들이 초지에 가축을 풀어놓아, 결국 초지가 황폐화되었다고 한다.

한국의 읍면동 공간에 존재하는 공유지의 관리에도 마을이나 공동체의 자치관리를 어떻게 해야 하는가에 대한 이해가 부족한 상태에서 읍면동 관료제가 행정력을 통해 행정사무로만 공급하려고 하면서 '자치관리'의 유전자가 무너져 버린 것은 아닐까? 특히 도시화가 급격하게 진행된 한국사회에서 공동체라는 것이 거주공간에 형성될 여유나 문화가 형성되지 않은 상태에서 정부영역의 관료제는 '행정관리'로 자치관리가 형성될 공간을 선점해 버린 것은 아닐까?

또 행정관리의 효율성을 우선가치로 여겼던 관료제는 행정관리 구역을 읍면동규모로 다른 선진국에 비해 매우 큰 규모로 정함으로써, 자치관리의 가능성을 배제해 버렸던 것은 아닐까? 예를 들어 법정동과 행정동의 관계를 보면, 법정동은 마을마다 자치관리를 할 수 있는 정도의 규모였다고 하면, 행정동은 몇 개의 법정동을 포괄하는 곳에 설치하여, 읍면동 구역의 효율적 관리를 위하여 동사무소를 행정동에 설치한 것이다. 결과적으로 행정동은 관할하는 인구규모가 법정동보다 많아지게 되고, 평균 2만명정도 이상이 되게 된 것이다.

농산어촌의 경우를 보면, 리단위의 자치관리나 계의 형태로 영농이나 산림관리의 자치가 이루어지는 전통이 있었지만, 읍면 행정의 입장에서는 읍면행정조직의 소속된 위원회조직으로 자치관리영역을 포함시켜 두었다. 읍면행정력이 강해지면 질수록, 마을이나 영농영역의 공동체에 의한 자치관리는 취약해졌다. 70년대의 새마을 운동을 통하여, 행정력을 통하여 마을소득증대, 마을개발, 마을가꾸기 사업을 시행함으로써, 점점 마을 자치관리에 대한 역량이 사라져갔다. 이전에는 일부지역에 존재하였던 마을재산이나 품앗이를 통하여 존재하였던 마을공유서비스는 행정관료제의 재산이나 사무로 전환되게 된 것이다.

여기서, 자치관리와 행정관리의 관계를 보면, 상호 역관계에 있는 측면이 있음을 알 수 있다. 행정관리가 구축되기 전에 자치관리시스템이 구축된 공간이 도시의 아파트단지이다. 도시화로 인하여 도시지역에서는 이웃들간에 공동체 형성이 어려웠고, 빈번한 이사로 인하여, 이웃간에 굳이 공동체를 형성할 필요성도 낮았다. 또 주거지와 직장공간이 분리됨으로 인해, 업무를 마치고 돌아와서 거주하는 공간에서 굳이 공동체을 만들 필요성도 낮아, 원자화된 주거생활이 보편화된 곳이다.

그럼에도 불구하고, 아파트단지공간은 공유지의 공간이었다. 즉 세대별로 자신의 소유권을 가진 공간도 있지만, 일상생활을 유지하기 위해서는 공유공간이 존재하여, 공동생활을 하지 않으면 안되는 공간도 발생한 것이다. 이 공유공간을 누가 어떻게 관리할 것인가가 하나의 숙제로 던져진 것이었고, 이 문제를 정부영역에서는 '자치관리'시스템을 도입하여 해결하는 선택을 한 것이다. 즉 아파트단지 공간은 주민자치를 위한 공유공간이 되었고, '자치관리'를 위한 모형이 도입된 것이다. 자치관리와 위탁관리가 그것인데, 양자가 혼합된 혼합관리도 기본적으로는 이 두가지의 형태에서 도출된 것이다.

자치관리는 아파트나 공동주택의 세대들이 스스로 공유지(공유서비스)를 공급을 결정하고 집행하는 것이다. 이를 위해 세대들간에 총회를 열어서 결정하고 주거단지의 청소를 위해 세대원이 함께 집행도 하는 방식이다.

위탁관리는 아파트단지의 공유지 관리를 민간업체에 계약에 의해 비용을 지불하고 맡기는 것이다. 아파트단지가 처음 건설되고 나서 일정한 기간은 건설회사에 관리를 위탁하도록 되어 있고, 일정한 기관이 지나면, 아파트단지의 세대구성원들이 입주자대표회의를 구성하고, 자치관리를 하게 된다. 이때, 입주자대표회의는 공유지의 관리를 세대원들이 봉사하면서 집행하는 방식을 택할 수도 있고, 관리비를 거두어, 민간업체에 위탁을 맡길 수도 있다. 그러나 이에 대한 의사결정은 입주자대표회의에서 결정한다. 입주자대표들은 세대의 선거를 통하여 선출하거나 일정비율 이상의 동의를 받아서 선출한다. 아파트 단지 공간의 공유지 관리에는 정부영역의 관료제의 행정관리는 원칙적으로 배제되어 있다.

3. 시민사회영역의 자치관리 역량 형성 방안

주민자치는 시민사회영역에서 공공서비스를 공급하는 자치사무를 어떻게 관리할 것인가의 문제이다. 주민자치를 하기 위해서는 구역에서 주민이 주권자로서 존재해야 하는 것은 필요하지만, 구역에 거주하는 주민들이 공동으로 필요한 서비스를 어떻게 공급하여 주민복리에 기여하게 할 것인가를 결정하고 집행할 수 있는 자치적 관리방식이 선행되어야 한다.

이러한 근린구역의 공유서비스를 공급하는 시민사회의 역량을 제공하는 것이 총회형 자치정부가 그 원형이라고 할 것이다.

총회형 자치정부를 바라보는 관점도 두가지로 구분할 수 있다. 풀뿌리 민주주의를 활성화한다는 측면에서 총회형 자치정부를 볼 수도 있고, 총회형 자치정부를 통해 구역의 주민들의 공유서비스를 공급하는 자치관리 조직체로서 볼 수도 있다.

한국의 주민자치회 시범실시에서 주민총회를 반드시 제도설계에 반영하여야 한다는 논의는 주민들을 주권자로서 의사결정에 참여하는 풀뿌리 민주주의를 경험하게 하기 위함이었다. 그러나 한국의 현실에서 도시화되고 원자화되는 도시공간에서, 그리고 고령화되고 저출산과 청년층이 유출되는 농산어촌공간에서 주민총회에 참여하게 하는 것 자체가 현실성이 떨어진다. 그렇다면 남는 것은 도시 공간이든 농촌공간에든 그 성격은 다르지만 지역공간에 세대와 주민개인들이 공간을 공유하면서 발생하는 공유서비스를 '누가' '어떻게' 공급할 것인가라는 문제가 남는다.

이것을 지금처럼 중앙정부의 국가사무나 지방자치단체의 자치사무로서 공급한다면, 이것은 여전히 행정사무라는 관료제적 공동사무 공급이다. 이런 시스템에서 아무리 주민참여를 위한 위원회 조직이나, 주민들이 누구나 참여할 수 있도록 하면서 직접 민주주의를 경험하게 하기 위한 주민자치회 조직을 만든다고 해도, 이것은 여전히 시군구

행정사무와 연결되어 있어, 행정예산이 중단된다면, 자생적으로 서비스를 공급하고 관리할 수 있는 역량이 함양되는 것은 아니다.

문제는 어떻게 하면 시민사회영역에서 자치관리역량을 함양할 수 있는 시스템을 제도설계할 것인가이다. 총회형 정부이든 의회형 정부이든 주민들이 그 구역의 공유서비스를 공급하는데 필요한 의사결정과 집행, 그리고 자치헌장을 결정하는데 책임과 의무를 다하면서 권리를 행사하는 조직구조가 있어야 하는 것이다. 그것을 스위스 사례나 미국의 타운정부의 사례를 통해서 총회형 정부라는 제도적 경험을 해 보고, 여기서 생기는 문제점을 해결하려는 자생적 경험이 있어야 시민사회의 자치관리 역량이 키워지는 것이다.

V. 결론 및 제언

한국의 주민자치는 관치라는 비판에 직면하여, 주민자치위원회 혹은 주민자치회가 대표성을 확보하기 위한 노력을 해왔다. 그러한 결과물로서 주민총회를 구성하여, 주민총회에서 주민자치위원을 선출하는 것을 통해 대표성을 확보하자는 주장과 대표성이란 것이 굳이 선거를 통하지 않더라도 추첨을 통한 일반주민에게 누구에게나 참여에 열려진 합리적 방법론을 구비하면 대표성이 있다고 볼 수 있다는 주장으로 나누어져 있었다.

서울형 주민자치회의 경우는 동의 주민들이 총회를 구성하여 의사결정자로서 참여하는 것이인구규모면에서 불가능하니, 주민수의 1-2%만 참여하더라도 주민총회가 구성할 수 있는 의사정족수가 되는 것으로 간주하고, 여기서 주민자치위원을 추첨으로 선출하면 대표성이 확보되는 것이라는 논리를 제시하였다.

그리고 이 주민자치회에 의사결정에 관한 권한으로서 마을계획을 심의하는 권한, 주민참여예산에 참여하는 권한 등을 부여하여, 동의 지역문제에 대한 상당한 의사결정권을 부여하기도 하였다.

그러나 이러한 주민자치는 엄밀히 보면, 여전히 자치구의 행정사무의 일환으로 추진되는 행정사업인 셈이고, 총회형 정부라고 볼 수는 없는 것이다.

한국의 주민자치는 총회형 정부를 지향하여 제도 개선과 개혁을 해왔지만, 읍면동 구역에 행정조직으로서의 읍면동 사무소를 그대로 두고서 시민사회영역의 자치관리 역량을 구비한 자치정부가 들어올 수는 없다.

만일 한국의 주민자치가 구역에서의 공유서비스를 공급하는 자치관리를 할 수 있는 근린정부로서의 제도설계를 하고자 한다면, 읍면지역은 총회형 정부로 제도선택을 해야 할 것이다. 또 도시지역에서 구역에서 필요한 공유서비스를 공급하는 자치관리를 하고자 한다면, 아파트단지와 같은 자치관리 시스템을 도입하는 것이 필요하다. 또 비아파트단지에도 주민들의 공동생활에 필요한 공유서비스의 자치적 공급을 위해서는 자치관리를 할 수 있는 총회형 정부를 구성할 수 있을 것이다.

그러나 이러한 총회형 정부로 주민자치를 하기 위해서는 정부영역의 행정조직인 읍면동 사무소가 폐지되어야 할 것이다. 행정조직으로서 일정한 구역에서 발생하는 공유서비스를 행정사무로서 공급하는 시스템을 그대로 둔 채로는 시민사회영역에서 자치관리 역량을 함양할 수 없는 것이다.

참고문헌

김영기. 2014. 뉴 잉글랜드 타운정부론. 대영문화사

김주원 외 9명. 2019. 한국주민자치이론과 실제. 대영문화사

김찬동. 2022. 주민자치제도와 민주주의혁신. 충남대학교출판문화원이승종외. 2015. 근린자치제도론. 박영사

이기우. 2014. 분권적 국가개조론: 스위스에서 정치를 묻다. 한국학술정보

이현출 전상직 김필두 외. 2022. 읍면동 민주화 어떻게 이룰 것인가. 건국대학교 출판부

주민자치패러다임과 자치분권시스템 개혁

02

자치분권과 지방의회

04

자치분권제도의 재설계와 지방의회: 지방의회법 분법의 필요성과 방향성에 대한 탐색[1]

I. 문제제기

한국의 자치분권 논의는 20여년을 지속하여 왔지만 실패한 정책이라고 본다. 단체자치의 패러다임 속에서 진행된 자치분권 논의는 행정부의 사무이양에 초점을 둔 것이었고, 행정관료제를 기축으로 하여, 중앙정부와 지방자치단체라고 하는 수직적인 통제구조하에서 진행된 것이기 때문이다. 그렇기에, 지방의회는 이러한 행정관료제를 통한 수직적 구조에서 주민들이 상당한 정도의 행정에 대한 참여권한과 통제권한을 가진 하나의 조직 혹은 기관으로서의 위상을 가지는 것이었

1 이글은 지방의회학회(2023.6)에 발제한 글을 보완한 글입니다.

다. 즉 자치권에 대하여 주민주권 혹은 지역주권의 자치철학을 가지지 않고, 국가전래설의 국가주의적 철학을 가진 상태에서 지방의회는 자치단체를 구성하는 하나의 조직에 불과할 뿐이다.

이 점에서 한국의 자치분권 논의는 입법분권의 패러다임을 가지고 새롭게 정의되어야 한다. 즉 국가의 권력을 입법권과 행정권, 그리고 사법권으로 나누어서 권력간의 견제와 균형을 하되, 입법권이 국민주권을 대표하는 조직이고 행정권을 감사하는 보아 우월한 기관으로 보는 대의제 민주주의와 공화정이라고 하는 국가권력구조에서부터 시작되어야 한다. 그리하여 지방자치는 국회의 입법권을 분권하는 것이 자치에서의 분권이라는 개념에서부터 시작하는 것으로 보고, 이에 따른 자치분권을 어떻게 할 것인가를 논의하여야 하는 것이다. 이 점에서 지방의회는 국회의 입법권을 분권하는 것이고, 이를 수평적으로 역할분담에 입각한 입법내용의 분권, 분담, 분리가 이루어져야 하는 것이다.

이렇게 되면, 지방의회의 입법권에 입각하여, 지방정부의 행정부의 구성을 할 수 있게 되고, 지방정부의 행정부는 지방민주주의에 따라서 주민의 선거와 참여에 의한 통제를 우선하여 받게 될 것이다. 주민들은 지방의회의 구성을 대의제로도 구성하지만, 총회제로 구성할 수도 있는 자치권을 가지게 될 것이다. 또 상위계층의 지방정부를 어떻게 구성할 것인가에 대한 선택권도 가질 수 있게 된다.

하지만, 한국의 경우는 이미 1991년 지방자치의 재도입이후 행정부의 하부행정기관이었던 지방행정기관을 중심으로 중앙-지방 관계가 구축된 상태에서, 지방의회라는 선거에 의해 선출된 지방의원들의 모임인 지방자치단체의 기관을 두는 방식으로 단체자치를 해 왔기에, 이런 구조하에서는 아무리 중앙정부의 사무를 지방으로 이양해도 지방자치단체의 업무량만 늘어나고, 오히려 중앙정부의 통제를 더 받게 되는 역설이 일어날 뿐이었다.

요컨대, 자치분권정책의 새로운 혁신을 위해서는 입법분권을 새롭게 시작한다는 관점에서 논의를 시작하여야 할 것이다.

최근 지방의회법 분법에 대한 논의가 활발하다. 지방의회기본법이 제정되어야 한다는 당위성에 따라서 행정안전부에서도 TF를 만들어서 지방자치법에서 68개의 조문을 빼서[2] 별도의 법률을 만든다는 것이다.

지방자치법이 제대로 된 자치법다운 자치법을 만드는 것이 우선이지, 단체자치라고 하는 한계속에 지방자치법을 방치한 채, 지방의회에 관한 분법을 하여, 지방의회에 대한 위상과 권한을 강화한다고 하더라도, 지방자치에 대한 기본적인 철학과 사상, 지방자치를 바라보는 관점과 패러다임이 변하지 않는 상태에서 지방의회법만 분법한다고 한국의 지방자치제도의 실패를 만회할 수 있을 것으로 보이지 않는다고 하면 지나친 비판일까?

이런 문제제기를 하는 것은 이미 지방의회의 권한과 위상을 제고한다고 제시되어 있는 몇 개의 지방의회법 분법에 대한 내용을 살펴보면, 현재의 지방의회의 구조적 틀을 유지한 채로, 인사권이나 전문성

2 지방자치법 제37조부터 제104조까지 68개의 조문이 제5장 지방의회에 속한 조문이다. 제3장 조례와 규칙에 해당하는 조문까지 포함하면, 8개조문이 추가되고, 이미 분법으로 지방자치법에서 빠져나가 버린 제4장 선거에 해당하는 조문(공직선거법 279개조문)까지 포함하면 355개의 조문이 지방자치법에서 빠지는 셈이 된다. 이는 지방자치의 본질이라고 하는 지방의회와 선거에 관한 조문이 빠져나감으로써, 지방자치법을 형해화하게 되고, 지방자치의 논의의 주된 이슈에서 열외시키는 부작용도 검토해야 할 것이다.

제고에 대한 조문들을 추가하는 정도에 불과하다는 점에서 이러한 비판에 대해서도 귀를 기울여 볼 필요가 있으리라고 본다.

전현희법안과 이해식법안의 경우 그 주된 내용을 보면, 조례제정범위, 윤리강령, 정책지원전문인력, 의회인사권이나 의회경비, 의회교섭단체구성, 지방의회의결사항 등에 대한 사항을 조례로 정하도록 함으로써, 지방의회 운영의 자율성을 높이는 방향의 내용을 담고 있다.

그러나 이렇게 지방의회만의 운영에 대한 자율성을 제고하는 법률을 새롭게 분법하더라도, 지방의회의 위상과 권한에 관련된 지방자치법의 패러다임과 지방자치권을 바라보는 철학과 사상에서의 변화가 없다면, 여전히 중앙집권적이며, 지방자치단체장 우위의 지방자치행정의 시스템은 그대로 유지될 것이다.

그렇다면, 여전히 중앙집권적인 지방정책운영은 그대로 지속될 것이고, 그 결과로 인한 수도권 인구집중과 산업집중의 문제, 그리고 지방인구감소와 지방산업 쇠퇴 그리고 2035년 고령화율 30%가 넘어서게 되어, 사회복지비지출증가로 인한 재정악화와 재정위기의 문제를 해결할 수 없을 것이다.

한국의 지방자치제도 재도입으로 인한 지방 민주주의와 지역균형발전이라는 제도목표는 실패하게 될 것이고, 이런 속에서 지방의회의 전문성강화와 자율성 확보, 책임성 증대라는 미시적인 개혁으로서는 지방쇠퇴와 소멸의 문제를 해결하지 못할 것이다.

현재의 윤석열정부는 지방시대를 만들겠다고 공약하였고, 지방문제를 지방이 스스로 정책을 형성하고 결정하며 집행하는 구조를 만들겠다고 하였다. 그러나 기존의 지방자치법의 구조속에서 지방시대를 열려는 노력만으로는 그 한계가 자명해 보인다. 지방시대를 진정으로 열기 위해서는 지방자치를 바라보는 관점과 패러다임에서 보다 혁신적인 대안들을 검토하여야 할 것이다.

즉 현재의 중앙지방협력회의의 추진성과들을 보면, 여전히 17개시도의 지방자치단체장들이 중심적인 멤버로 참여하고 있고, 지방의회 관련의 멤버는 2명에 불과하다[3].

이런 현상이 구조적으로 나타나는 것은 지방자치와 지방분권을 어디까지나 행정분권으로서 인식하고, 행정분권의 구조속에서 지방의회의 역할을 강화하려는 노력을 하는데 그쳤기 때문이다. 지방분권논의가 온전해 지기 위해서는 입법분권이 선행되어야 하고, 이는 국회법의 분법이라는 새로운 논의의 패러다임을 가지고 지방의회기본법을 논의하여야 하지 않을까 하고 조심스럽게 제안해 본다.

이하의 본고의 논의는 이러한 문제제기를 바탕으로 하여, 지방시대를 진정으로 열기 위해서는 지방자치분권의 개혁에 대한 논의를 행정분권의 논의에서만 할 것이 아니라, 입법분권의 관점에서 논의하고 대안이 제시되어야 할 것임을 제시해 보고자 한다.

3 중앙지방협력회의의 구성현황에 대한 자료를 보면, 중앙정부 9명, 지방정부 집행기관 18명, 지방정부 지방의회 2명으로 되어 있다. 중앙지방협력회의 실무협의회의 구성도 동일한 구성으로 되어 있어, 중앙지방협력에 있어, 지방의회에 대한 경시가 구조화되어 있다(안종일, 2023:25).

Ⅱ. 자치분권개혁과 지방의회제도

1. 자치분권개혁의 실패

한국의 자치분권정책의 실패와 좌초를 대변하는 사건이 바로 '지방자치분권 및 지역균형발전에 관한 특별법(2023년 6월9일 제정)'에서 자치분권정책의 위상이 균형발전정책을 위한 도구로 전락한 것이다. 이법률은 윤석열정부에서 자치분권위원회를 폐지하고, 균형발전위원회를 계승한 지방시대위원회를 발족하면서, 이에 대한 근거법으로 제시한 법률이다.

이 법의 목적은 1조에서 '지역간 불균형 해소, 지역의 특성에 맞는 자립적 발전 및 지방자치분권을 통하여 지역이 주도하는 지역균형발전을 추진함으로서, 국민 모두가 어디에 살든 균등한 기회를 누리는 지방시대를 구현하는 것'을 목적으로 하고 있다.

이법의 목적을 논리구조모형으로 정리해 보면 다음과 같다.

<표1> 지방시대정책의 정책구조분석

정책문제	지역간 불균형 해소
정책목적	국민모두가 어디에 살든 균등한 기회를 누리는 지방시대
정책수단	1 지역의 특성에 맞는 자립적 발전 2 지역이 주도하는 균형발전을 추진
실행적 정책수단	1-1지방자치분권

여기서 알 수 있는 것은 지방자치분권은 지방시대를 이루기 위한 하위 정책수단에 불과하고, 자치분권 자체가 국정의 핵심 목표라는 우선성을 상실하고 있는 것이다.

그러면서, 자치분권에 대한 정의를 다음과 같이 하고 있다. 즉 지방자치분권은 국가 및 지방자치단체의 권한과 책임을 합리적으로 배분하거나 행정수요 및 지역특성에 따라 지방행정체제를 개편함으로써, 국가 및 지방자치단체의 기능이 서로 조화를 이루도록 하고, 지방자치단체의 정책결정 및 집행과정에 주민이 직접적 참여를 확대하는 것을 말한다고 하고 있다.

<표2> 특별법에 나타난 지방자치분권의 정책구조

정책문제	
정책목표	1 국가 및 지방자치단체의 기능이 서로 조화를 이루도록 2 지방자치단체의 정책결정 및 집행과정에 주민이 직접적 참여를 확대
정책수단	1-1 국가 및 지방자치단체의 권한과 책임을 합리적으로 배분 1-2 행정수요 및 지역특성에 따라 지방행정체제를 개편
실행적 정책수단 (제33조-제43조)	1-1-1 권한이양 및 사무체계의 정비(제33조) 1-1-2 특별지방행정기관의 정비(제34조) 1-2-1 교육자치와 지방자치의 통합(제35조) 1-1-3 자치경찰제 실시(제36조) 1-1-4 지방재정확충 및 건전성강화(제37조) 1-2-2 지방의회의 활성화와 지방선거제도의 개선 2-1 주민참여의 확대(제39조) 2-2 주민자치회의 설치(제40조) 1-2-3 자치행정역량의 강화(제41조) 1-1-5 국가와 지방자치단체의 협력체제 정립(제42조) 1-2-3 지방행정체제개편(제43조)

참고: 1-○-◎는 정책목표-정책수단-연관된 정책수단의 실행수단을 표시함

여기서 그러면 자치분권정책의 정책구조도 분석해 보자. 자치분권

정책자체가 복합적 정책으로서 자치정책과 분권정책의 융합개념으로 이해할 수 있다. 융합정책의 경우에는 정책목적이 복수로 존재하고, 그 단위 목적들이 서로 충돌하지 않아야 정책이 성공할 수 있다. 만일 단위 목적들이 서로 충돌하게 되거나 각각 별개의 것인 경우에는 융합정책을 집행하는 참여자들은 집행과정에서 혼란과 갈등을 경험하게 될 것이고 역시 정책은 실패할 가능성이 높다

구체적으로 특별법이 상정하는 자치분권정책의 정책목표를 살펴보면 다음과 같다. 융합정책으로 두 가지의 목표를 가지고 있는 것을 알 수 있다. 즉 정책목표로서 분권에 해당하는 것은 기능을 조화롭게 하는 것이고, 자치에 해당하는 것은 주민이 직접적 참여를 확대하는 것으로 되어 있다.

여기서 정책목표로는 두 가지를 제시하면서 정책수단을 보면, 분권에 관한 것만 있고, 자치에 관한 수단을 명시하고 있지 않다. 이렇게 되면, 이 정책목표는 논리구조에서 결함이 있는 셈이고, 이 정책의 논리모형 구조대로 실행된다고 하더라도 실패할 것이 예정되어 있는 것이다.

실행적 정책수단에 있어서도 1-2-1은 논의가 중단된 상태이고, 1-1-2도 거의 논의되고 있지 않은 사문화된 측면이 있다. 1-1-3의 경우에도 무늬만 갖춘 것이고, 실제적인 자치운영은 어렵다는 평가를 받고 있다. 2-2도 어떤 방향으로 정책을 추진할지 길을 잃고 있는 것이다. 1-2-3은 창원시와 청주시의 통합을 끝으로 더 이상 논의자체가 사라졌다.

결론적으로 자치분권정책은 30여년만의 지방자치법의 전부개정으로 지방시대 2.0으로 진입하였다는 일부의 평가에도 불구하고 전반적

으로 정책논리모형상 실패한 정책이라고 할 것이다.

더구나, 조만간 발족할 지방시대위원회에서 자치분권정책을 담당할 부서가 하나의 국으로 조직이 축소된다고 하니, 윤석열 정부에서 자치분권정책은 뒷방신세를 면치 못할 것으로 보인다.

이렇게 된 데에는 중앙정부의 부처 간의 경쟁에서 자치분권정책을 담당하는 부서가 국정의 포지셔닝을 하는데 실패한 것이 아닌가 한다. 즉 한국의 국정차원의 경쟁에서 행정안전부가 주된 역할을 하는 자치분권정책이 국토교통부 내지는 산업통산자원부가 주된 역할을 하는 균형발전정책에 밀린 것이 아닌가 한다. 즉 국회의 법률 입법과정에서 자치분권정책을 헌법적 근거를 가진 우선성을 가진 것으로 확보하는데 실패하였거나, 중앙정부와 지방자치단체간의 권한다툼으로 논의의 장을 한정시킴으로써, 주민과 국민의 관심과 선호를 이끌어내는데서 전략적으로 실패한 것이 아닐까 한다.

2. 왜곡된 지방자치제도구조속에서의 지방의회개혁과 성과논란

지방자치분권과 균형발전정책에 관한 특별법에서 지방의회제도개혁에 관한 부분을 조명해서 보면 다음과 같다. 법제38조에서 4가지의 정책수단을 제시하고 있는데, 그것은 자치입법권을 강화하기 위해 조례제정의 범위를 확대하는 것과 지방자치단체의 주요정책에 대한 심의의결권을 확대하는 것, 지방의회의 전문성을 높이고, 지방의회 소속 공무원에 대한 지방의회의장의 인사에 관한 독립적인 권한을 강화하는 것, 지방의회의원과 장의 선출방법 개선과 선거구에 대한 합리적 조정 등을 제시하고 있다.

<표3> 지방의회활성화관련 정책의 논리구조

정책문제	
정책목표	지방의회의 활성화 지방선거제도의 개선
정책수단	- 자치입법권을 강화하기 위해 조례제정의 범위를 확대하는 것 - 지방자치단체의 주요정책에 대한 심의의결권을 확대하는 것 - 지방의회의 전문성을 높이고, 지방의회 소속 공무원에 대한 지방의회의장의 인사에 관한 독립적인 권한을 강화하는 것 - 지방의회의원과 장의 선출방법 개선과 선거구에 대한 합리적 조정 선거공영제확대

여기서, 정책의 논리구조를 기준으로 하여 지난 2021년의 지방자치법 전부개정에서 나타난 지방의회개혁과 관련된 성과를 조명해보자. 먼저 지방자치법 28조에서 자치입법권을 강화하였다고 하면서, '법령의 범위 안에서'를 '법령의 범위에서'로 개정하였고, 2항을 신설하여, '법령에서 조례로 정하도록 위임한 사항은 그 법령의 하위 법령에서 그 위임의 내용과 범위를 제한거거나 직접 규정할 수 없다'로 한 것을 들고 있다.

법령의 규정이 없다고 하면 조례를 자치적으로 제정할 수 없다고 하는 자치권에 대한 전래설의 관점에 있던 것을 '법령의 범위에서'라고 함으로, 법령에 위반되지 않는다고 하면 조례를 자치적으로 제정할 수 있도록 한 것을 성과라고 한 것이다. 그리고 '법령에서 조례로 정하도록 위임한 사항'에 대해서는 그 법령의 하위 법령에서 그 위임의 내용과 범위를 제한하거나 직접 규정할 수 없다고 하여, 조례제정권한을 법률에서 위임하였는데도 행정부령이나 지침으로 조례제정권을 제한하던 것을 없앴다고 하는 점에서 성과라고 한 것이다.

물론 이러한 규정이 없는 것보다는 조례제정의 권한이 확장된 것은 사실이나, 여전히 조례제정권이 고유권설의 입장에서 지방자치입법권이 인정된 것은 아니라는 점에서 한계라고 할 것이다. 지방의회가 자치입법권을 우선적으로 가진다는 자치권을 가진 조직으로 되기 위해서는 국회와의 관계에서 입법권에 대한 분권이 필요할 것이다.

둘째 이번 지방의회에 관한 개혁이라고 한 것 중에, 제103조 지방의회 인사권의 독립에 관한 것으로 의회사무처 소속의 사무직원에 대한 임용권을 단체장에서 의회의장으로 바꾼 것이다. 즉 103조 2항에서 '지방의회의 의장은 지방의회 사무직원을 지휘 감독하고, 법령과 조례, 의회규칙으로 정하는 바에 따라 그 임면, 교육, 훈련, 복무, 징계 등에 관한 사항을 처리한다'고 한 것이다.

이것은 지방의회가 하나의 자율적 조직이라고 하면, 당연히 가져야 할 권한이었을 것인데, 지방의회를 지방자치단체의 하부조직으로 여기고 있었던 단체자치 패러다임에 입각한 인식에서 유래한 것이었다. 당연히 지방자치제도의 제대로 된 도입이었다고 하면, 개정되었어야 할 것인데, 강단체장-약의회의 구조로 인해 왜곡되었던 것을 정상화한 것이라고 해야 할 것이다.

셋째로, 지방자치법 제41조에서 정책지원지원인력도입에 대한 제도를 새롭게 도입한 것이다. 즉 모든 의회에서 의원정수의 1/2범위에서 정책지원 전문인력 운영이 가능하도록 한 것이다. 의회의 전문성을 높인다는 것에는 의회마다 지역마다 그 방식이 다를 수 있다. 즉 광역의회에서의 전문성을 높이는 방안과 기초의회에서 전문성을 높이는 방식은 다를 수 있는데, 그 이유는 각 의회의 조직규모나 구조가 다르기 때문이다. 즉 특별시와 경기도와 같이 규모가 큰 광역의회에서는 의원수가 많기 때문에 의원들의 전문성을 높일 수 있는 지원인력이 필요하지만, 광역시의 자치구에서는 의원수가 10명 이내여서, 의회 사무국의 정책분석에 대한 전문성을 높이는 것이 방법일 수 있다.

그럼에도 불구하고, 지방의회의 전문성을 높인다고, 획일적으로 광역이든 기초이든, 그리고 의원수가 많든 적든 '의원수의 1/2을 정책전문인력'으로 채용하고, 그것도 일반직 공무원으로 한다고 해 놓고, 실제로는 시간제공무원이나 임기제공무원으로 채용하고 있어, 과연 지방의회의 전문성을 높이는 성과를 낼 수 있을 것인가 지켜보아야 할 일이다. 각 의회마다 그 성과가 다를 수 있을 것이 예상된다. 자칫 이 제도의 운영과정에서 투명성이나 공정성, 그리고 청렴성과 전문성확보가 제대로 되지 않는 사례들이 나타난다면 제도도입의 성과를 훼손할 개연성이 있다.

3. 계층단위에 따른 지방의회의 바람직한 모습

지방의회는 대의제의회인가 총회제의회인가에 따라서 지방의회의 구성방식이나 운영방식에서 차이가 크다. 또 총회제의회와 대의제의회의 관계를 어떻게 설계하는가에 따라서도 바람직한 의회의 모습이 크게 달라지게 될 것이다.

예를 들어 한국의 지방자치제도처럼 단체자치 패러다임에 의하여 자치제도를 설계할 때는 중앙정부의 행정부와 지방자치단체의 집행부간의 자치권에 대한 분권이 이루어지는 것이기에, 지방의회와 국회가 역할분담이나 입법권의 분권에 대한 논의가 생략되어 있는 것이다.

결과적으로 지방의회는 지방자치단체의 집행부에 대한 견제와 균형을 잡아주는 역할로서의 기능이 기대되기에, 지방자치단체의 정책이나 행정의 구체적인 부분에 대한 전문성을 굳이 요구하지 않아도 되는 것이다. 단지, 집행부의 행정관리나 정책관리로 인하여, 시민들에게 불편이나 손해를 끼쳤을 경우에 한해, 감사와 평가의 영역에서 전문성을 가진 조직으로서의 역할이 기대되는 것이다.

반면, 지방자치의 자치권이 지역이나 지방에서 고유하게 가지고 있다고 하는 고유권설에 의할 경우, 지방의회는 그 지역에서 발생하는 공공문제에 대한 입법권과 집행권을 동시에 가질 것이 기대되고, 이를 위해 '주권자인 주민'들이 모두 참여하여 의사결정하는 회의체를 운영하여야 하는 것이다. 이것을 총회제 지방의회라고 할 수 있고, 이것은 토크빌의 미국의 민주주의에서 말하는 타운미팅(TM)형 지방정부를 의미한다.

이 총회형 정부는 보다 광역에서 공공문제를 다룰 정부가 존재하지 않기 때문에, 주권자인 주민들의 생활문제와 사회문제, 공공문제를 다루는데 필요한 의사결정과 그 결정을 집행할 집행체가 필요하게 된다. 의사결정은 주권자인 주민들이 모두 참여하여, 공공문제와 관련된 입법과정에 참여하고, 그 법을 집행하는 과정에 참여함으로써, 지배자이면서 피지배자로서의 역할을 수행하게 된다.

입법과정은 전문성을 요할 수 있기 때문에 입법위원회를 만들어서 기초적인 입법(안)을 만들어서 총회에서 설명하고, 투표로 의사결정을 하게 된다. 또 1년단위로 구성되는 집행위원회가 있어서, 1년동안 그 지역공동체에서 처리해야 할 사업이나 사무들에 대해서 집행에 대한 책임을 지고, 1년후에 총회에서 그 결과와 성과를 보고하고 총회의 동의를 받아야 할 것이다. 또 필요하다면, 행정관리의 전문성을 확보하기 위하여 매니저를 스카웃하고, 그 매니저를 중심으로 행정관리를 분담하는 조직을 둘 필요성도 있을 것이다.

그렇더라도 총회형 정부에서는 매니저와 소속 행정조직은 집행위원회의 지휘와 통제를 받아야 하고, 집행위원회는 1년단위로 총회에서 새롭게 선출되어져야 할 것이다. 또 이외에도 도로관리, 학교관리, 환경관리, 공간계획관리 등 다양한 지역의 공공서비스를 공급하는 의사결정과 집행을 담당할 위원회를 만들고, 그 위원회에 주권자인 주민들이 직접 참여하여 위원회와 부서를 관리하여야 할 것이다.

또 총회형 정부는 주권자인 주민들이 참여하는 비율이 점점 낮아질 수 있는데, 이를 위해서 대의자를 선출해서 이들로 하여금 총회에서 대신 투표하게 할 수 있을 것이다. 그 대의자들은 주권자인 주민의 위임을 받는 만큼의 투표수를 가지고 총회에 참여하게 될 것이다. 이것을 대표형 타운미팅(RTM)이라고 한다.

총회형 정부가 처리하기 어려운 공공문제를 처리하도록 하기 위하여 광역지방자치단체를 둘 수 있다. 이것이 미국의 경우에는 카운티 정부이고, 이는 주정부의 행정구역을 관리하는 하부행정구역이면서,

주권자인 주민들이 참여하는 자치정부이기도 한 것이다. 그러나 어디까지나 카운티 정부는 주정부의 하부행정구역으로서 주정부로부터의 통제를 받는다는 점에서 자치정부로서의 시정부(city-government)와는 다르다고 해야 할 것이다.

한국에는 풀뿌리 근린정부라고 할 수 있는 이러한 총회형 정부가 설계되어 있지 않다. 이 점에서 한국의 지방자치의 계층제도의 바람직한 모습은 첫째, 국가와 지방의 역할분담과 정부간 분권이 필요하다. 국가는 중앙정부라고 할 수 있고, 지방은 권역별 지방정부를 구성하여, 권역별 지방정부는-예를 들어, 수도권(강원포함), 중부권, 남부권(혹은 남부동권, 남부서권)- 국회로부터의 입법분권과 행정부로부터의 행정분권(지역 혹은 지방관련의 모든 조직은 권역정부로 이관)을 한다. 권역정부의 기관구성형태는 대의제 의회이다.

둘째, 권역정부는 그 관할권역을 일정한 균질적 공간으로 나누어서 권역정부의 행정구로 한다. 그리고 그 행정구에는 위원회형의 기관구성형태를 두어서, 위원들은 권역정부가 공무원을 파견하여 임명할 수도 있고, 그 행정구에서 선거로 선출할 수도 있게 한다. 즉, 행정구의 기관구성형태는 위원회이다.

행정구는 도시화된 곳도 있고, 농산어촌형의 공간일 수도 있다. 이 행정구에 해당하는 곳이 현재의 시나 군이 해당할 수 있을 것이다. 이렇게 되면, 현재의 도는 폐지하고, 시와 군, 자치구가 직접 권역정부로부터 자치권을 부여받는 형태가 될 것이다.

셋째, 근린정부는 기본적으로 자치정부이다[4]. 총회형의 기관구성형태를 가진다. 단 근린정부가 도시화로 인하여 그 규모가 커져서, 더 이상 총회형의 정부운영이 불가능할 정도로 규모가 커지게 되면, 불가피하게, 대의제형 기관구성형태를 취할 수밖에 없을 것이다.

총회형 정부가 기본형태이기 때문에 한국에서 근린정부는 그 규모가 리단위나 대표형타운정부라면, 읍면정도의 단위가 될 수 있을 것이다. 도시지역은 자치구단위가 하나의 대의제 지방정부로서 운영하거나, 대도시화된 것은 자치구단위의 지방정부들이 통합된 형태의 대도시정부가 되어, 역시 대의제 지방의회의 형태를 취하게 되고, 그 하위계층에 시민들이 참여하는 근린의회의 형태를 두어서, 대도시정부에 대한 참여조직으로서의 역할을 하도록 하게 할 수 있다. 21세기에 LA시나 시카코시 등에 설치된 커뮤니티 의회가 이에 해당하는 것으로 볼 수 있다.

다시 말해, 지방의회제도는 지방자치제도의 계층구조에 따라서 다양한 형태의 의회를 구성할 수 있어야 한다. 한국의 경우에는 지방의회라고 하면, 대의제 의회만을 상정하고, 그것도 집행부와 대립형의 관계를 가지는 것이어서, 다양한 형태의 지방의회를 자치제도로서 도입하고 있지 못한 것이 자치정책의 실패로 이어지는 측면이 있을 수 있다.

4 도시자치가 가능한 곳은 자치정부로 독립시켜주고, 도시가 아니지만 자치를 하고 싶은 곳은 자치공동체 혹은 자치구로서 다양한 형태의 자치를 가능하도록 해준다.

Ⅲ. 지방의회제도개혁의 한계와 문제점

1. 지방자치법전부개정이후의 한계

2021년 지방자치법 전부개정을 통하여 지방의회 사무국 직원에 대한 인사권이 의회의장으로 이관되었지만, 의회사무국에 대한 조직권이 부여되지 않아, 실질적인 의회사무기구의 운영에 문제점이 많다.

행정수요와 지방의 예산규모가 증가하고 있어, 지방자치단체의 조직은 대폭 확대되었지만, 집행부를 견제하고 감시하는 지방의회의 사무기구와 직급기준은 고정되어 있어, 제대로 의회사무기능을 수행하기 어렵다는 것이다.

특히 시군구의회의 경우에 이러한 현상이 심각하게 나타나고 있다. 의원정수 10명미만과 10명미만의 시군자치구 의회의 경우, 사무국을 설치할 수 없어, 5급 사무과장이 최고직급이 되어 있는 것이다. 시군구 지방자치단체에는 4급 국장이 다수 있는데, 5급 사무과장이 지방의회 고유기능인 견제와 감시가능을 수행하기 어렵다는 것이다. 226개의 시군구 지방의회 중에서 108개가 이에 해당한다는 것이다. 이렇게 의회사무국의 직급구조와 집행부의 직급구조를 비대칭적으로 해두면서 집행부에 대한 견제와 감사를 하라는 것은 제도설계상의 하자라고 볼 수 있다.

이 시점에서 의원정수 10명 미만의 시군구 지방의회의 경우는 기관

통합형으로 제도설계 되었어야 할 것이다. 이렇게 되면, 지방의회와 집행부가 협력하여 지역주민들의 공공서비스를 제공하는데 중점이 두어졌을 것이고, 시군구 지방의회에 대해서는 정당공천제를 폐지할 수 있었을 것이다. 지방의회는 오직 주권자인 주민만을 바라보고, 의정활동을 할 수 있는 제도적 설계가 새롭게 되어야 한다. 또 10명 미만의 시군구 지방의회의 경우는 굳이 상임위원회를 둘 필요도 없고, 전문위원을 둘 필요도 없다. 그 지역의 주민이나 지역소재 혹은 인근의 대학이나 연구기관에서 정책과 행정에 대한 전문적 자문을 해 줄 수 있는 자원봉사형 전문위원을 활용하는 제도로 가야 한다. 이것이 의회 논의안건에 대한 개방성을 확보할 수 있는 방안이기도 하다.

<표4> 기초의회 사무기구 직급 현황

	의원정수10명 미만 인구10만명 미만	의원정수10명이상		인구 100만명 이상
		인구10만명 이상 50만명미만	인구50만명 이상 100만명미만	
현재의회최고 직급	사무과장(5급)	사무국장(4급)	3,4급 복수직급	사무국장(3급)

출처: 윤소은(2023:47)

다음으로 의원정수 10명이상 및 인구 10만이상의 시군구의회 사무국의 인력구조에 관한 문제점이다. 즉 사무국장으로 4급이 있지만, 중간관리자로서 5급에 해당하는 과장이 없다는 것이다. 그리하여, 의원들의 업무와 직원들의 복무를 사무국장이 혼자사 관리하고 있어 업무가 과도하고, 사무국장 부재시에는 시 집행부의 회의에 6급이 참석할 수밖에 없다는 것이다. 이런 인력구조의 불균형속에서 대등하게 집행부 관련의 업무를 진행할 수 없다는 것이다. 이에 해당하는 지방자치단체가 114개에 이르고 있다.

다음으로 의회사무국의 조직구조와 관련한 문제점으로서는 인구가 동일한 시와 군임에도 불구하고, 시에는 국을 설치가능하고, 군에는 국을 설치할 수 없도록 되어 있는 점이다. 즉 의원정수 10인이상 및 인구 10만미만의 시군자치구 중에서 시와 군이 실국 설치 기준에서 차별적으로 적용되고 있다는 것이다.

다음으로 인구 100만이상의 시의회로서 수원, 고양, 용인, 창원시가 있는데, 이들은 인구규모가 광역시급에 해당함에도 사무국장 3급아래에 1담당관만을 두도록 되어 있어, 실질적 보좌역할을 하기 어렵다는 것이다[5]

이외에도 기초시군구의회의 경우 전문위원의 직급은 5급과 6급으로 되어 있는데, 상임위원회별로 전문위원이 1인이 독자적으로 업무를 수행하는데도 불구하고, 직급을 차등적으로 부여하고 있는 것도 직무급이란 관점에서 문제가 있다.

인구감소시대에 지방자치단체의 인구는 점점 고령화되고, 줄어들게 된다. 지방자치단체의 재정적 역량이나 인적 자원의 역량이 감소할 수밖에 없다. 이러한 시대변화에 적응하기 위해서는 획일적인 시군구 기관대립형 지방자치제도에 고착되어 있어서는 중앙정부에 의한 통합압력을 받지 않을 수 없게 될 것이다. 왜내하면, 중앙정부의 재

5 수원시의 인구는 1,184,996이고 이는 울산광역시 인구 1,119,446 보다 많음. 고양시가 1,078,772이고, 용인시가 1,076,339이며, 창원시가 1,030,311임(2022년 2월 현재)

정관리를 하는 입장에서는 재정적 역량도 안 되는데, 무슨 자치권을 행사하느냐고 압력을 가할 것이기 때문이다. 현재도 지방자치단체의 재정자립도가 30%도 되지 않는 군 지방자치단체의 경우에는 더욱더 중앙정부의 재정에 의존하지 않을 수 없는 지방행정을 하고 있는 것이다. 고령화가 심화되고, 대학청년층의 사회적 이동이 심화되면서, 지역의 고령화가 30%를 넘게 되는 지역에서는 중앙정부의 재정지원 없이는 지방자치단체의 유지가 어려운 재정위기를 겪게 될 것이다.

획일적인 중앙정부가 세운 기준에 따라서 5급 전문위원이 없다느니 주장하는 것 자체가 자치역량이 없다는 것이고, 중앙정부가 세운 기준에 종속되고 있다는 증거이다. 인구감소위기와 재정위기에 직면하는 지방자치단체는 혁신적이고 창의적인 발상의 전환이 필요하다. 지방자치제도에 있어서도 기존의 패러다임에 의존한 지방자치제도가 아니라, 창의적 자치방식을 찾아내어야 한다. 그것은 총회형의 지방정부를 기획한다든지, 통합형의 지방정부로의 전환을 통해, 지방의회의 역량을 새로운 패러다임에 따라서 함양해야 한다. 총회형의 지방정부는 주권자인 주민들이 직접 결정하고 직접 집행도 하는 것이므로, 지방정부 운영의 예산을 획기적으로 대폭 절감할 수 있다. 또 통합형의 지방정부의 경우는 굳이 지방의회사무국을 별도로 두고, 집행부를 감시하지 않아도 된다. 오히려 지방의원들이 집행부의 단체장과 부서장을 겸임함으로써, 지방자치단체 공무원의 조직역량을 그대로 활용할 수 있는 것이다. 또 지방의원들도 자원봉사 내지는 시간제 유급 자원봉사를 통하여 지방재정의 부담을 획기적으로 줄일 수 있다.

요컨대, 지방의회사무국에 대한 인사권을 지방자치단체장에서 지방의회의장으로 가져와서 인사권의 독립을 이루었다고는 하지만, 여전히 자치 조직권을 가지고 있지 못하여 지방의회역량을 제고하는 것에 한계를 가지고 있음을 알 수 있다. 왜 이런 현상이 생겼을까? 그것은 지방자치제도의 설계시에 자치에 대한 철학과 사상이 부재하였기 때문이 아닐까 한다.

2. 중앙지방협력회의 속에 나타난 지방의회의 위상

다음으로 지방자치법의 전부개정을 통하여 지방의회의 역량과 위상을 제고하였다고 함에도 불구하고, 여전히 중앙-지방 정부간 관계 속에서는 지방자치의 중심이 지방자치단체장이고, 집행부를 중심으로 지방자치에 대한 협력과 논의가 이루어지고 있으며, 지방의회는 여전히 홀대되고 있음을 알 수 있다.

이것도 역시 지방자치제도의 설계에서 지방의회를 바라보는 관점과 철학에서 여전히 국가중심적이고, 대통령과 행정부 중심으로 지방자치단체를 관리하고 통제한다는 사고방식에서 벗어나지 못하고 있다는 것을 알 수 있다. 자치분권의 논의도 행정분권에 한정되어 있어, 입법분권에 대한 논의로 전환하지 못하고 있기 때문에 지방의회의 위상과 역할이 지방자치행정에 부속되어지는 것에 한정되고 있는 것이 아닌가 한다.

이러한 현상을 단적으로 보여주는 것이 이번 지방자치법의 전부개정을 통하여, 새로운 법률로서 중앙지방협력회의법이 제정되었는데, 그 내용을 살펴보면 알 수 있다. 이를 구체적으로 살펴보면 다음과 같다.

중앙지방협력회의법은 2021년 7월에 제정되어, 2022년 1월부터 시행되었다. 국가와 지방자치단체가 상호 대응하고 협력적인 관계를 통하여, 지방자치발전과 지역간 균형발전정책을 효과적으로 추진하기 위하여 만든 법률이다. 중앙지방협력회의를 통하여, 1)국가와 지방자치단체간의 협력에 관한 사항 2)국가와 지방자치단체의 권한 사무 및 재원의 배분에 관한 사항 3)지역간 균형발전에 관한 사항 4)지방자치단체의 재정 및 세제에 영향을 미치는 국가 정책에 관한 사항 5)그 밖에 지방자치발전에 관한 사항 등에 대해 심의하는 기능을 가진 조직이다.

문제는 중앙-지방간의 지방자치와 지방정책에 대한 논의를 하는 이 기구의 구성원에 대한 부분에서 지방의회에 대한 경시가 눈에 확연히 띈다. 중앙지방협력회의의 구성현황을 보면, 중앙정부측의 참석인원이 9명, 지방정부의 집행기관측이 18명이 참여하는데, 지방정부의 지방의회측은 2명에 불과하다. 철저히 집행기관 위주로 중앙지방협력회의의 구성원이 짜여져 있는 것을 알 수 있다. 또 의장단에서도 중앙정부측에서 대통령이 의장이고, 공동부의장으로서 국무총리로 하면서, 지방정부측에는 공동부의장으로서 시도시자협의회장만을 두고 있다. 지방정부의 지방의회측에서는 의장단에 참여하고 있지도 못하다.

<표5> 중앙지방협력회의의 구성현황

구분	중앙정부	지방정부(집행기관)	지방정부(지방의회)
참석구성원	대통령, 국무총리, 기획재정부장관, 교육부장관, 행정안전부장관, 국무조정실장, 법제처장, 국가균형발전위원장, 자치분권위원장	특별시장, 광역시장, 특별자치시장, 도지사, 특별자치도지사, 시장군수구청장협의회장	시도의회의장협의회장, 시군자치구의장협의회장
참석인원	9명	18명	2명
의장단	의장: 대통령 공동부의장: 국무총리	공동부의장: 시도지사협의회장	해당없음

출처: 안종일(2023:25)

이러한 구조는 중앙지방협력회의에 상정할 안건을 사전에 조정하고, 의장으로부터 받은 지시사항을 처리하기 위한 실무협의회의 구성에서도 마찬가지임을 알 수 있다. 즉 실무협의회의 구성에서도 나타나는데, 중앙정부측에서 9명, 지방정부의 집행기관에서 18명, 그리고 지방정부의 지방의회측에서 2명으로 되어 있다. 실무협의회의 위원장은 행정안전부 장관과 시도지사협의회장이 지명하는 자로서 총2인으로 공동위원장으로 구성하도록 되어 있고, 역시 지방의회측은 참여가 배제되고 있다.

다시 말해, 중앙-지방협력회의는 중앙정부의 집행부와 지방정부의 집행기관간의 협력과 소통을 위한 기구이고 지방정부의 지방의회는 참관자 정도의 비중을 가진 것으로 보인다. 중앙정부와 지방정부간의 협력을 하는데, 왜 이렇게 지방의회가 홀대되고 있는 것일까? 지방자치는 지방민주주의이고, 지방자치제도의 핵심적이고 본질적인 기관이 지방의회라고 하는데, 다시말해, 지방의회가 없이는 지방자치가 성립하기 어려운 것이 민주주의 국가의 헌법구조인데, 왜 이런 현상이 나타나고 있는 것일까?

이것은 전통적으로 한국의 지방자치제도의 설계가 국가전래설 혹은 중앙정부의 집권적 행정의 패러다임에 입각하여 이루졌었다는 것을 드러내는 증거라고 할 수 있다. 이를 보건대, 한국의 지방자치가 34년이 되었어도 자치답게 되기보다는 더 의존적인 지방자치가 되어 버린 역설(paradox)를 설명하는 증거라고 할 수 있다.

그렇다면 한국의 지방자치의 성공을 위해서는 지방의회에 대한 위상과 역할 그리고 역량이 우선될 수 있는 지방자치제도의 재설계(redesign)이 필요하다. 지방자치법에서 지방의회를 분법한다고 할 때, 단순히 지방의회 관련의 조문들만을 따로 떼어내어, 단체자치 패러다임하의 지방의회의 기능과 역할을 조금 제고하는 것만으로는 이 문제를 해결할 수 없다는 것이 자명하다. 그렇다고 하면, 지방의회법을 분법한다고 하면, 먼저 지방자치법에 대한 자치제도의 설계를 주민자치 패러다임에 입각한 지방자치법으로 개혁하고 재설계하는 것이 먼저일 것이다. 그 다음에 주민자치 패러다임에 입각한 지방자치법에서 지방의회에 대한 부분을 보완하고, 특별히 추가적 으로 규정할 부분을 지방의회법으로 보완입법을 하는 것이 필요하지 않을까 한다.

3. 여전히 단체자치 패러다임에서 벗어나지 못한 지방자치법

2021년에 전부개정된 지방자치법에는 여전히 단체자치 패러다임의 조문들이 그대로 남아 있다. 예를 들어 지방자치법 제114조 지방자치단체의 통할대표권이란 조문에서 '지방자치단체의 장은 지방자치단체를 대표하고 그 사무를 총괄한다'라고 되어 있다. 문제가 되는 것은 지방자치단체의 대표권에 대한 것과 지방자치단체의 사무를 총괄한다는 규정이다. 이것은 전형적으로 중앙정부로부터 지방자치단체에 대하여 자치권을 부여하되, 그 수권자로서 지방자치단체장으로 함으로써, 지방자치제도를 도입하기 이전에 중앙-지방의 권력관계를 지속하겠다는 내용으로 보인다.

먼저 지방자치단체의 대표권에 관해서 보면, 지방자치단체장에게 그 지방자치단체를 대표하는 규정을 두고 있는데 이것은 지방자치법 제37조의 '지방자치단체에 주민의 대의기관인 의회를 둔다'는 서로 충돌 된다. 대의기관이란 대의제도(representative system)에 의한 기관으로서 유권자로부터 선거에 의해 선출된 의원들로 하여금 의회를 구성하고, 그 의회를 통하여 정치에 참여하게 하는 제도이다. 즉 의회가 유권자의 대표하는 기관이고, 의원들이 개별적 유권자들을 대표하여 입법에 간여하는 사람이다.

반면에 지방자치단체장은 원래 지방자치법 제116조에 의하여, 사무의 관리 및 집행권을 가지고 있는 것이다. '지방자치단체의 장은 그 지방자치단체의 사무와 법령에 따라 그 지방자치단체의 장에게 위임된 사무를 관리하고 집행한다'이다. 즉 지방자치단체의 장은 지방자치단체의 사무를 관리하고 총괄하며, 집행하는 역할이지, 유권자의 의사를 대의(代議)하는 기관은 아닌 것이다. 만일 지방자치단체장이 그 지방자치단체를 대표한다고 하는 것은, 지방의회의 의원이면서 전체의 선거구에서 선출된 대의원으로서 다른 의원들이 지역구의 부분적 의사를 대표한다고 하는 것보다 우월한 위상을 가지는 것으로 보아야 하는 것이다. 그리고 전체의 선거구에서 뽑은 지방의원으로서의 역할에 더하여, 지방자치단체의 사무를 총괄하는 집행권이 부가된 것으로 보아야 할 것이지, 지방자치단체장이 지방의원으로서의 위상없이 단지 지방자치단체를 대표하는 것은 아니라고 보아야 할 것이다. 지방자치의 고유권설에 의한 해석이라면 이렇게 해석하여야 할 것이다.

그런데, 지방자치의 국가전래설에 의하여 해석하게 되면, 지방자치단체장은 국가로부터 지방자치행정을 대표하고, 그 사무를 총괄하는 직위로서 권한이 부여되어졌다는 의미를 가지게 되고, 지방의회와는 대립하고 충돌하여도 되는 그런 역할 이미지를 가지게 된다. 이것은 지방자치단체장의 역할에 대해 지방의회와 대립하는 역할이 주된 이미지로 심겨지게 되어, 결과적으로 지방자치단체의 기관구성에서 구조적으로 대립형을 선호하게 되는 결과를 초래하게 된다.

2021년 지방자치법의 전부개정을 통하여 기관구성다양화로서 기관통합형도 가능하게 한다는 의미는 단지 지방의회와 지방자치단체장간의 역할을 협력하도록 하는 기관구성을 하겠다는 의미에 더하여, 중앙정부로부터 자치권이 전래되었던 수권자로서의 지방자치단체장의 위상을 내려놓겠다는 의미가 들어 있는 것이다. 자치분권을 진정으로 하고자 하는 중앙정부의 의지가 있다고 하면, 지방자치법 114조의 지방자치단체의 장은 그 지방자치단체를 대표하는 것이 아니라, 지방자치단체의 집행권을 책임지는 역할을 부여하는 것이 타당할 것이다. 그래야, 지방의회는 유권자의 대의기관으로서 그 위상과 역할을 회복할 수 있게 될 것이고, 지방자치단체장도 지방의회의 의원의

한 사람으로서 그 정체성을 회복할 수 있을 것이다. 결과적으로 지방의회에서 다양한 이해관계를 조정하고 타협시키는 역할을 지방자치단체장이 해야 하는 것이고 그러한 합의의 결과를 가지고 집행시키는 책임을 가지는 복층적(two-tier) 역할을 수행해야 할 것이다.

이외에도 현재의 지방자치법이 하향적으로 설계되었다는 것은 여러 조문에서 발견된다. 제1조에서 지방자치법의 목적이 '지방자치단체의 종류와 조직 및 운영, 주민의 지방자치행정 참여에 관한 사항' 그리고 '국가와 지방자치단체사이의 기본적인 관계'을 정한다고 하고 있는데, 주된 법률의 대상이 '지방자치단체'라는 것이다. 자치권의 주체는 사람인 주민이어야 하는 것인데, 주민은 단지 지방자치행정에 '참여'하는 역할에 한정되고 있는 것이다.

다음으로 지방자치단체의 종류도 주민들이 공유생활 혹은 공공생활을 하는 근린구역에 대한 자치가 보충성의 원칙에 따라 먼저 정의되고 있지 않고 있으며, 주권자로서 총회형의 지방의회에 참여하는 민주주의의 학교로서의 근린자치에 대한 규정이 빠져 있다. 다시 말해, 현재의 지방자치법은 주민자치 패러다임에 의한 실질적인 지방자치의 경험을 할 수 있는 제도적 설계가 결여되어 있는 것이다.

요컨대, 지방자치제도에 있어, 주민자치 패러다임에 의한 지방의회로서의 위상과 역할, 운영방식에 대한 부분이 빠져 있어, 현재의 지방자치법은 자치법으로서도 반쪽짜리 자치제도라고 할 수 있다. 즉 주민이 근린구역에서 자치를 생활속에서 경험할 수 있는 기회가 박탈된 자치제도라고 할 수 있다. 지방의회의 분법 이전에 먼저 지방자치제도가 주민자치 패러다임에 의한 입법분권이 이루어지고, 입법분권 제도하에서 지방의회의 역할과 위상이 재논의되어야 하지 않을까 한다.

Ⅳ. 지방의회법의 분법과 내용 방향

1. 국회법에 상응하는 분권분법 : 헌법규정으로부터의 분법

국회법은 헌법에 규정된 제3장 국회의 분법이라고 볼 수 있다. 이미 헌법에서 국회에 관한 규정으로서 제40조부터 65조까지 26개의 조문을 가지고 있다. 그 내용을 보면, 입법권의 소재(제40조), 국회의원의 수와 선거(41조), 국회의원의 임기(42조), 국회의 정기회와 임시회(47조), 국회의장과 부의장(48조), 회의공개(50조), 법률안제출권(제52조), 예산안심의확정(제54조), 조세세목과 세율(제59조), 국정조사권(제61조), 국무총리 및 국무위원해임건의(63조), 규칙제정권(제64조), 탄핵소추(제65조) 등이다.

즉 이미 헌법에서 국회의 권한과 조직, 운영에 관한 규정을 가지고 있는 것이다. 그럼에도 불구하고, 국회법을 제정하여, 보다 구체적인 조직이나 운영, 그 외의 국회에 관련된 사항을 규정하고 있는 것이다.

다시 말해, 헌법과 국회법의 관계에서 분법이라고 하여, 헌법에서 국회에 관련된 조항들을 모두 삭제하는 방식으로 한 것이 아니라, 국회 조직과 운영, 그 외의 필요사항에 대하여 보다 구체화하고 보완하는 규정들을 싣고 있는 것이다.

여기서 지방자치가 전래권설에 의한 단체자치의 패러다임이 아니라, 고유권설에 의한 주민자치 패러다임에 의하여, 지방의회법을 제정한다고 하면, 헌법 제8장의 지방자치- 이 조항들은 단체자치의 패러다임에 의하여, 지방자치를 행정사무를 지방에서 처리하기 위하여 규정을 제정할 수 있고(헌법제117조), 의회를 둔다(제118조)로 되어 있어, 여기서의 의회란 행정사무를 처리하는 것에 대한 견제하는 기관으로서의 의미를 가진 것이지, 입법권을 분권하는 권한을 가진 기관으로서의 의회가 아닐 수 있는 것이다.

이 점에서 지방의회기본법을 제정한다고 하면, 그 헌법적 근거를 제40조 입법권에서 찾고, 그 입법권을 국회와 지방의회가 역할분담에 의하여 나눈다고 하는 의미로서 제정되어야 할 것이다. 자치분권형 헌법구조라고 하면, 지방의회에서도 그 지역에 한정된 구속력을 가지는 지방법률을 제정할 수 있는 권한을 가지도록 해야 할 것이다.

이 점에서 지방의회기본법을 제정한다고 할 때, 현재의 지방자치법에서 관련 규정을 모두 들고 나오는 분법이 아니라, 헌법의 제3장 국회 관련 규정과 제8장 지방자치 관련 규정으로부터의 분법이 되어야 할 것이다.

여기서 참고로 국회법이 헌법으로 어떤 방식으로 분법되어 있는가를 살펴보자.

국회법은 제1조의 목적에서 국회의 조직, 의사, 그밖에 필요한 사항을 규정함으로써, 국민의 대의기관인 국회의 민주적이고 효율적인 운영에 기여함을 목적으로 한다고 되어 있다. 그러면서, 국회법의 장 구성을 보면, 국회의 기관과 경비(제3장), 의원(제4장), 교섭단체 위원회와 위원(제5장), 회의(제6장), 회의록(제7장), 국무총리 국무위원 정부위원과 질문(제8장), 청원(제9장), 국회와 국민 또는 행정기관과의 관계(10장), 탄핵소추(제11장), 사직 퇴직 결원과 자격심사(제12장), 질서와 경호(제13장), 징계(제14장), 국회회의방해금지(제15장) 등으로 구성되어 있다.

법조문을 살펴보면서 느낀 소감은 국회법이라고 하면서, 그 조직이나 의사에 대한 것은 국회내의 규칙으로 정해도 되는 것이지 않을까 하는 생각이었다. 1장 총칙에서 규정한 것이 당선통지, 의석배정, 정기회와 임시회, 연간국회운영 기본일정, 개회식 등에 대한 것이어서, 총칙은 그 법의 전체적 내용의 뼈대에 해당하는 것이 규정되어거나 그 법률의 본질에 해당하는 가치 등이 규정되어야 할 것인데, 여기서 규정된 것이 국회법의 뼈대에 해당하는 것인가하는 생각을 하게 된다.

또 국회법의 각 장별 내용들은 이미 지방자치법에서 지방의회에 관한 장(제5장)에서 절 단위로 규정하고 있어서[6] 이것을 지방자치법에서 분법해 버리면, 지방자치법 자체가 무력화되는 현상이 생길 우려가 있다. 이 점에서 지방의회법으로 지방자치법에서 분법하는 하는 것이 지방자치에 긍정적 영향을 미칠지 부정적 영향을 미칠지를 다시 재고해 보아야 할 것이다.

6 제5장 1절에서 조직, 2절에서 지방의회의원 3절에서 권한, 4절에서 소집과 회기 5절에서 의장과 부의장, 6절에서 위원회, 7절에서 회의, 8절에서 청원, 9절에서 의원의 사직 퇴직과 자격심사, 10절에서 질서, 11절에서 징계 12절에서 사무기구와 직원으로 37조부터 104조에 이르기까지 67

2. 주민주권에 입각한 지역전문가의 의회전문위원으로 참여

지방의회법을 새롭게 제정한다고 하면, 지방의회에 대한 관점을 주민주권에 입각한 지방의회가 어떠해야 할 것인가라는 발상의 전환이 필요하다. 지방자치에 대해서도 전래권설에 입각한 지방자치가 아니라, 고유권설에 입각하여 지역의 문제를 '주권자인 주민'이 스스로 의사결정하고, 스스로 입법한 것에 대하여 집행하고 책임질 수 있는 자치권의 순환구조를 가지고 있도록 해야 할 것이다.

지방의회에 대한 종류에서 대의제형 의회와 총회형 의회로 구분된다고 하고, 근린구역단위에서는 총회형 의회가 기본적으로 제도화되고, 주권자인 주민들이 의회조직과 운영에 직접 참여하여 입법자이면서 입법의 지배를 받는 피지배자가로서의 시민성을 가지도록 할 수 있는 지방의회가 되어야 할 것이다.

그러다가 총회형 의회의 운영이 현실적으로 어려워지고, 도시화나 대도시화로 인하여, 직접 의회참여가 현실적으로 어려워질 때, 그 대안조직으로서 '대의제형 의회'로 변혁한다고 하는 의회제도의 발생경로에 대한 체험이 필요할 것이다. 이러한 체험과 경험하에서 대의제형 의회를 운영할 때, 이 제도의 장점과 단점, 한계와 불가피성에 대한 이해를 가지고 의회라는 제도의 운영을 하게 될 때, 의회운영의 전문성과 효율성을 제고할 수 있을 것이다.

예를 들어, 총회형 의회를 운영하게 되면, 집행위원회나 분야별위원회에 주권자인 주민들이 직접 참여하여 의사결정과정이나 집행과정을 참여하게 되면서, 의회운영과 지방자치정부의 운영에 대한 상세한

정보를 가질 수 있고, 이러한 정보로 인하여 보다 현명한 의사결정이 가능하고, 책임있는 결정이 가능하게 되는 것이다

한국에서는 이러한 주권자인 주민이 의회운영과정과 지방자치에 대한 참여에 대한 경험부족과 정보부족으로 인하여 의사결정과정에서 나타날 수 있는 상대에 대한 배려와 포용, 양보와 인내, 신뢰와 가치공유에 대한 경험을 가지지 못함으로써, 의사결정이 양극화되고 상대에 대한 불신과 경쟁, 그리고 관계에서 오는 협력성과 유대성이라고 하는 사회적 자본을 쌓을 기회를 갖지 못한 것이다.

이 점에서 지방의회 기본법이 제정된다고 하면, 시민사회의 본질적 가치를 새롭게 형성하게 하는데 기여할 수 있는 지방의회제도가 될 수 있도록 기본적인 가치와 경험, 그리고 지방자치에 관한 정보의 공유와 공개, 참여자들간의 상호 신뢰의 네트워크가 형성될 수 있는 기반을 만든다는 마음으로 입법되어야 할 것이다. 이 과정에서 진정으로 지방자치와 시민사회의 리더들이 길러질 수 있게 될 것이다.

이것이 가능하기 위해서는 대의제형 지방의회로서는 한계가 있다. 더구나 지방자치단체의 인구규모가 평균 20만명이라고 하는 한국적 현실에서 단순히 지방의회법을 만든다는 것으로 지방의회의 역량이 제고될 수 있을 것 같지 않다. 고비용의 의회운영이 될 가능성이 있고, 의회운영의 관료제화가 심각하게 진행되어, 의회로서의 조직유연성과 개방성, 연대성이 침해될 위험도 있다.

이 점에서 지방의회법이 새롭게 제정된다고 하면, 한국의 지방자치제도속에 총회형 의회제도를 도입할 수 있는 기본법이 되어야 한다. 또 지방의회법에 대의제형 의회제도를 불가피하게 도입하더라도 그

제도설계의 원형은 총회형의회제도의 한계와 장애를 극복하고 넘어서는 대안으로서의 구조물이 들어가도록 해야 할 것이다.

총회형 지방의회는 기본적으로 저비용의 의회운영과정이어야 할 것이고, 그 주권자인 지역주민들이 근린지방정부를 운영하는데, 참여하고, 주인의식을 가지고 전문성을 가진 주민들이 재능기부가 되어질 수 있는 것이어야 한다. 따라서 관료제화된 의회전문위원이 굳이 필요하지 않고, 시민참여형 의회전문위원회가 구성될 수 있어야 할 것이다. 이것은 행정학회나 지방자치학회 등의 운영과정을 참고하면 좋을 것이다. 학회의 분과위원회의 위원장과 위원들은 학회회원들이 자원봉사와 재능기부로서 참여하는 것이지, 이들이 사무국장처럼 급여를 받는 직원으로서 참여하는 것은 아니다.

이 점에서 총회형 지방의회는 1년 혹은 2년의 자원봉사하는 임원들이 집행위원회나 각 분과위원회를 구성하여 운영되는 비관료적 네트워크 조직인 것이다. 물론 불가피하게 각 위원회가 결정한 것을 집행할 수 있는 사무조직으로서 사무국장은 유급직원으로 둘 수 있을 것이다.

3. 초광역권 지방의회의 기관구성을 기관통합형으로

한국의 지방자치제도에서 기관분리형 혹은 기관대립형의 지방자치단체의 기관구성을 가지게 된 논리적인 설명으로서 단체자치 패러다임에 의한 행정부 관리구조를 들 수 있다. 즉 지방자치에 대해서 '행정사무에 대한 자치적 관리'라는 인식구조를 가지고 지방자치제도설계를 접근하다보니, 자치에서 중요한 요소인 정치에 대한 고려를 의식적으로 배제한 것이라고 볼 수 있다.

그리고 지방정치에 대한 부분은 지방자치단체의 장에 의하여 관리 혹은 중앙정부의 정당에 의하여 지방정치를 통제한다는 논리적인 구조가 있었다고 할 수 있다. 즉 지방자치는 지방정치와 지방행정으로 구성되는 것인데, 지방행정을 중앙정부의 행정부가 직접 관리 조정할 수 있는 구조를 전제하는 '단체자치적 분권'으로서 지방자치를 접근하였다는 것이다. 이러한 제도설계는 결과적으로 중앙집권적 행정부 구조를 낳았고, 이것은 다시 수도권에 대한 인구집중과 사회간접자본의 우선적 투자로 이어져서, 대학청년들이 좋은 일자리를 찾아서 서울과 수도권으로 몰려드는 결과를 초래했다.

이것은 비수도권의 대학청년들의 인구유출을 초래하고, 지역소재의 대기업들의 입지가 어렵게 만들어서, 산업구조가 노후화되고 산업역량이 쇠퇴하는 결과를 초래한 것이다.

그렇다면 어디서부터 이 문제를 풀어야 할까? 수도권과 비수도권의 격차가 심해지고, 비수도권내에서도 대도시와 중소도시의 격차가 심해져서, 균형발전정책을 우선해야 한다고 일부학자들이 주장하고 있지만, 중앙정부가 집권화된 행정부를 통해서 격차해소를 위한 국고보조사업을 전개하다보니, 더욱더 중앙집권화된 행정부와 국회가 되어버리는 것이다.

발상의 전환이 필요하다. 지방자치에 대해 왜곡된 인식구조를 바꾸어야 한다. 지방자치라고 해서 획일적인 자치역량이 있어야 하는 것은 아니다. 자치역량에는 개인단위의 자치역량, 공동체단위의 자치역량, 공공자치체단위의 자치역량, 그리고 국가차원의 자치역량으로 구분되어 있는 것이다. 다시 말해 자치역량은 '계층별 차등적 자치'라고 하는 개념을 가지고 접근해야 하고 이것이 가능할 수 있는 것은 중앙정부의 획일적 분권자치정책으로서는 달성할 수 없는 개념이다.

이 문제를 풀기 위해서는 지방자치는 '계층별 자치와 규모별 자치가 차등적으로 역할 분담하는 자치제도'여야 한다. 계층별 자치의 역할분담이라 함은 예를 들어 광역지방자치단체와 기초지방자치단체 간의 역할분담을 명확히하여 배타적인 기능과 역할을 하도록 해야 한다는 것이다. 또 만일 초광역지방정부를 구성한다고 하면, 중앙정부와의 배타적 역할분담과 기능분담이 필요하다. 현재와 같이 중앙정부의 부처안에 지방정책을 담당하는 조직이나 인력, 예산은 초광역지방정부로 이관하여야 하는 것이다. 여기서 초광역지방정부라 함은 초광역권역내에서 독자적 세원을 가지고 지방자치를 할 수 있어야 하고, 이것이 가능할 수 있도록 초광역권내의 주민들로부터 직접 선거로 선출되어져야 하는 초광역권 지방의회가 구성되어야 하는 것이다. 그리고 이 초광역권 지방의회는 중앙정부의 국회와 법률제정권에서의 분권, 즉 입법분권이 이루어져야 하는 것이다.

그리고 초광역지방정부는 기관구성을 통합형으로 하여, 초광역권역의 지역정책을 추진하는데 있어 강력한 집행력을 가지도록 해야 한다. 물론 이것을 견제하고 통제하는 것은 국회나 구성지방자치정부의 지방의회에서 초광역권 지역정책에 대한 참여과정을 통한 거버넌스가 해야 할 것이다.

또 광역지방정부와 기초지방정부의 경우에도 기본적으로 통합형 혹은 총회형으로 기관구성을 하여, 지역문제를 풀어내는데 있어서 지역의 주민의사를 통합하여 조정하고 타협하는 지방정부문화를 만들어야 한다. 풀뿌리 민주주의는 바로 지역내에서의 다른 정책지향이나 이해관계를 서로 공개하고, 토론하면서, 상대의 입장이나 이해관계를 이해하게 되고, 그러면서도 공동체적 발전을 위하여 양보하고, 인내해주고, 믿어주고, 이해해주는 시민사회의 성숙을 위한 절차와 경험이 필요하다.

4. 읍면동의 경우 총회형 지방의회 도입

한국의 지방의회제도는 '중앙집권적 중앙-지방관계속의 강시장형-약의회 구조하의 기관대립형의 지방의회였다. 지방자치제도가 이렇게 중앙집권적구조에서 강단체장의 지방자치정부 구조하에서는 지방의회를 통한 주민주권을 경험하기 어렵다. 그것도 지방자치단체의 장의 위상과 소속이 단지 지방자치단체 행정부의 지휘감독권을 가지는 제왕형 구조에서는 더욱더 주민주권에 입각한 지방자치를 경험하기 어렵다.

미국의 강시장-약의회형 지방정부구조에서 기본적으로 시장은 의회의원으로서의 위상을 먼저 가졌고 집행의 책임을 강화하기 위하여 지방정부 전체의 시민들로부터 선출된다고 하는 선거구의 전체로의 확대라는 제도개혁이 있었던 것이다. 그렇지만 시장은 의회의원이라고 하는 위상을 먼저 가지고, 행정을 집행하는데 있어, 의원들에 대한 설득과 소통을 통하여, 의사결정의 정당성을 확보하는 과정을 거치는 것으로 이해할 수 있는 것이다.

이것이 가능하기 위해서는 한국에서 읍면동 계층에 주민주권에 입각한 총회형 지방의회를 주민들이 경험하고, 이를 통해 지방자치를 연대와 협력을 통해 지방자치정부의 역량을 넘는 부분을 해결하는 '누층적 자치역량'을 가질 수 있어야 할 것이다.

한국의 시민사회는 총회형의 지방의회를 다양하게 경험할 수 있는 제도적 장치를 구축하여야 하고, 이것이 지방의회법을 제정한다면 반영되어야 할 것이다. 예를 들어, 도시의 아파트단지에는 사실상 총회형 근린의회라고 할 수 있는 입주자대표회의와 같은 제도적 장치가 들어와 있다. 그렇지만, 풀뿌리 민주주의를 경험할 수 있는 입주자의 총회가 열릴 수 있는 문화가 형성되고 있지 않다.

국토교통부가 정해준 법률과 지침에 따라, 그리고 지방자치단체의 공동주택관리하는 부서에서 정한 조례와 지침에 따라 자치관리 혹은 위탁관리가 이루어지고 있는 것인데, 재산관리와 지속가능성에 우선순위를 가진 제도운영이어서, 거주자들의 주권성에 입각한 풀뿌리 민주주의 훈련의 공간일 수 있다는 점을 간과하고 있는 것이다. 아파트단지의 공동주택관리라고 하는 공유서비스 혹은 공공서비스를 주민들의 자치적 공급방식으로 관리할 수 있는 최적의 공간일 수 있다. 이곳에 총회형 근린의회가 운영될 수 있도록 제도설계가 이루어져야 할 것이다. 지방의회기본법은 우리사회의 시민성과 민주성을 함양하는 제도로서의 가치와 철학을 가지고 입법되어야 할 것이다. 단지 현재의 단체자치적 지방의회의 운영의 전문성과 자율성을 조금 제고하는 정도의 것이라고 한다면, 굳이 지방의회기본법을 제정할 이유가 있는 것인지 재고가 필요하다. 현재의 지방자치법내의 지방의회 규정을 몇 개 보완하는 정도로서도 충분히 목적을 달성할 수 있는 것이기 때문이다. 이 점에서 지방의회기본법은 우리 한국 시민사회의 시민성과 민주성을 제고하는 기본법이 되어야 할 것이고, 총회형 근린의회를 경험하고 교육하는 제도적 기반으로서 설계되어야 할 것이다.

V. 결론 및 제언

지방의회법에 대한 분법논의가 있다. 그런데 현재의 지방자치법에서 지방의회에 관한 부분을 그대로 들어내고 국회법과 비교하여 몇가지의 조항을 추가로 하는 것이라고 한다면, 굳이 지방의회법을 법률로서 분법할 필요가 있을까 한다.

지방자치법에서 지방재정관련된 부분을 지방재정법으로 분법하고 나서, 지방자치에 대한 기본법에서 재정분권에 대한 논의와 중요성을 제외시켜 버리는 현상이 나타났다고 한다면, 지방자치법에서 지방의회에 관한 부분을 분법해 버리게 되면, 오히려, 지방자치에 대한 인식에서 핵심적인 기관인 지방의회의 중요성을 놓치게 되는 측면은 없는지 살펴보아야 할 것이다.

그런 측면에서 지방의회기본법에 대한 제정은 선결과제로서 지방자치에 대한 패러다임을 단체자치에서 주민자치로 전환하고, 주민주권에 입각한 지방자치제도의 설계를 새롭게 하는 지방자치법이 되도록 하는 것이다.

이러한 논의와 함께 헌법에서 국회법이 분법될 때, 헌법내에 국회에 대한 중요한 조항들을 그대로 남겨둔 채로 국회법이 만들어진 것을 감안하여, 지방의회법을 만들 때도 지방자치법내에서 지방의회에 대한 위상이나 역할, 기능과 패러다임에 대한 개정을 우선한 후에, 지방자치법의 지방의회에 대한 특별법으로서 논의하는 것이 어떨까 하는 제안을 해 본다.

참고문헌

김순은. 2020. 우리나라의 지방자치와 지방분권: 자치분권으로 가는길. 조명문화사

김순은외. 2022. 한국의 지방자치:분권, 치리, 정책. 법문사

김영기. 2014. 뉴잉글랜드타운정부론. 대영문화사

김찬동. 2022. 주민자치제도와 민주주의혁신. 충남대학교출판문화원

김찬동. 2019. 자치분권개헌과 주민주권에 입각한 지방자치의 본질회복을 위한 주민자치정책론. 충남대학교출판문화원

대한민국시도의회의장협의회. 2022. 지방의회30년사: 1991-2021.

서울특별시의회. 2019. 자치분권시대지방의회위상정립 및 지방의회의원역량강화방안.

안종일. 2023. 중앙지방협력회의와 지방의회의 전략적 협력. 자치의정 제26권제3호. 지방의회발전연구원

윤소은. 2023. 시군자치구의회 사무기구의 전문성 자율성 확보. 자치의정 제26권제3호. 지방의회발전연구원

이현출외. 2022. 읍면동민주화: 어떻게 이룰 것인가. 건국대학교출판문화원

존스튜어트밀. 서병훈역. 2012. 대의정부론. 아카넷

한국지방자치학회. 2019. 신지방의회론. 박영사

05

주민주권에 입각한 지방의회의 구성과 방향모색[1]

I. 서론

지방자치가 부활한지 30년이 흘러 이제는 자치다운 자치가 이루어지고 있을 것으로 기대하고 있지만, 여전히 자치다운 자치를 제대로 할 수 있는 시스템이 구축되어 있는가에 대해서는 여전히 의문이 남는다.

지방자치의 본질적 기관이 지방의회라고 하는데, 지방자치법 전부개정에 의하여 지방의회의 문제를 획기적으로 해소하였다고 평가되

1 이 글은 도시행정학회(22.6.3)에 발제한 것에 수정 첨삭한 것임을 밝힙니다.

고 있다. 즉 지방의회 사무국의 직원들에 대한 인사권을 지방자치단체장에서 지방의회 의장으로 가져왔고, 지방의원들의 의정활동을 전문적으로 지원할 수 있는 정책지원 전문인력(정책지원관)제도도 지난한 반대를 뚫고 신설되게 된 것이다.

그렇다면, 지방의회가 의회다운 의회로서 제대로 된 역할과 기능을 하고, 지방자치도 자치다운 지방자치를 할 수 있는 기반이 구비되어야 하는 것이 기대되는 것이다.

그러나 현재 지방의회의 현실을 들여다 보면, 여전히 지방의회가 의회다운 의회가 되기에는 아직도 갈 길이 멀다고 한다[2]. 정책전문지원인력의 경우도 시의회가 독립적인 의정활동을 펼치기 위해서는 의원에게 속해 있는 인력이어야 하는데, 사무처 소속이어서 한계가 있다는 것이다.

또 의회사무처에 소속되어 있도록 제도화함에 따라서 지방의회의 의원임기가 끝나고 새롭게 지방의원들이 선출되었을 때, 의원들의 의정활동을 정책지원하는 기능을 제대로 할 수 있을 것인가에 대한 문제점도 있다. 즉 서울시의 경우 개정된 지방자치법에 따라서 지방의회 의원 임기교체기인 22년 5월에 지방행정 6급의 정책지원관[3]을 27명 채용하게 되는데, 현재의 지방의원 보다는 차기의 지방의원들에 대한 정책지원을 하는 것이라고 한다면, 이것은 합리적이지 않다는

2 (경향신문, 2022.4.26.) 지방자치부활 30년, 의회다운 의회 되려면 아직 갈 길 멀었다.

3 정책지원관의 직무는 자료조사, 질의서 작성 등 의원의 입법과 의정활동을 지원하는 업무로서 국회의원 보좌관과 유사한 역할이다. 임기는 2년이 보장되고, 연봉은 5192만원에서 7793만원수준이라고 한다. 서울시의원정수가 110명이고, 이의 절반인 55명을 채용할 수 있는데, 2022년에 27명, 2023년에 28명을 선발할 계획이라고 한다.

것이다. 즉 새로운 의원들이 선출된 7월이후에 채용절차를 진행하는 것이 합리적이라고 할 수 있는 것이다,

또 지방의회는 여전히 조직권이나 예산 편성권 등을 가지고 있지 못하여, 국회 모델에 비하면 의정활동에 한계와 제약을 당하고 있다는 것이다.

단체장이나 집행부에 대한 견제와 감시, 심의가 제대로 되어야 그 편익이 시민들에게 돌아갈 수 있는데, 단체장의 공약사업이나 공간관리 시책에 대해서 제대로 된 견제를 하지 못하는 의회의 한계를 보면서, 여전히 지방의회와 단체장의 관계는 기울어진 운동장이라고 한다.

한편, 기초지방자치단체인 자치구의회의 경우, 대도시지역에서 2층제의 지방자치가 필요하지 않다는 논의와 그 연장선상에서 자치구의회 무용론이 논의되고 있는데, 정책지원관제도의 도입으로 자치구 지방의회의 기능과 역할을 제고할 수 있을 것인가도 관심사항이라고 할 수 있다. 그래서 주로 자치구의회의 정책지원인력으로서 선호되는 것은 집행부에서 일반행정의 경험을 가지고 있는 행정7급공무원이나 법이나 정책 전공자들이 채용될 가능성이 높다[4]. 그리하여 지방의회의 핵심적 기능 중에 하나인 조례제정역량을 전문화할 가능성이 높다.

그러나 이러한 지방의회의 위상을 회복하려는 노력에도 불구하고,

4 대전시 서구의 경우, 10명을 채용할 수 있는데(2022년 5명, 2023년5명), 일반적 행정7급 공무원 2명이 정책지원관 업무를 하고 있고, 3명의 채용은 61선거이후에 진행한다고 한다. 유성구 의회의 경우도, 7명을 채용할 수 있는데, 인사권 분리전 집행부와의 협의에 의해, 본청에서 일반직 7급 3명이 정책지원관으로 근무하고 있다. 2023년 충원될 인력은 공개경쟁 채용방식으로 선발할 예정이라고 한다. 대전시 중구의 경우 5명을 채용할 수 있는데 임기제3명을 채용하고 내년에 추가로 2명을 채용할 예정이라고 한다. 대전시 동구의회의 경우는 5명을 채용할 수 있으나, 집행부에서 제출한 공무원 증원 조례가 의결되지 못하여, 정책지원과 채용도 차기의회로 미루어졌다. 즉 의회 인사권이 독립되었지만, 조직정원 권한은 집행부가 가지고 있기 때문이라고 한다. 여전히 의회의 자율적이고 독립적 위상은 가야할 길이 먼 것으로 보인다.

지방의회는 여전히 조직권이나 예산 편성권을 가지고 있지 못하여, 진정한 의회의 독립이 이루어졌다고 보기는 어렵다. 정책지원 전문인력제도도 도입은 되었지만, 의회 전문성 강화를 위한 제도로서 정착할 수 있을지는 앞으로의 과제이기도 하다. 제도설계자들이 염려한 의원 개인의 보좌관으로 전락하지 않으면서, 의회의 의정활동의 전문성을 제고할 수 있도록 하는 것은 남겨진 과제이다.

본 고에서는 지난 30년간의 지방의회의 운영제도와 제도개혁역사를 살펴보고, 사무기구와 입법활동을 시도의회를 중심으로 살펴보면서, 미래의 지방의회가 나아가야 할 방향성을 모색해 보고자 한다. 미래의 지방의회는 주민주권에 입각한 지방의회의 역할과 기능을 제대로 수행해야 할 것이 기대되는데, 이것은 지난 30년간의 단체자치에 입각한 지방자치로서의 지방의회의 역할과 기능과는 상당히 다른 모습일 것이다.

Ⅱ. 주민주권에 입각한 지방의회의 역할과 역량

1. 주민주권에 입각한 지방자치

주민주권에 입각한 지방자치는 전부 개정된 지방자치법이 지향하는 중요한 가치이기도 하고, 자치분권종합계획(2018)에서 제시하는 한국 지방자치의 미래 발전방향이기도 하다. 그런데 주민주권에 입각한 지방자치라는 논의는 현재의 대의민주주의에 입각한 지방자치 그리고 단체자치에 입각한 지방자치 패러다임의 한계를 어떻게 극복할 것인가라는 문제의식에서 제기된 것이라고 할 수 있다.

즉 주민주권에 입각한 지방자치는 풀뿌리민주주의를 구현하는 것으로서 대의민주주의의 한계를 보완하거나 극복하는 민주주의의 방식이다. 주민이 주권자로서 평등하고, 자유로우며, 법에 의하여 다스려지는 민주주의를 의미한다. 그리고 주민주권에 입각한 풀뿌리 민주주의는 구성원들에 의하여 자치공동체가 구성되면서 그 공동체에서의 정의가 구현되어야 한다. 이를 위해서는 구성원들 간에 자유로운 경쟁은 이루어지면서 그 경쟁으로 인하여 발생하는 차이와 경제적 불평등에 의하여 발생하는 소외의 문제를 해결할 수 있는 정치적 참여가 가능할 수 있도록 정치-경제 시스템이 구축되어져야 한다.

이러한 시스템은 주민들의 공동체 차원에서 먼저 이루어져야 하고, 일정한 공간을 공유하는 공유체 속에서도 이루어져야 할 것이며, 국가로부터 일정한 자치권을 제도적으로 보장받은 공공체속에서도 이루어져야 한다. 그리고 그러한 자치권의 연원은 풀뿌리에서부터 있어야 하고, 연대와 연합에 의하여 상향적으로 자치계층이 형성되어 가야 한다.

<표1> 시민사회의 자치구역과 자치계층

시민사회의 자치구역	핵심구성요소	자치계층구성순서 (상향적)	예시
공공체	국가로부터 제도적으로 보장받은 자치권	3	읍면동 주민자치회
공유체	공간공유	2	아파트단지 자치관리
공동체	구성원의 속성, 선호, 미션 공유	1	부녀회, 동호회, 결사체

주민주권에 입각한 지방자치는 주민들이 주권자로서 직접 함께 공동체를 이루어서 의사결정과정에 참여하는 총회형 조직이 기본이 되는 자치이다. 이 점에서 주민주권에 입각한 지방자치의 원형은 고대 그리스 아테네의 직접 민주주의라고 할 수 있다. 민회에서 시민들이 공동체의 의사결정에 직접 참여하면서, 공동체의 민주적 발전과 함께 개인의 자아실현을 촉진하였던 것이다.

이 점에서 주민주권에 입각한 지방자치는 주민들의 자기입법(self-legislation)과 자기 통치(self-governing), 그리고 자기 복종(self-obedience)을 의미한다. 주민주권에 입각한 지방자치는 민주주의의 원리로서 자치구역의 구성원들을 규율할 수 있는 법을 스스로 만드는 권리를 가지고 있어야 한다. 다시 말해 자기입법에 의한 자치조직을 만들 수 있어야 하는 것으로 이러한 자기입법은 민주주의의 핵심요소이다. 만일 이러한 입법권이 타자나 '시민사회 자치구역'의 외부에 존재한다면, 자기통치와 자기 복종이 성립하지 않게 되는 것이다.

이 점에서 주민주권에 입각한 지방자치는 의회의 구성방식으로서 총회형 참여방식을 의미하는 것이고, 대의제를 구성하기 위한 선거참여방식에 한정하여서는 안될 것이다. 이 점에서 대의제 민주주의에 의한 현재의 지방의회 구성방식은 민주주의를 구성하는 하나의 방식에 불과한 것이라고 해야 할 것이다.

이 점에서 2020년 12월 전부개정된 지방자치법이 지향하는 주민주권에 입각한 지방자치라고 하는 지방자치 2.0의 개념은 지방의회의 존재양식에서 근본적인 변혁이 요구되는 것이다. 즉 선거에 의한 대의자를로서 구성되는 지방의회 방식의 대의제 민주주의를 넘어서 주민들이 주권자로서 직접 공동체(공유체, 공공체)의 의사결정 과정에 총회형으로 운영되는 '풀뿌리의회 방식'을 도입하여야 할 것이다. 현재의 선거 민주주의에 의한 지방의회에 관한 제도와 운영방식의 획기적 전환이 요구된다.

2. 지방의회의 역할과 기능변화

지방의회는 지방자치의 본질적 기관이고 지방자치는 민주주의를 실현하는데 핵심적 제도이다. 한국의 헌법에서도 지방자치를 규정한 장에서 지방자치단체에 지방의회를 둔다고 하고 있어 지방자치를 한다는 것은 지방의회가 구성되어 있어야 하는 것을 명시하고 있다. 또 1987년 6월 시민항쟁에 의하여 한국사회의 민주화 흐름을 이끌어 내면서, 노태우 대통령 후보는 지방자치제 재실시를 포함한 헌법개정을 629선언으로 제시하였던 것이다.

1991년에 지방의회가 구성되어, 지방자치가 재실시 되었지만, 지방의회는 지방자치단체의 의결기관으로서의 역할과 기능이 부여되는데 그쳤다. 지방자치단체는 국가의 사무를 위임받아서 처리하거나, 중앙정부가 제도적으로 보장한 범위 내에서의 자치사무만을 처리하는 관료정부로서의 성격이 강한 조직이다. 다시 말해 단체자치에 입각한 지방자치를 실시한 것이었고, 그러한 단체자치의 지방의회를 구성하는데 주민들은 선거를 통한 참여를 하는 것이 '지방자치'라고 인식하게 된 것이다.

결과적으로 주민이 주권자로서 다양한 생활문제를 다루는 자치체(공동체, 공유체, 공공체)들의 입법과정이나 의사결정과정에 직접 참여할 수 있는 제도적 기반이 부재하게 된 것이다. 주민주권에 입각한 지방자치 패러다임의 필요성을 전부개정 지방자치법에서 제기한 것은 기존의 단체자치 패러다임에 의한 지방자치의 구조적 한계를 극복하기 위한 방향을 제시한 것이다.

그렇다면, 주민자치 패러다임에 의한 지방의회는 어떻게 구성되어야 하는 것인가? 이에 대한 아이디어를 얻기 위하여 한국 최초의 지방자치에 관한 법규인 향회조규(1895)의 규정을 참고해보자.

향회조규 제1조에는 리와 면, 군에 리회(小會), 면회(中會), 군회(大會)를 두도록 하고 있다. 즉 지방자치를 제도화하면서 3층의 자치계층구조를 설계하였고, 각 향회에서 논의하는 사무는 조세납부 만이 아니라, 교육, 호적, 위생, 도로, 산업, 공공산림, 환곡구휼, 공공복역 등 주민의 생활과 관련된 광범위한 것이었다. 그리고 이 향회에 참여하는 것은 호주나 선출된 대표자가 참여하였고, 집행기관도 향회에서 선출하였다(김상미, 162).

여기서 주목할 부분은 3층제의 향회 계층을 설계하여, 시민사회의 자치구조가 어떤 것인가를 보여 준 것이고, 3층제의 계층이 상향적으로 설계된 것이다. 또 향회는 직접 민주주의에 입각한 주민참여의 형태를 가졌다는 점이다.

일제 강점기에 향회와 같은 주민조직을 통제하고 해산한 후, 향장을 대신하여 군 주사제를 도입하여, 주민의사를 묻는 과정을 삭제해 버렸다. 즉 주민자치 체제를 없애고, 군 주사에 의한 군청 행정관리로 대체해 버린 것이다.

또 향회를 대신하여 지방위원회를 설치하여, 지역사회의 모든 사안을 다루었던 향회를 폐지하고, 위원회 조직으로서 국가의 세금징수에 협조하는 기관으로 대체해 버린 것이다. 그리고 향회가 통감부의 시책에 저항하자, 주동자를 구금하고, 향회 회비를 징수하지 못하게 하여, 조직해산을 유도하였다는 것이다(김용진, 1988: 김상미, 163:2022 재인용).

다시 말해, 한국 시민사회의 역사적 기억속에 남아 있는 자치문화의 DNA를 살려내기 위한 의미로서 주민을 주권자로 하는 시민사회의 자치문화를 새롭게 설계하고 기반을 구축하는 일을 시작해야 하고, 이러한 주민주권에 입각한 주민자치의 본질적 제도로서 '풀뿌리 의회'를 신설하는 것이 필요하다. 풀뿌리 의회는 주권자인 주민이 직접 참여하여 공공선을 숙의하는 민회나 총회와 같은 운영설계를 가진다.

요컨대, 단체자치에 의한 지방의회가 대의 민주주의적 지방의회 구성을 한 것이라면, 주민주권에 입각한 지방자치의 의회조직은 자치의 규모를 보다 소 규모화 하여, 주민들이 주권자로서 직접 참여하여 입법하고 의사 결정할 수 있는 '풀뿌리의회'를 구성할 수 있어야 할 것이다. 이렇게 된다면, 지금까지 단체자치로 30여년을 운영하면서 지방자치를 개선하려고 노력하였던 제도적 궤적과 운영적 성과를 살펴보면서, 새로운 지방의회의 역할과 역량을 모색해 볼 필요가 있다.

3. 분석틀

한국의 지방의회는 대의제 민주주의를 실현하는 제도적 장치이다. 주권자인 주민들이 직접 선거를 통하여 지방의원이라고 하는 대표를 선출하고 이들에 의하여 공공행정의 정치적 기능을 대리하도록 한 것이다. 결과적으로 주권자가 선거기간 동안에만 주권을 행사하고, 그 외의 기간에는 지방정치에 무관심하게 되거나, 사적 영역에만 관심을 가짐으로써, 공공행정에 대한 참여가 활성화되지 못하게 한다. 문제는 대의자들이 주인-대리인관계에서 주인의 대리인 역할을 제대로 하지 못하고, 대리자들이 엘리트화 되거나, 소속 정당의 이익을 우선함으로써, 주민의 우선순위나 관심을 효과적으로 대의하지 못하는 것이다.

한국의 지방의회제도는 87년 민주화 운동의 성과로서 시도단위와 시군구 단위에 지방의회를 설치하는 것으로 민주주의를 발전시켜 왔다. 그런데, 이 때 실시된 지방자치는 단체자치의 패러다임에 의한 것이어서, 국가로부터 허용된 범위 내에서의 분권이 기반한 자치였기에, 형식적 자치에 그치게 되었다. 실질적 자치가 되기 위해서는 상향적(Bottom-up) 자치계층의 형성을 통하여 국가의 중앙정부로 이어져야 할 것인데, 한국의 지방자치는 풀뿌리 민주주의로서의 기반이 부재한 것이었다. 즉 주민자치에 의한 자치정부 형성이라고 하는 시민사회의 자치철학이 결여되어 있었다.

결과적으로 한국의 지방자치는 국가의 중앙정부로부터 허용된 범위 내에서의 자치권만을 가지고 주민들의 선거에 의하여 대의기관인 지방의회를 2층제로 구성하는 것을 의미하게 되었고, 이러한 단체자치 패러다임에 의한 시도-시군구 의회의 30년 운영은 수도권집중과 제왕적 대통령제라고 하는 국정운영구조를 개혁하는데 한계를 보여왔다.

이하에서는 지난 30년간의 지방의회의 제도적 변혁과정과 운영과정(시도의회중심)의 대표적인 성과를 중심으로 미래 30년을 어떠한 제도적 패러다임으로 나가야 하는지를 모색해 보고자 한다.

<표2> 분석틀

	영역	내용
제도분석	운영제도분석	명예제-> 유급제 선거구제도(소선구구, 중선거구, 정당명부식 비례대표제) 정당공천제 위원회중심주의
	제도개혁역사분석	시행착오기 중단기 점진적 정비기 유급제/ 대의기관명문화
활동분석	사무기구분석	사무국 조직 / 인력
	입법활동분석	조례안처리

Ⅲ. 지방의회의 30년 의정활동 분석 1(운영제도와 개혁역사): 시도의회를 중심으로

1. 운영제도 분석

1) 명예제에서 유급제로

한국의 지방의회제도는 1949년 지방자치법과 1991년 지방자치제도 재도입시에 명예직이었지만[5], 2006년에 유급직으로 변경되었다. 유급직이 됨으로써, 지방의원의 책무가 무거워지게 되고, 그 의정활동에 대한 성과를 시민들에게 투명하게 공개해야 할 의무가 생기게 된다.

명예직은 지방의원이 자신의 생업에 종사하면서, 보수를 받지 않고, 봉사하는 개념으로서 시민으로서의 명예로운 의무하는 사회적 통념에 기초한 제도이다. 주로 유럽에서 유래되어, 영국, 프랑스, 독일에서는 이 제도를 유지하고 있다.

반면, 유급직은 공공직무에 대한 보수가 주어져야 한다는 경제적 관점에서 의원활동에 보수를 지급하는 제도이다. 주로 미국, 캐나다, 일본에서 이 제도를 채택하고 있다. 이 경우에는 의원정수를 소수로 하게 되는 소의회제를 채택하게 된다.

---

5 1949년 지방자치법에서 비상근 명예직으로 하였지만, 실비보상적 성격의 의정활동비, 여비 및 회기수당을 지급하였음 1989년 지방자치법에서는 일비와 여비를 지급하고, 1994년 지방자치법 개정에서는 의정활동비를 지급하도록 하였음. 1999년에는 회기수당제를 도입하였고, 2003년 지방자치법 개정에서 명예직 규정을 삭제함.

2) 대의회제[6]

대의회제는 지방의원의 정수가 많은 것으로, 각계 각층의 민의를 폭넓게 반영하고, 지방행정의 민주성을 도모할 수 있는 제도이다. 반면, 소의회제는 전문성과 능률성을 강조하면서, 의원의 위상이 상대적으로 높아지게 되며, 주민의 재정부담을 덜어줄 수 있다. 반면 소의회제는 의회가 특수계층의 이익을 더 중시하게 되는 문제점이 있다. 한국의 경우 명예직 의회제와 함께 대의회제를 채택하는 제도설계의 길에 들어와 있었다. 2006년에 유급화로 지방의회제도를 크게 변화시키면서도, 한번 대의회제의 제도경로를 소의회제로 전환시키지 못하였다.

1998년 지방자치법 개정을 통해, 지방의회의원 정수를 축소조정하였으나, 2014년 공직선거법 개정으로 지역구 시도의원의 정수가 증원되었고, 2018년도 공직선거법 개정을 통해서도 지역구시도의원정수와 자치구시군의회의원 총정수가 증원되기도 하였다. 즉 한국의 지방의회제도는 여전히 대의회제를 기본적으로 유지하고 있다.

6 대의회제와 소의회제의 구분은 지방의회의 의원정수를 다수로 하는가 소수로 하는가의 차이임. 주민대표성을 강조하면서 무보수 명예직으로 하는 경우, 대의회제로 하고, 의원의 전문성과 능률성을 강조면서, 유급제로 하는 경우 소의회제로 하는 경향이 있음. 한국의 경우, 2006년 유급제가 실시되기 이전에는 명예직과 연결되어, 대의회제에 가까운 수준의 정수로 하였음(이청수, 2011:113). 대의회제는 각계각층의 주민이익을 골고루 대변할 수 있게 해주고, 다수의 주민에게 행정참여의 기회를 넓혀주어, 지방정치의 민의반영을 도모하고, 무보수 명예직일 경우 비용이 덜 듬. 반면 소의회제는 전문성과 능률성을 강조하고, 의원개인당 주민대표의 범위가 넓어져, 의원의 위상이 높아지나, 의회가 특수계층의 이익을 더 중시하여 운영될 한계가 있음(행정안전부, 2003:43-44).

<표 3> 지방의회의원 정수

구분	제1기	제2기	제3기	제4기	제5기	제6기	제7기
시도	866	927	690	682	738	843	794
시군구	4304	4514	3490	3485	2888	2888	2898
합계	5170	5513	4180	4167	3626	3731	3692

출처: 행정안전부, 제7기 지방의회백서

3) 선거구제도

한국의 선거제도는 공직선거법에 규정하고 있는데, 자치구시군의 의회의원총수는 공직선거법 제23조의 별표3에서 규정하고 있다. 서울특별시의 경우에는 423명이고, 대전광역시의 경우 63명으로 되어 있다. 자치구시군 의회의 최소정수는 7인이고, 비례대표 자치구시군의 정수는 자치구시군의원 정수의 100분의 10으로 되어 있다.

또 시도의회의 의원정수는 그 관할구역안의 자치구시군수의 2배수로 하도록 되어 있고(공직선거법제22조), 인구 행정구역 지세 교통 등의 조건을 고려하여 100분의 14의 범위에서 조정할 수 있으며, 이렇게 산정된 의원정수가 19명미만이 되는 광역시 및 도는 그 정수를 19명으로 하도록 하고 있다.

한국의 지방의회 의원을 선출하는 선거제도는 광역시도의원은 소선거구제도를 채택하고 있고 기초지방의회의원은 중선거구제도를 채택하고 있다. 여기서 소선거구제도라 함은 한 선거구에서 한 명의 대표자를 선출하는 제도로서 상대다수자가 선출된다. 소선거구제도의 장점은 양당제도를 확립하여 정치적 안정을 도모할 수 있다. 단점은 사표가 발생할 가능성이 높고, 큰 정당에 유리하여 평등선거를 침해할 가능성이 높다. 정당의 득표율과 의원의 의석배분이 불균형이 나나타 정당의 지지도가 바르게 반영되지 않을 수 있다. 지명도가 높은 인물이 당선가능성이 높기에, 정치적 신인이 의원으로 진출하기 쉽지 않다고 한다.

또 중선거구제도는 한 선거구에서 2명에서 4명의 대표자를 선출하는 것으로서, 동일한 지역구에서 동일한 정당의 후보자들이 입후보할 수 있고, 같은 정당소속의 후보자가 경쟁할 수도 있다.

다음으로 정당명부식 비례대표제를 2004년부터 도입하여 실시하고 있는데, 유권자가 지역구 후보와 별도로 정당에 대한 투표를 함께 실시하여, 정당 득표율에 따라 비례대표의석을 배분하고, 배분된 의석은 각 정당이 선거전에 선거관리위원회에 미리 등록한 정당후보명부 순위에 따라 비례대표 의원의 당선을 결정하는 방식을 도입하고 있다.

4) 정당참여제도

한국의 지방자치제도에서 정당참여와 정당공천을 허용하고 있다. 정당참여에 대해서 민주정치에서 정당을 근간으로 해야 하므로, 정당정치의 발전을 위해 정당참여가 필요하다는 주장[7]이 있는가 하면, 정당참여는 주민들의 살림살이를 직접 주민들이 자치한다는 '주민자치의 원리'에 반하고, 지방자치가 중앙정치에 예속되므로, 이를 배제해야 한다는 주장[8]이 있다.

---

7 정당에서 정치신인을 검증하여 발굴할 수 있고, 여성과 사회적 약자의 정치참여를 제도적으로 보장한다는 장점을 제시함

8 또 특정정당의 1당지배가 나타날 수 있고, 단체장과 의회다수당이 다를 경우, 행정은 불안정해지고, 소모적이고 구조적인 정책갈등이 일어날 수 있음.

한국의 경우, 1991년 지방자치제도의 부활시에, 광역의회의원선거에서는 정당공천을 허용하지만, 시군구의회의원선거에서는 허용하지 않았다. 그러다가, 2006년에 시군구의회의원선거에도 정당공천제가 도입되었다.

전문가집단에서는 정당공천제가 지방자치를 어렵게 하는 구조적 요인의 하나로 지목하고, 이를 폐지하도록 요구하고 있다(한국정치학회, 2018). 전국시군자치구의회의장협의회에서도 지속적으로 결의문 채택을 통해, 정당공천제 폐지를 주장하고 있다.

5) 위원회중심주의와 본회의 결정주의

한국의 지방의회 운영은 위원회 중심주의와 본회의 결정주의에 의하여, 의안심사는 주로 상임위원회에서 하고, 본회의는 위원회에서 보고된 내용을 중심으로 가부를 결정하는 제도를 채택하고 있다.

위원회제도는 한정된 회기내에 안건의 능률적 처리를 위하여 채택한 제도이다. 모든 의안을 본회의에서 심의한다면, 질의와 토론 요청을 충족시키는데 시간이 부족해질 수 있다. 신속한의사진행이 어려울 수 있다.

이에 위원회 제도를 통하여 심의능률을 향상시키고, 위원회에서 전문적인 심사와 기술성을 요구하는 사안을 심도있게 심사할 수 있게 된다. 현대 행정이 다루는 안건의 전문성이나 기술성은 일반적으로 다루기 쉽지 않을 수 있고, 많은 시간과 에너지, 전문 지식을 요구할 수 있기에 이를 위원회별로 분업화하여 심사하게 하는 것이다

또 위원회 제도의 장점은 소수의 의원들이 안건에 대한 토론과 숙

의로서 설득형의 심의의결이 가능할 수 있다. 본회의에서는 발언자의 수나 시간, 회수 등이 제한되므로 토의가 형식화되고, 연설형의 발언이 되기 쉬울 수 있다.

1994년 한국의 지방자치법에서 광역의회는 상임위원회와 특별위원회제도를 운영하지만, 기초의회의 경우, 의원수가 13인상인 경우에만 이렇게 하고, 12인이하인 경우에는 특별위원회제도만 운영하도록 하였다.

그러다가 2006년 지방자치법개정으로 기초의회의 상임위원회 설치 제한 규정을 삭제하여, 의원정수 13인 미만에도 상임위원회를 설치할 수 있게 하고 있으나, 설치율은 78%로서 아직 상임위를 설치하지 않은 시군구의회도 57곳이 있다.

<표 4> 상임위원회 설치수별 의회수

구분	의회수	의원정수	상임위원회 설치수별 의회수										
			0	1	2	3	4	5	6	7	10	11	계
시도	17	794					1	3	6	5	1	1	17
시군구	226	2898	57	2	16	121	23	6	1				226
합계	243	2898	57	2	16	121	24	9	7	5	1	1	243

출처: 행정자치부(2014), 지방의회현황(제7기)

2. 제도개혁 역사분석

1) 시행착오를 거친 지방자치제도(1952년-1961년)

한국의 자방자치제도는 1949년에 지방자치법이 제정되어, 1948년에 제정된 헌법과 함께 헌법 및 법률상의 설치근거를 가지고 도입되었다. 그러나 건국초기의 사회 정치적 혼란과 한국전쟁으로 인하여 지방자치제도 실현이 지연되다가 전쟁 중인 1952년 4월에 시읍면 의회 의원선거가 실시되었고, 5월에 도의회의원선거가 실시되어, 한국 최초의 민주적 지방의회제도가 도입되었다.

전쟁 중인 1952년 임시수도 부산에 피난중인 때에 지방자치를 실시하게 된 것은, 이승만 대통령이 대통령 직선제 개헌안을 지지해 줄 정치적 기반을 확보하여야 할 필요성을 가지고, 지방의회를 활용하려 하였다고 한다(행정안전부, 2020:13)

이리하여, 전시중이던 한강이북의 미수복지구와 지리산 주변의 치안이 불안한 지역을 제외한 채, 1952년 4월 25일에 17시 72읍 1308면에서 시읍면의회 의원선거가 실시되었다. 그리고 5월 10일에 서울, 경기, 강원이 제외된 7개도의 도의회 의원선거가 실시되었다[9].

이 당시의 지방자치제도는 의원내각제적인 요소가 가미되어, 지방의회에 지방자치단체장에 대한 불신임권이 부여되어 있었고, 지방자치단체장에게는 의회해산권이 부여되어 있었다. 또 도지사와 서울특별시장은 대통령이 임명하는 제도였다.

시읍면장은 시읍면의회에서 선거하도록 함으로써, 시읍면의회가 우위에 있는 구조였다.

당시의 지방자치제도는 내각제 요소가 가미되면서도 엄격한 권력분립주의에 입각한 기관분리형이었기에, 지방의회와 집행기관간에

9 서울, 경기, 강원도 의회는 1956년 제2대에 처음으로 지방의회가 구성됨

갈등과 마찰이 심했다[10](전게서, 14).

<표 5> 제1대 시읍면의원 당선자 현황

구분	시의회	읍의회	면의회	총계
선거실시 지방자치 단체수	17	72	1,308	1,397
당선의원수	378	1,115	16,066	17,559

<표 6> 제1대 도의원당선자 현황

도별	충북	충남	전북	전남	경북	경남	제주	총의원수
당선의원수	28	46	32	59	61	60	20	306

출처: 한 대사회연구소(1992), 한국지방자치연감

그러다가 1956년에 제2대 지방의회선거, 1960년에 제3대 지방의회 의원선거가 실시되어, 지방의회가 구성되어 운영되었으나, 1961년 5 · 16과 1961년 9월의 지방자치에 관한 임시조치법에 의하여 지방의회가 해산되었다.

제2대 지방의회(1956-1960)는 1956년 8월 5일에 전국 25개시, 75개읍, 1,358개면에서 실시되었고, 8월 13일에는 서울 경기 강원이 포함된 시도의회의원선거가 전국에서 실시되었다. 제2대 의회에서는 시읍면장의 선거방법이 직선제로 바뀌었고, 시읍면장 불신임의결권과 시읍면장의 의회해산권이 폐지되었으며, 시읍면장의 임기가 3년으로 단축되었다.

10 1952년 4월부터 1956년 8월까지 시읍면장 1468명중 79.6%인 1168명이 임기전에 사임하였고, 시읍면장에 대한 불신임의결이 66건, 의회해산이 18건에 이르렀음

제2대 의회에서 의회가 새해 예산을 통과시켜 주지 않음으로서 무예산상태로 방치되기도 하고, 의사를 지연시키거나 의안을 부결시킴으로써, 행정이 마비되기도 하여, 지방의회와 집행기관간의 갈등과 마찰이 심하게 나타나기도 하였다.

<표 7> 제2대 시읍면의원 당선자 현황

구분	시의회	읍의회	면의회	총계
선거실시 지방자치 단체수	25	75	1,358	1,458
당선의원수	416	990	15,548	16,954

<표 8> 제1대 도의원당선자 현황

도별	서울	경기	충북	충남	전북	전남	경북	경남	제주	총의원수
당선의원수	47	45	30	45	44	58	61	67	15	437

출처: 한 대사회연구소(1992), 한국지방자치연감

한편, 제3대 지방의회(1960-1961)는 419이후 제2공화국이 발족된 뒤에 구성되었다. 지방자치법도 1960년 11월 1일에 대폭개정되었고, 개정된 법률에 따라 시도는 1960년 12월 12일에, 시읍면은 12월 19일에 선거가 실시되었다.

지방자치제도란 측면에서 보면, 419를 기화로 사회전반에 민주화의 열기가 팽배하여, 지방자치법도 관치적인 요소를 배제하고 민주적인 요소가 대폭 강화되었다(행정안전부, 2020:16). 그리하여 시도지사와 시읍면장은 물론 동리장까지 주민이 직접 선출하도록 개정되었다.

이리하여 한국의 지방자치사상 새로운 전기가 마련될 것으로 기대되었으나, 직선으로 선출된 지방자치단체장과 지방의회의 불화와 반목, 의회내부의 갈등으로 인해, 민주적 지방자치의 위상을 살리지 못하였다(전게서,16).

결국 516으로 인해, 제3대 지방의회는 5개월만에 폐지되게 되었고, 지방의회제도는 30년간의 동면기에 들어가게 되었다.

요컨대, 한국의 지방자치제도는 헌법과 법률에 의해 도입된지 불과 10년도 지속되지 못하고, 군사혁명으로 폐지되게 됨으로써, 사라지게 되었지만, 시읍면 계층의 자치를 경험하였고, 주민들이 직접 선거를 통해 지방의회를 구성하고, 단체장을 선출하는 경험을 해 보았다는 점에서 귀중한 민주주의 체험을 한 셈이다.

2) 지방자치제도와 지방의회제도의 점진적 정비(1991년-2005년)

지방의회제도가 부활한 것은, 1990년 12월 지방의회의원선거법이 제정되고, 1991년에 선거를 실시하게 되면서부터이다. 1991년 3월 26일에 시군자치구의회 의원선거를 먼저 실시하고, 6월 20일에 시도의회 의원선거를 실시하였다. 그리하여 시군자치구의회는 4월15일에 개원식을 가졌고, 시도의회는 7월8일에 개원식을 가짐으로써, 30년만에 지방의회가 부활한 것이다.

제1기 지방의회(1991.4-1995.6)는 과도기적인 지방자치라고 해야 할 것이다. 지방의회는 주민의 선거로 선출되었지만, 단체장은 중앙정부에 의해 임면된 공무원이어서, 지방자치의 행정은 중앙정부의 임명직이 수행하는 여전히 중앙집권적 통제행정이라고 해야 할 것이고, 지방자치의 관점에서 보면, '반쪽자치'라고 해야 할 것이다.

1991년 12월 지방자치법 개정을 통해, 회기중 여비를 지급할 수 있도록 하고, 시도의회 회기를 30일에서 35일로 연장하였으며, 의회 사무기구를 시도의회는 사무국을 사무처로 명칭을 바꾸고, 기초의회는 사무국 또는 사무과를 설치할 수 있도록 하였다.

또 1994년 3월 지방자치법 개정을 통해, 지방의원의 명예직은 유지하면서도 의정자료수집, 연구 및 보조활동을 위한 의정활동비를 지급할 수 있도록 하였다. 또 회기중 직무로 인한 상해 사망에 대한 보상제도를 신설하였다.

또 지방의회의 규칙제정권을 신설하였고, 지방의회 사무직원을 지방의회의장의 추천에 의하여 지방자치단체장이 임명하도록 개선하였다. 즉 점차적으로 의원과 의회에 대한 역할을 제대로 할 수 있도록 제도를 정비해 나갔다.

<표 9> 제1기 지방의회의원 당선자 현황

지역	서울	부산	대구	인천	광주	대전	경기	강원	충북	충남	전북	전남	경북	경남	제주	총
시도의원수	132	51	28	27	23	23	117	54	38	55	52	73	87	89	17	866
시군구의원수	478	303	182	153	110	91	526	240	173	223	280	337	404	453	51	4304

출처: 현대사회연구소(1992), 한국지방자치연감

한편, 1994년 3월의 공직선거 및 선거부정방지법을 통해, 광역의회의원 선거에 비례대표제를 동비하여, 지역구의원 100분의 10에 해당하는 수를 비례대표로 선출할 수 있도록 했고, 정당공천제를 모든 지방선거에 허용하였다가, 1995년 선거가 다가오자, 기초의회선거에서 정당추천을 하지 않는 방향으로 재개정하였다.

이처럼 지방선거제도를 개정하였다가 그 규정을 적용할 현실에 다가오자, 급하게 제도를 다시 변경하는 제도설계의 우왕좌왕이 나타났다.

제2기 지방의회선거는 1995년 6월 27일에 광역과 기초자치단체장과 의회의원선거를 동시에 통합하여 실시하여, 지방자치단체가 주민의 직접선거로 선출하는 민선의 지방자치기관이 되었다. 제1기에 비해, 지방의원수가 늘어났는데, 시도의원은 970명, 시군구의원은 4,541명을 선출하여, 300명이상이 늘어났다.

지방의회의 신설이 지방자치의 본질이기는 하지만, 지방자치단체의 단체장이 중앙정부의 임명직이었다는 것은 반쪽자치[11]였다는 점에서 1995년은 민선자치의 원년이라고 할만 하다.

제3기 지방의회(1998-2002)는 1998년 6월 4일에 전국 도시지방선거로 시도의원 764명, 시군구의원 3,490명을 선출하였다. 2기 지방의회에 비해서, 광역은 200명, 기초는 1000명정도를 감축하였다.

그리고 1999년 8월의 지방자치법 개정을 통하여, 의원들에 대한 회의수당을 회기수당으로 전환하였고, 정례회를 상하반기 연 2회하도록 정례회수늘 늘렸다. 또 지방의회 위원회의 의안발의권을 조례로 운영하던 것을 지방자치법에 명문화하였다. 그리고 지방의회 의사운영의

11 반수반인과 같이 반은 중앙정부하부조직이고, 반은 주민자치선출조직이라고 할 수 있음. '반쪽(중앙)통제반쪽(주민)자치'가 보다 정확한 개념일 수 있음. 민선자치시대 이후로는 양쪽(주민)자치라고 해야 하는데, 실상은 관료제에 대한 법령과 예산통제가 여전히 중앙통제를 받도록 되어 있어서, '관료제(중앙)통제-의회단체장(주민)자치'의 형태라고 할 수 있고, 외형상은 주민자치이지만, 내용상으로는 여전히 중앙정부 관료제의 통제하에 있는 구조라고 할 것임.

공정을 기하기 위하여 의장과 의원의 제척사유를 본인과 직계존비속에서 배우자와 형제자매로까지 확대하여, 공공성을 확보하려 하였다. 이외에도 주민의 직접참여를 확대하기 위해 주민의 조례제정, 개폐청구, 감사청구제도가 도입되었다.

제4기 지방의회(2002-2006)는 2002년 6월 13일에 전국 동시지방선거로 실시하여 시도의원 755명, 시군구의원 3,485명을 선출하였다. 2002년 3월 공직선거 및 선거부정방지법을 일부개정하여, 1인1표제에 대한 헌법재판소의 한정위헌결정의 취지를 존중하여, 시도의원선거에서 지역구후보자와 비례대표 후보자에게 각각 1표씩 투표하는 '1인2표제'를 도입하였고, 시도의원선거 비례대표후보자의 100분의 50을 여성으로 추천하되, 명부순위 2인마다 여성1명이 포함되도록 하였다.

한편, 2003년 7월 지방자치법 개정을 통해, 지방의회의원 명예직 규정을 삭제하여, 유급직 전환의 계기를 마련하였다. 이것은 '지방의정활동기반 혁신계획'을 중앙정부에서 마련하여, 지방의회의 생산성과 전문성을 높여, 지방의회의 자율성을 강화하고자 하는 일환으로 추진된 것이었다. 또 2004년 1월 지방분권특별법 제정시 지방의회의 권한과 전문성, 인사권강화 등의 지방의회 활성화 추진 의무를 명시하였다.

다시 말해, 2004년은 지방자치제도에서 지방의회의 권한과 역할을 강화하여, 지방의회제도가 개혁해 나가야 할 폭대를 정하고 점진적 개선을 향한 길에 들어선 시기라고 할 것이다.

이리하여, 2005년 8월의 지방자치법 개정을 통해, 회기수당을 직무활동에 대해 지급하는 월정수당으로 전환하여 2006년부터 시행하도록 하는 유급제를 도입하였다. 지방자치단체에 의정비심의위원회를 설치하도록 하였다[12]. 유급제의 도입은 전문성을 구비하나 유능한 지역인재가 지방의회에 진출할 수 있도록 성실한 지방의정활동여건을 보장함으로써, 주민의 신뢰를 얻고, 지방의회의 책임성을 확보하기 위한 것이다(행정안전부, 2020:25).

그런데, 의정비는 지방자치단체마다 결정수준의 격차가 발생하여, 서울의 경우 연 6,804만원으로 최고수준, 전남의 경우 연3,960만원으로 최저수준이 되었고, 기초의회의 경우 서울 서대문구가 연 3,804만원이고 충북 증평군의 연 1,920만원으로 최저가 되는 현상이 나타났다. 이처럼 지방자치제도가 심화되어 가면서, 지역마다의 차이가 의원들의 의정비의 산정에서 차이가 나타나는데, 시민사회의 관점에서는 그에 상응하는 역할과 기능을 하는지에 대한 참여와 통제가 필요한 것이다.

또 2005년 8월 공직선거법[13]에서 기초의원에 대한 정당공천제가 도입되고, 중선거구제(2-4인선출)와 비례대표제를 도입하였다. 이때 비례대표 시군자치구의원선거에서도 여성후보자비율이 50%가 되도록 하였고, 선거연령을 만19세로 하향조정하였으며, 영주체류 3년이상 19세이상 외국인에게도 선거권을 부여하였다.

---

12 의정비의 수준을 결정하는 것과 관련하여, 국회는 상한선을 둘 것을, 중앙정부는 완전자율화를 주장하였는데, 국회의 입법취지와 지방분권 및 자치원리를 감안하여, 의정활동비와 여비는 상한선을 기준으로, 월정수당은 지역소득수준 등 변수를 고려하여 정하는 것으로 절충하여 결정되었다고 함(행정안전부, 2020:25-26)

13 공직선거 및 선거부정방지법이 공직선거법으로 명칭을 바꿈

3) 유급제의회제도도입과 대의기관명문화(2006-2018년)

지방의회에 대한 유급제도의 도입은 2006년 1월 1일부터 월정수당을 도입에서부터이다. 의정비의 결정에서 일부지역의 과다한 의정비 인상이 나타나게 되어, 지방의원의정비 결정제도를 개선할 필요성이 생겼다. 중앙정부에서는 월정수당의 산정기준을 지역주민의 소득수준, 지방공무원 보수 인상률, 물가상승률 및 지방의회 의정활동 실적 등을 종합적으로 고려하도록 하고 있었으나, 기준이 모호하고, 자의적 해석의 여지가 있어, 지방자치단체별 재정력 지수와 지방의회의원의 1인당 인구수, 지방자치단체의 유형 등을 감안한 월정수당 지급기준액 산식을 제시하였고, 심의위원회 위원의 명단과 회의내용을 공개하도록 하였다. 또 의정비 심의회는 주민의견수렴 절차를 거치고, 그 결과를 반영하도록 하여, 주민의 동의에 기반한 의정비 결정이 되도록 하였다[14]. 이 제도가 2008년 10월 지방자치법 시행령에 반영되었다.

또 2009년 4월의 지방자치법 개정을 통하여, 농 수협 등의 상근직원만이 아니라, 새마을금고와 신협의 임직원도 지방의회의원의 겸직을 금지하도록 하여, 정치적 중립에 입각하여, 주민들의 재산을 관리하는 경제성우선이 적용되도록 하였다. 이외에도 전임강사 이상의 대학교직원은 지방의회의원으로 활동할 수 있도록 임기중 휴직을 보장하도록 하였다.

또 지방의회의원이 지방의원이외의 다른 공적 사적인 직을 겸하는

---

14 이리하여, 한국의 의정비결정제도는 지역주민이 참여하는 위원회가 지방의회의원의 의정비 결정과정에 의견을 제시하고 그 결과를 반영하여 조례로 정하도록 하는 영국 등의 방식과 지방자치단체별로 지방의회의원의 의정비 범위를 법령으로 정하도록 하는 프랑스 등의 방식을 절충한 방식이라고 할 수 있음(행정안전부, 2020:28)

경우, 그 내역을 지방의회의장에게 신고하도록 하여, 지방의원의 청렴의무나 품위유지의무에 위반된다고 인정될 때는 그 겸한 직을 사임하도록 권고할 수 있도록 하여, 지방의회차원의 자율적 통제가 가능하도록 하였다.

제6기 지방의회(2010-2014)는 2010년 6월 2일 전국동시지방선거를 통해 시도의원 843명, 시군구의원 2,888명을 선출하였다. 시도의원은 교육위원 82명이 포함하여 시도의원의 정수가 28명 증가하였다.

<표 10> 제6기 지방의회의원 당선자 현황(비례대표, 교육의원 포함)

지역	서울	부산	대구	인천	광주	대전	울산	경기	강원	충북	충남	전북	전남	경북	경남	제주	총
시도의원수	114	53	34	38	26	26	26	131	47	35	35	43	42	63	59	41	843
시군구의원수	419	182	116	112	68	63	50	417	169	131	178	197	243	284	259		2,888

출처: 행정안전부(2010), 지방의회현황(제6기)

한편, 2012년 7월1일에 세종특별자치시가 출범하였고, 충남도의원 3명, 충북 청원군의원 1명, 충남 연기군의원 10명, 공주시의원1명이 세종특별자치시 의원이 되어, 시도의원은 855명, 시군구의원은 2,876명으로 조정되었다. 기초의회 의원이 광역의회 의원으로 전환된 사례이다.

2011년 7월의 지방자치법 개정을 통하여 지방의회의 사무감사기간을 시도의 경우는 10일에서 14일로, 시군구의 경우에는 7일에서 9일로 확대하여, 행정사무감사의 실효성을 높였다. 또 서류제출거부나 선서 거부시에 과태료를 부과할 수 있도록 하였고, 행정사무감사와 조사의 후속조치에 대한 근거를 마련하여, 지방의회의 집행부 견제기능을 제대로 할 수 있도록 하였다.

이외에도 의장선거를 할 때, 의장 직무대행자를 연장자에서 최다선 의원으로 변경하고, 단체장이 제출하는 의안에 대한 비용추계제도를 도입하였으며, 조례안에 대한 예고제도를 도입하여, 지방의회 운영의 효율성을 높였다. 또 의장협의체가 정부에 의견을 제출한 경우, 2개월 이내에 타당성을 검토하여 협의체에 그 결과를 통보하도록 하여, 지방의회 협의체의 의견제출권이 실효성을 가지도록 하였다.

2014년 1월에는 지방자치법을 개정하여, 지방의회의 법적 지위가 지역 주민의 대의기관임을 명시하여, 지방의회가 독립된 기관임을 법률로서 규정하여, 행정법학계 등에서 지방의회는 지방자치단체장의 자문기관의 성격을 가지고 있다는 식의 법해석을 차단하였다.

이외에도 2014년 6월 지방자치법 시행령을 개정하여, 의정비심의의 주기를 매년에서 4년에 한번으로 단축하였고, 지역주민의 의견수렴절차를 생략할 수 있는 근거로서 지방공무원 보수 인상률 범위에서 월정수당을 인상하는 경우로 하였다.

제7기 지방의회(2014-2018)는 2014년 6월 4일 전국동시지방선거를 통해 출범하였고, 시도의원 794명, 시군구의원 2,898명을 선출하였다. 시도의원수는 794명(교육의원 5명포함)으로 감소하였고, 이는 교육위원회가 시도의회의 상임위원회로 편입됨에 따라 82명의 교육의원이 시도의원으로 포함되었기 때문이다.

<표 11> 제7기 지방의회의원 당선자 현황(비례대표, 교육의원 포함)

지역	서울	부산	대구	인천	광주	대전	울산	세종	경기	강원	충북	충남	전북	전남	경북	경남	제주	총
시도 의원수	106	47	30	35	22	22	22	15	128	44	31	40	38	58	60	55	41	794
시군구 의원수	419	182	116	116	68	63	50	-	431	169	131	169	197	243	284	260		2,898

출처: 행정안전부(2014), 지방의회현황(제7기)

요컨대 이 시기에는 지방의회제도가 유급제 지방의회로서 선거직 공무원으로서 유권자에 대한 책임을 다해야 하는 직책으로 전환된 것이다. 즉 그 이전의 시기는 선거로 선출된 명예직이었기에 기본적으로 자원봉사(volunteer)로서 주민대표로서 공동체에 봉사하는 개념이었다면, 2006년이후의 지방의회는 급여와 책무가 있는 공무원으로서 공공행정기관의 직원이라는 개념으로 대전환이 일어난 것이다[15]. 이 점에서 2006년의 지방자치제도 설계시에 대의회제에서 '소의회제'로의 의원정수 대감축이라든가, 정책의회로서 지역공공문제에 대한 숙의 공론의 장으로서 지방의회가 역할과 기능을 새롭게 할 수 있도록 조직개편이 일어났어야 하는데, 명예직 시대의 조직구조를 그대로 이어오고 있다는 것은 소의회제에 부합하는 지방의회 제도설계의 지체라고 하지 않을 수 없다.

15 공무원으로서 보수에 상응하는 직무를 수행하고, 그 직무에 대해 관리를 지방의회조직에서 받으며, 직무성과에 대한 평가와 직무교육과 훈련을 받아야 하는 지위로 전환된 것임. 그럼에도 명예직의 의회조직운영에 입각한 조직설계가 계수되고 있는 것은 문제라고 할 것임.

Ⅳ. 지방의회의 30년 의정활동 분석 2(사무기구와 입법활동) : 시도의회를 중심으로

1. 사무기구 분석

의회사무기구는 의회의 사무를 처리하고, 위원들의 활동을 보조하기 위하여 조례로 정하는 바에 의하여 설치되어 있다. 시도의회는 사무처를 두고, 시군구의회에는 사무국 또는 사무과를 둔다.

의회의 사무기구는 의회기능을 효율적으로 수행하는데 필요한 사무를 처리하기 위한 것으로 의회의 본질적 업무인 조례안의 심의의결, 예산안의 심의확정과 기타활동을 수행하기 위하여 각종 사무의 보조 및 지원을 필요로 하는 것이다.

의회사무기구는 지방자치단체의 보조기관, 소속행정기관, 하급행정기관과는 구별되지만, 기관대립형의 의회제도를 채택하고 있는 한국의 경우, 법인격을 구비한 지방자치단체 내에서 집행기관과는 대립되는 의결기관으로서 지방의회를 두는 지방자치법의 취지를 고려할 때, 의회사무기구는 의회의 원활한 운영과 지원을 위하여 설치된 의회의 내부기구로서 의회사무의 전결권의 범위안에서 권한을 행사하고, 그 대표권은 의장을 통해서만 행사된다고 해야 할 것이다.

의회사무기구의 사무처장은 의장의 명을 받아서 의회의 사무를 통할하고, 소속 공무원을 지휘감독한다. 사무처장의 직위에서 나오는 권한은 사무통할권, 소속공무원의 지휘 감독권으로 구분할 수 있다. 사무통할권은 일반행정사무에 관한 사무전반에 미치고, 직무의 성질상 의회의 행정사무가 아닌 의안의 심사와 직접 관련된 사무에는 미치지 않는다. 사무국장의 경우, 권한을 행사함에 있어, 절차상의 제한으로서는 의장의 명을 받아서 행사하여야 한다는 점이다.

사무처장의 보좌기관으로서는 당해 지방자치단체의 의회규모나 재정형편 등에 따라 각각 조례로써 달리 둘 수 있으므로, 일률적으로 말하기는 어렵다. 다만 의회사무기구로서 최소한의 기능인 총무기능, 의사진행보조기능, 기록기능 등을 관장하는 조직과 직원은 필수적으로 필요하다.

이외에 시도의회의 경우에는 의회사무처의 하부조직으로서 담당관을 설치할 수 있고, 총무 또는 의정담당관(총무담당, 경리담당, 자료담당, 공보담당)과 의사담당관(의사담당, 의안담당, 기록담당)을 두고 있다. 또 시도의회의 경우에는 의원들의 입법 및 예산 등의 정책지원을 위해 입법 및 예산 관련 담당관과 홍보담당 부서를 추가로 설치하기도 한다.

서울특별시의회의 경우에는 언론홍보실, 입법정책자문관, 입법담당관, 예산정책담당관이 있고, 경기도의회에는 언론홍보담당관, 입법정책담당관, 예산정책담당관이 있으며, 부산광역시의회와 강원도의회에는 홍보담당관, 입법정책담당관이 있다. 대구광역시의회는 홍보담당관, 입법담당관이 있으며, 인천광역시의회와 광주광역시의회, 울산광역시의회, 충청북도의회에는 입법정책담당관이 있다. 대전광역시의회에는 입법정책실이 있으며, 전라남도의회에는 정책담당관이 있다. 경상북도의회에는 입법정책담당관이 있고, 경상남도의회와 제주특별자치도에는 입법담당관이 있다. 충청남도의회에는 입법정책 담당관과 예산분석담당관이 있다. 이처럼 지방의회는 그 실정에 따라 기구 구성에서는 다소 차이가 있다.

한편, 전문위원은 의안과 청원 등의 심사, 행정사무감사 및 조사 소관사항과 관련한 검토, 관련자료의 수집 조사 연구를 행하도록 지방자치법에서 위원회에 두도록 하고 있다. 직급과 정수는 지방자치단체의 기구 및 정원규정에서 정하고 있다.

전문위원은 의회사무기구의 소속 공무원이면서, 위원회에서 의안과 청원 등의 심사, 행정사무감사 및 조사, 그밖에 소관사항과 관련하여, 검토보고 및 관련자료의 수집, 조사, 연구 등의 기능을 수행하도록 하고 있으며, 지방의회의 사무기구 설치 등에 관한 조례에서 위원회에 전문위원이 아닌 공무원을 둘 수 있도록 하고 있다.

전문위원은 소속위원회의 사무를 처리함에 있어, 소속위원회의 위원장의 지휘를 받아, 위원회의 의안심사와 의사진행을 보좌하고, 그 외의 일반적인 사무에 대해서는 의회사무처장의 지휘 감독을 받도록 하고 있다.

지방자치법에서 시도의회의 위원회에 전문위원을 두도록 하고 있고, 특별위원회에도 전문위원을 둘 수 있다. 2010년 6월 30일 개정된 지방자치단체의 행정기구와 정원 기준 등에 관한 규정에서 전문위원 직급과 정수는 지방의회별 의원정수 기준에 의하여 책정하도록 하고 있다. 제주특별자치도의회의 경우에는 특별자치도 설치법에서 도의회의 조례제정, 개폐, 예산결산심사, 행정사무감사 및 조사 등의 활동을 지원하고, 도의회의원 또는 상임위원회의 의정활동을 지원하기 위하여, 상임위원회별로 3인 이내의 정책자문위원을 둘 수 있도록 하고 있다. 제주특별자치도의회에는 최대 21명의 정책자문위원을 배치 운용할 수 있다.

아래의 표는 역대 시도의회 사무처의 기구 현황에 대한 것을 정리해 보았다. 상임위수는 점점 늘어 20개정도가 증가한 것을 알 수 있다. 시도의회의 분야별 전문적인 심의를 위하여 상임위 수가 늘어나는 것을 알 수 있다.

사무직원의 총인원도 200여명이 늘어난 것을 알 수 있다. 구체적으로 보면, 처장급은 16내지 17명으로 일정하게 유지되고 있으나, 4급의 담당관이 점점 조금씩 늘어나는 것을 알 수 있고, 5급 담당이 제4기부터 100여명 갑자기 늘고 있는 것을 알 수 있다. 또 5급의 전문위원이 제5기부터 50여명이 신설된 것을 알 수 있다. 그리고 제5기부터 제주특별자치도에 정책자문위원 채용되어 제7기에는 21명에 이르고 있다.

<표12> 역대 시도의회 사무처 기구 현황[16]

	제1기	제2기	제3기	제4기	제5기	제6기	제7기
상임위수	90	93	89	89	93	111	111
사무국직원 총인원		1296[16]	1176	1335	1524	1753	1547
처장(1-3급)		16	16	16	16	17	17
담당관(4급)		34	31	32	41	49	56
담당(5급)				133	147	126	

16 사무처표준정원기준임.

전문위원 (4급)		107	94	95	97	116	108
전문위원 (5급)					53	57	69
전문위원 (6-8급)				58			
정책자문 위원					13	22	21
사무직원 (기록요원) (기타) (계약직)		1139 (178) (347)	1035 (145) (321)	995 (151) (348) (56)	1157	1346	1094
의원정수	866	1034	690	682	738	855	794

<그림1> 시도의회 상임위수 변화

상임위 수

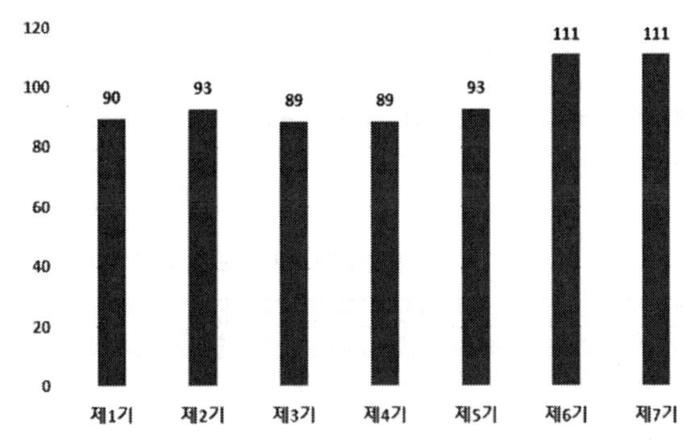

<그림2> 시도의회 사무국직원 인원 변화

상임위 수	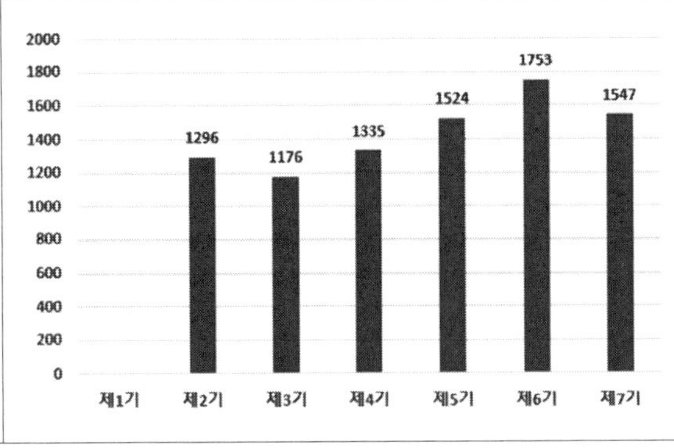

2. 입법활동 분석

▶ 제1기 시도의회 조례안 처리

제1기 광역시도의회의 조례제정과 개폐처리실적을 보면, 5,165건이 접수되어, 5046건이 처리되고, 119건이 미처리되었다. 처리된 내용을 보면, 원안가결이 4,285건이고 수정가결이 590건이며, 부결이 56건, 폐기가 50건, 철회가 65건임을 알 수 있다.

<표13> 제1기 시도의회 조례제정 개폐처리상황

접수	처리	미처리	처리내용				
			원안가결	수정가결	부결	폐기	철회
5165	5046	119	4285	590	56	50	65

출처: 내무부(1996). 제1기 지방의회백서(p70)

다음은 제1기 광역시도의회의 조례정비의 유형별 내용을 보면, 행정조직운영분야가 1083건으로 가장 많고, 세무회계가 832건, 교육자치가 799건으로 그 다음을 잇고 있음을 알 수 있다. 의회에 대한 것은 391건에 그치고 있다.

<표14> 제1기 시도의회 조례정비 유형별 내용

유형	의회	세무 회계	사회 환경 복지	지역 경제 농수산	도시 건설 주택	행정 조직 운영	교육 자치	기타	합계
건수	391	832	467	510	473	1083	799	610	5165

출처: 내무부(1996). 제1기 지방의회백서(p71)

▶ 제2기 시도의회 조례안 처리

제2기 광역시도의회의 조례 제정과 개폐의 실적을 보면, 3,939건이 접수되어, 처리된 것은 3,868건이 처리되었다. 구체적으로 보면, 원안가결이 2,949건이고, 수정가결이 744건으로 19.2%가 수정가결되었다. 미처리가 71건이고, 부결이 44건, 폐기가 59건이며, 철회가 75건이다.

<표15> 제2기 시도의회 조례제정 개폐처리상황

접수	처리	미처리	처리내용				
			원안가결	수정가결	부결	폐기	철회
3939	3868	71	2946	744	44	59	75

출처: 행정자치부(1999). 제2기 지방의회백서(p58)

조례정비실적을 유형별로 보면, 행정조직운영이 1,065건으로 가장 많고, 사회환경복지와 지역경제농수산이 446건으로 많고, 도시건설주택도 405건에 이르고 있다.

<표16> 제2기 시도의회 조례정비 유형별 내용

유형	의회	세무 회계	사회 환경 복지	지역 경제 농수산	도시 건설 주택	행정 조직 운영	교육 자치	기타	합계
건수	255	357	446	446	405	1065	549	345	3868

출처: 행정자치부(1999). 제2기 지방의회백서(p58)

▶ 제3기 시도의회 조례안 처리

제3기 시도의회 조례제정과 개폐처리 상황을 보면, 접수가 5,350건이고, 이 중 미처리된 것이 75건이며, 처리된 것은 5275건에 이르고 있다. 의회당으로 보면, 334건 정도를 처리한 것을 알 수 있다. 처리내용을 구체적으로 보면, 원안가결이 3,788건이고, 수정가결이 1,309건이며, 부결이 54건, 폐기가 41건이며, 철회가 83건이었다.

<표17> 제3기 시도의회 조례제정 개폐처리상황

접수	처리	미처리	처리내용				
			원안가결	수정가결	부결	폐기	철회
5350	5275	75	3788	1309	54	41	83

출처: 행정자치부(2003). 제3기 지방의회백서(p148)

조례정비유형을 보면, 제3기 시도의회의 조례정비실적은 5,275건이고, 이 중에서 행정조직운영이 1,333건으로 가장 많았고, 교육자치분야 787건, 사회환경복지 736건으로 많았다. 의회분야는 273건이었다.

<표18> 제3기 시도의회 조례정비 유형별 내용

유형	의회	세무 회계	사회 환경 복지	지역 경제 농수산	도시 건설 주택	행정 조직 운영	교육 자치	기타	합계
건수	273	455	736	680	673	1333	787	338	5275

출처: 행정자치부(2003). 제3기 지방의회백서(p93)

▶제4기 시도의회 조례안 처리

제4기 시도의회의 조례제정과 개폐처리 상황을 보면, 접수가 4,546건이고, 이 중 미처리된 것이 80건이며 처리된 것은 4,466건에 이르고 있다. 의회당으로 보면, 279건 정도를 처리한 것으로 볼 수 있다. 처리내용을 구체적으로 보면, 원안가결이 3,359건이고, 수정가결이 968건이며, 부결 42건, 폐기 47건이고, 철회는 50건이었다.

<표19> 제4기 시도의회 조례제정 개폐처리상황

접수	처리	미처리	처리내용				
			원안가결	수정가결	부결	폐기	철회
4546	4466	80	3359	968	42	47	50

출처: 행정자치부(2007). 제4기 지방의회백서(p148)

조례정비유형별 현황을 보면, 행정조직운영에 대한 조례정비가 1,195건으로 가장 많고, 교육자치분야가 716건으로 다음으로 많다. 그 다음을 잇는 것이 사회환경복지분야로서 614건이며, 지역경제농수산이 496건이다. 의회분야는 261건이다.

<표20> 제4기 시도의회 조례정비 유형별 내용

유형	의회	세무 회계	사회 환경 복지	지역 경제 농수산	도시 건설 주택	행정 조직 운영	교육 자치	기타	합계
건수	261	337	614	496	532	1195	716	315	4466

출처: 행정자치부(2007). 제4기 지방의회백서(p148)

▶ 제5기 시도의회 조례안 처리

제5기의 지방의회는 유급제로의 전환으로 새로운 패러다임의 의정활동의 성과를 만든 시기였다고 할 수 있다. 특히 의원들의 발의한 조례건수가 제4기에 비하여, 3배가량 증가하였다.

구체적으로 제5기 시도의회의 조례안처리에 대한 의정활동을 보면, 총 6,832건이 접수되어, 6,670건이 처리되었다. 이 중에 미처리된 것이 162건이고, 처리된 것은 원안가결이 4,908건이며, 수정가결이 1,521건이었다. 부결은 43건이었고, 폐안은 116건이며, 철회는 82건이었다.

<표21> 제5기 시도의회 조례제정 개폐처리상황

접수(A)			처리(B)			미처리(C=A-B)			처리내용				
단체장 발의 (교육감)	의원 발의	소계	단체장 발의	의원 발의	소계	단체장 발의	의원 발의	소계	원안 가결	수정 가결	부결	폐안	철회
4736 (751)	2096	6832	4698 (748)	1972	6670	38 (3)	124	162	4908	1521	43	116	82

출처: 제5기 지방의회백서(p126)

조례정비실적을 유형별로 보면, 사회복지환경 1,047건으로 가장 많고, 도시건설주택이 1,031건, 행정조직운영이 1,202건으로 그 다음으로 많다. 다음으로는 지역경제농수산이 888건, 교육자치가 810건이고, 의회에 대한 것은 392건이다.

<표22> 제5기 시도의회 조례정비 유형별 내용

유형	의회	세무 회계	사회 환경 복지	지역 경제 농수산	도시 건설 주택	행정 조직 운영	교육 자치	기타	합계
건수	392	597	1047	888	1031	1201	810	708	6670

출처: 행정안전부(2011). 제5기 지방의회백서(p128)

▶ 제6기 시도의회 조례안 처리

다음은 제6기 조례안 처리에 관한 의정활동을 보면, 총 8,911건이 접수되어 8,496건이 처리되었다. 처리내용을 보면, 원안가결이 5,967건이고, 수정가결이 2,124건이며, 부결은 59건, 폐안은 207건이며, 철회는 139건이었다. 구체적인 내용을 표로 정리해 보면 다음과 같다.

<표> 제6기 시도의회 조례제정 개폐처리상황

접수(A)			처리(B)			미처리(C=A-B)			처리내용				
단체장 발의 (교육감)	의원 발의	소계	단체장 발의	의원 발의	소계	단체장 발의	의원 발의	소계	원안 가결	수정 가결	부결	폐안	철회
4728 (1085)	4129	8911	4665 (1064)	3831	8496	117 (21)	298	415	5967	2124	59	207	139

출처: 제6기 지방의회백서(p130)

▶ 제7기 시도의회 조례안 처리

다음은 제7기 조례안 처리에 관한 의정활동을 보면, 총 13,527건이 접수되어 12,838건이 처리되었다. 처리내용을 보면, 원안가결 9,828건이고, 수정가결은 2,423건이었으며, 부결은 55건, 폐안은 392건이었다. 철회는 140건이었다.

<표23> 제7기 시도의회 조례제정 개폐처리상황

접수(A)			처리(B)			미처리(C=A-B)			처리내용				
단체장 발의 (교육감)	의원 발의	소계	단체장 발의	의원 발의	소계	단체장 발의	의원 발의	소계	원안 가결	수정 가결	부결	폐안	철회
5766 (974)	7761	13527	5705 (964)	7133	12838	61	628	689	9828	2423	55	392	140

출처: 제7기 지방의회백서(p123)

지금까지의 내용을 전체적으로 지난 30년간의 시도의회 조례제정 개폐처리상황을 처리건수를 기준으로 비교한 추이를 보면 다음과 같다.

<표24> 제1기-제7기 시도의회 조례제정 개폐처리상황

	제1기	제2기	제3기	제4기	제5기	제6기	제7기
단체장발의 (교육감발의)	4542 (757)	3508 (632)	4762 (830)	3752	4736 (751)	4782 (1085)	5705 (964)
의원발의	623	360	513	557	2096	4129	7133
합계	5165	3868	5275	4309	6832	8911	12838

여기서 제1기부터 제7기까지의 조례안 발의에 대한 추이를 그래표

로 보면 다음과 같다.

<그림3> 제1기-제7기 시도의회 조례제정 개폐처리상황

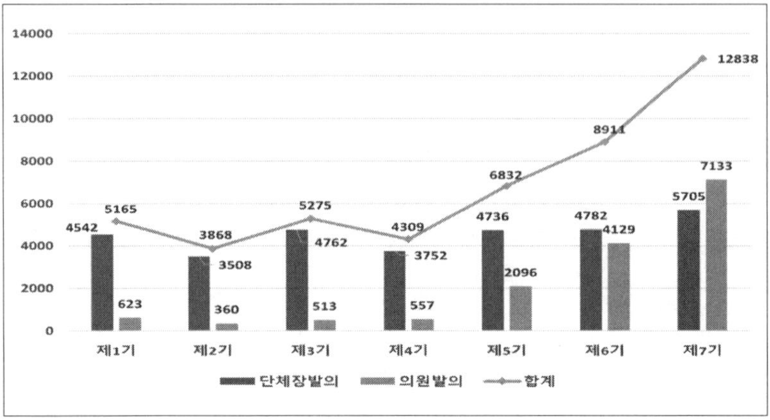

이 그래프를 보면, 제5기 이후로 의원들의 조례안 발의가 수백 %씩 급증하고 있음을 알 수 있다. 즉 제5기의회에서 제4기에 비해 400% 증가하였고, 제7기 의회의 의원발의 조례안은 제4기에 비하면, 1280% 급증한 것을 알 수 있다.

이처럼 한국의 지방의회제도가 명예직에서 유급제로 전환하게 되면서, 의원들의 지방의회에 대한 전문성이 급속하게 높아지게 된 성과가 있음을 알 수 있다.

V. 주민주권 패러다임에 입각한 의회역량 함양 방안

단체자치에 입각한 대의제 민주주의 제도에서 지방의회는 국가의 지방자치단체의 의결기구로서의 역할로 제한되었고, 지방의회의 역량은 지방자치단체의 조례를 얼마나 많이 제정하는가가 중요한 평가의 기준이 되었다. 사무기구의 역사적 궤적에서 본 것처럼, 사무인력은 지난 30여년간 거의 변화가 없었다.

또 단체자치에 입각한 지방의회는 명예제에 의한 의원선출에서 출발한 것이어서, 유급화가 2004년부터 도입되었지만, 시도의회와 시군구의회간에 그 유급화의 정도는 격차가 크다. 즉 시도의회의 경우에는 풀타임의 의정활동이 가능할 수 있을 정도의 의정활동비와 수당이 지급되지만, 시군구의회의 경우는 명예직의 의정활동에서 실비보상 정도의 의정활동비와 수당이 지급되어, 지방의원으로서 풀타임의 의정활동을 하기에는 제약이 있다고 할 것이다.

여전히 주민들과 지방의원들간의 거리는 멀어서, 지방의원 1인이 대표하여야 하는 주민수는 1만 3천797명에 이를 정도여서 지방공무원 1인이 담당하는 주민수 150명과 비교할 때, 지방의원들이 주민들의 구체적인 일상생활을 대표하거나 대변하기가 쉽지 않은 구조이다.

이러한 단체자치에 입각한 대의민주주의의 한계를 보완하거나 극복하기 위하여 주민주권에 입각한 직접민주주의의 제도를 도입할 수 있는 방향이 제시되었고, 이에 부합하는 지방의회의 바람직한 방향은 무엇이고 그러한 지방의회의 역량함양은 어떤 방식으로 생각해야 할 것인가가 앞으로의 과제라고 할 것이다.

주민주권에 입각한 지방자치 패러다임에서 요구되는 지방의회의 모습은 풀뿌리의회이다. 풀뿌리의회는 주민들이 주권자로서 직접 입법과정과 지방자치의 의사결정과정에 참여하는 의회를 의미한다. 고대 그리스 아테네의 민회나 토크빌의 타운쉽의 타운미팅과 같은 방식으로 운영되는 의회의 모습이다. 최근 한국에서 읍면동 계층에 주민총회를 도입하여, 풀뿌리 민주주의를 구현해 보려고 시도하는 것과 같은 형태도 이러한 풀뿌리의회로 나아가기 위한 시도들이라고 할 수 있다.

그렇다면, 이러한 주민주권 패러다임에서 말하는 풀뿌리의회의 역량은 대의민주주의와 단체자치에서 보여준 지방의회의 역할과 역량과는 다른 형태의 역할과 역량이 요구되는 것이라고 할 수 있다.

풀뿌리의회에서는 주권자로서 주민들이 직접 조례를 발안할 수 있어야 한다. 그리고 입법과정과 지방자치정부의 의사결정과정에 주민들이 직접 참여하여 의사결정이 이루어지는 구조를 가지고 있도록 설계되어야 한다. 물론 주권자인 주민들이 모두 참여하는 것이 현실적으로 어렵다면, 과반출석에 과반의결이라든지, 참석자의 과반의결이라든지 다양한 사안에 따라 의사결정의 방식이 다양하게 규정되어 있어야 한다.

이를 위해서는 주민총회의 위임을 받은 집행대표들이 선출되어, 이들에 의한 전문적인 논의와 검토를 거칠 수 있도록 전문위원회의 구성도 필요하다. 또 이러한 전문위원회나 주민총회의 운영을 담당하는 담당자들도 주민총회에서 선출되거나, 사무기구의 구성을 조직하는 의사결정이 있어야 할 것이다.

풀뿌리 의회에서는 단체자치의 지방의회 의원들의 전문성을 지원하기 위한 정책지원전문인력이 별도로 필요하지 않을 수 있다. 시민사회의 주권자로서의 주민들이 이미 생활정치 문제의 전문가여서 이들이 직접 참여하여 의사결정하거나, 난이도가 높은 정책문제들은 주권자로서의 주민 중에서 정책경험이 있는 은퇴자로서의 주민이나, 대학이나 학회, 언론 등에서 정책문제에 전문성을 가진 주민들로부터 자문을 받거나 일정한 정도의 지원을 자원봉사로서 받으면 되는 것이다.

즉 풀뿌리 의회는 주민들이 직접 의사결정이나 입법논의에 참여하는 것이기에, 단체자치의 지방의회에게 요구되었던 역량이나 개혁 사안과는 다른 새로운 역량이 요구되는 것이다. 이 점에서 시도의회는 시군구의회와 소통하고, 시군구의회의 공론장을 거쳐서 입법논의가 진행되어야 할 것이다. 또 시도의회는 읍면동이나 통리 혹은 단지(혹은 블록)단위의 주민공동체 총회와의 다양한 소통의 네트워크를 가지고 풀뿌리총회에서의 공론 의제 중에서 스스로 해결하기 어려운 의제들이 여과되어서 시도의회에 대한 조례발안이나 청원으로 이어질 수 있도록 시도의회 의원들이 보다 더 주권자인 주민 혹은 주민공동체 조직과의 소통이 강화되는 방향으로 법제와 의회운영이 되어져야, 주민주권시대의 시도의회의 역량이 강화될 수 있을 것이다. 단지 입법의 전문성을 높이기 위하여 사무처 조직의 인력을 증원하거나, 인사권을 이전받는 것만으로 의회의 역량이 혁신적으로 제고된다고 하기는 어려울지도 모른다.

참고문헌

김건위 · 김필두 · 이병기. 2021. 지방분권확대에 따른 지방의회 의정역량 제고방안: 사무기구를 중심으로. 한국지방행정연구원

김순은 · 송하진 · 정용덕 · 정해구 외 23인. 2022. 한국의 지방자치:분권, 치리, 정책. 법문사

김상미. 2022. 지방의회. 한국의 지방자치, 법문사

김태완 · 이병재 · 김범수 · 박선경. 2020. 광역의회 의정활동 성과분석:재선추구 의도와 의안발안. 21세기정치학회보 30(4). p 87-110

박순종. 2021. 지방의회의원 정책지원 전문인력 도입을 위한 쟁점과 차등적 제도설계방안. 한국지방자치학회보 33(2). p119-145

박순종 · 이승모. 2021. 지방자치 부활이후 지방의회 의정활동에 대한 시계열적 평가. 한국지방자치학회보 33(3). p1-26

이청수. 2011. 지방의회론. 브렌즈.

한국지방자치학회, 2019. 신지방의회론. 박영사

내무부. 1996. 지방의회백서(1991.4-1995.7)

행정안전부. 2021. 제1기 및 제2기 지방의회백서

행정안전부. 2011. 지방의회백서(2006.7-2010.6)

행정안전부. 2020. 지방의회백서(2014.7-2018.6)

행정자치부. 2015. 지방의회백서(2010.7-2014.6)

06

의회개혁과 정책지원[1]

I. 문제제기

지방자치법이 전부개정되어 자치분권을 확대하는 기틀을 마련하였다는 평가를 하고 있다. 지방자치를 바라보는 관점에서 지방자치단체에 초점을 두었던 패러다임에서 주민자치에 초점을 두는 패러다임으로 전환을 하였다는 의미에서 자치의 본질에 입각한 지방자치법이라고 해야 할 듯하다.

즉 지방자치는 그 주권자인 주민이 생활자치를 위한 자치권을 가지고 공공문제를 관리하고 결정할 수 있는 자치정부(self-government)를 구성하고 그 정부의 지배를 받는 비지배자유를 가진 존재로서 인식하여야 하는 것이다.

주민주권에 입각한 지방자치라고도 하는 개념과 유사하고, 지방정부의 정책결정과 집행과정에 대한 주민의 참여권을 법률적으로 인정하고 있어야 하는데, 이번 지방자치법의 전부개정은 바로 이러한 지방자치에 대한 인식의 전환, 가치관과 철학의 대 전환을 시도한 점에서 높이 평가할 만하다.

즉 획기적인 주민자치의 구현을 위하여 주민이 조례발안을 할 수 있또록 한다든지, 참여연령을 18세로 하향조정하였다는지, 지방자치단체의 기관구성형태를 선택할 수 있는 근거를 마련한다든지 하는 내용은 주민자치 패러다임의 도입을 선언하는 것이다.

한편, 지방자치단체의 역량강화와 자치권을 확대하는 단체자치의 강화도 이번 지방자치법 개정의 주요한 내용인데, 본 고의 주된 논의인 지방의회의 역량강화를 위한 정책지원 전문인력 제도는 이와 관련된다고 할 것이다.

즉 자치단체의 역량강화를 위하여 중앙정부의 자의적인 사무배분을 막고, 지역적인 사무를 지역에 우선 배분하는 보충성의 원칙을 도입한다든가, 지방자치단체의 자치입법권을 강화한다든지, 지방의회의 사무직원의 임용권을 의회의장에서 부여하고, 자치입법이나 예산심의, 행정사무감사 등을 지원할 정책지원 전문인력을 도입하는 것으로 지방의회의 독립성과 전문성을 강화한다는 것이다.

그런데 여기서 지방의회의 역량을 강화할 것인가 지방의원의 역량을 강화할 것인가라는 논란이 있을 수 있다. 즉 지방의회의 전문성을 강화한다는 것은 지방의회의 역할과 기능의 관점에서 전문성을 강화한다는 것인데, 지방의회는 조직으로서 바라볼 수도 있고, 지방의회를 구성하는 지방의원이라는 개인의 관점에서 바라볼 수도 있다. 다시 말해, 지방의회의 전문성을 강화한다는 것을 어떻게 이번 지방자치법 전부개정의 입법자가 생각하고 있는가를 보면 후자의 관점, 즉 지방의원 개인의 전문성을 강화하는 것으로 보여진다.

이것은 지방자치법 제 41조의 의원의 정책지원 전문인력에 관한 조항이 지방자치법 제 4장 선거의 제2절 지방의회의원에 대한 규정을 둔 부분에 위치하고 있는 것에서 알 수 있다[1]. 만일 지방의회의 전문성 강화를 조직으로서의 지방의회의 역량강화로 보았다고 한다면, 제6절 위원회나, 제12절 사무기구와 정원에 대한 규정을 둔 부분에 두어야 할 것이다.

즉 이번 지방자치법 전부개정의 입법자들은 정책지원 전문인력이라 함은 지방의원 개인의 전문성과 역량을 강화하기 위한 것임을 알 수 있다.

지방자치법의 제6절 위원회의 제68조 전문위원을 보면, 위원회에는 위원장과 위원의 자치입법활동을 지원하기 위하여 지방의회의원이 아닌 전문지식을 가진 위원(이하 전문위원)을 둔다고 되어 있고, 전문위원은 위원회에서 의안과 청원 등의 심사, 행정사무감사 및 조사, 그밖의 소관사항과 관련하여 검토보고 및 관련자료의 수집, 조사, 연구를 한다고 되어 있고, 위원회에 두는 전문위원의 직급과 수는 대통령령으

---

1 법41조(의원의 정책지원전문인력) ① 지방의회의원의 의정활동을 지원하기 위하여 지방의회의원 정수의 2분의 1범위에서 해당지방자치단체의 조례로 정하는 바에 따라 지방의회에 정책지원 전문인력을 둘 수 있다. ②정책지원 전문인력은 지방공무원으로 보하며, 직급 직무 및 임용절차 등 운영에 필요한 사항은 대통령령으로 정한다

로 정한다고 되어 있다. 즉 지방의회의 조직으로서의 전문성을 확보할 수 있는 제도적 장치는 이미 지방자치법 제68조에 있는 셈이다.

또, 제12절의 사무기구와 직원을 규정하고 있는 제102조 사무처 등의 설치를 보면, 시도의회에는 사무를 처리하기 위하여 조례로 정하는 바에 따라 사무처를 둘 수 있다고 하고, 사무처장, 사무국장, 사무과장 및 직원은 지방공무원으로 보하도록 하고 있다.

따라서 본 고에서는 지방의원의 전문성을 강화하기 위한 정책지원 전문인력에 초점을 두고 논의를 전개해보고자 한다.

Ⅱ. 지방자치의회와 정책지원전문인력에 대한 이론적 검토

1. 지방의회의 역할과 기능

지방의회는 헌법상의 지위를 가지는 기관이다. 한국헌법은 제헌헌법이래로 지방자치에 대한 별도의 장을 두고 있고, 현행 헌법 117조와 118조에서 지방자치단체에 지방의회를 두도록 규정하고 있다. 또 지방의회는 주민대표기관으로서의 지위를 가지고 있다. 헌법에서 주권재민과 민주공화정을 선언하고 있는 것은 국가의 중앙정부만이 아니라 지방자치단체에도 적용되는 것이라고 보아야 하고, 지방의회는 주민의 대표기관으로서 입법권을 가지고 있다고 보아야 한다.

즉 헌법 제117조에서 지방자치단체는 법령의 범위안에서 자치에 관한 규정을 제정할 수 있는 권한을 가지고 있고, 전부개정된 지방자치법 제28조에서 지방자치단체는 법령의 범위 안에서 조례를 제정할 수 있고, 법령에서 조례로 정하도록 위임한 사항에 대해서는 그 법령의 하위법령에서 그 위임의 내용과 범위를 제한하거나 직접 규정할 수 없도록 하여, 지방의회의 자치입법권을 보장하고 있다[2].

또 지방의회는 집행기관에 대한 통제와 감시기관으로서의 지위를 가진다. 집행기관의 행정사무에 대한 감사권과 조사권, 지방자치단체장에 대한 서류제출요구권, 자치단체장 및 관계공무원에 대한 출석요구와 행정사무 처리상황 보고 및 질문권 등이 지방자치법에 규정되어 있다.

지방의회는 이러한 헌법과 법률상의 지위를 바탕으로 주민대표기능, 정책문제 제기기능, 의결기능 정책감시기능이라고 하는 4가지의 기능을 수행한다고 할 수 있다(박기관, 2016:3).

여기서 본 고의 논의대상이 되는 지방의원들의 정책활동을 위하여 지방의원들의 지위에 대해서 살펴보면, 지방의원의 지위와 기능에서 유출되는 것으로 주민대표자로서의 지위, 지방의회 구성원으로서의 지위, 선거직 공무원으로서의 지위, 지방정치인으로서의 지위를 들 수 있다(한국지방자치학회, 2019: 222-224).

다시 말해 지방의원은 주민대표자로서 전체주민의 이익을 위한 공

2 제28조(조례) ① 지방자치단체는 법령의 범위에서 그 사무에 관하여 조례를 제정할 수 있다. 다만, 주민의 권리 제한 또는 의무 부과에 관한 사항이나 벌칙을 정할 때에는 법률의 위임이 있어야 한다. ② 법령에서 조례로 정하도록 위임한 사항은 그 법령의 하위 법령에서 그 위임의 내용과 범위를 제한하거나 직접 규정할 수 없다.

공활동을 수행하거나 지역선거구주민들의 공공문제를 대변하는 활동을 하여야 한다. 이것을 지역대변활동이라고 할 수 있다.

또 지방의회 구성원으로서 합의제 기관이 지방의회의 의사를 형성하는 역할을 수행해야 한다. 지방의회는 조례제정활동, 예산심의의결활동, 행정사무감사활동, 청원수리권, 자율운영권 등을 가지고 있으므로, 지방의원의 활동으로서도 조례입법활동, 예산심의와 행정사무감사를 위한 조사 및 연구활동, 의회운영에 대한 참여활동 등으로 구분할 수 있다.

다음으로 지방의원은 선거직 공무원 및 지방정치인으로서 지방정부의 중요한 공공문제에 대해서 지역주민의 의견을 수렴하고 토론하며 정책결정을 하게 되므로, 정책형성활동과 정책결정활동을 하게 된다.

그렇다면, 지방의원의 의정활동은 다음과 같이 정리해 볼 수 있다.

<표1> 지방의원의 의정활동 도출표

지방의회의 지위와 기능	지방의원의 지위	지방의원의 의정활동
주민대표기능	주민대표자로서의 지위 선거직공무원으로서의 지위	지역대변활동 (청원수리활동)
정책문제제기기능	지방정치인으로서의 지위	정책형성활동 (조례입법활동)
의결기능	지방정치인으로서의 지위	정책결정활동 (조사 및 연구활동)
정책감시기능	지방의회구성원으로서의 지위	의회운영참여활동

요컨대, 지방의회 본질적 구성원으로서의 지방의원의 의정활동은 크게 지역활동, 정책활동, 사무활동으로 구분할 수 있고, 지방의원의

전문성 강화나 전문성 지원은 각각 지역활동 지원, 정책활동지원, 사무활동지원으로 구분하여 논의할 수 있을 것이다[3].

2. 지방의회의 전문성 강화

지방의회가 전문성을 구비한다는 것은 어떻게 되어야 한다는 것일까? 지방의회가 조직으로서의 전문성을 구비하는 방법과 지방의회의 의원들이 전문성을 구비하는 것으로 크게 나눌 수 있다. 전자의 경우는 의회조직의 규모가 분화되어 커지거나 고용 인력의 수가 많아지면 일반적으로 조직으로서의 전문성이 높아진다고 할 수 있을 것이다. 후자의 경우는 전문성을 가진 지방의원을 선거를 통해서 유권자들이 선출한다면 가장 좋은 방법이지만, 선거과정이 꼭 전문성만을 가진 사람을 선출하게 되는 것이 아니라 다양한 유권자들의 이해관계나 선호를 잘 대변해 줄 사람을 의원으로 선출하게 된다고 할 때, 전문성을 구비하지 못하더라도 유권자의 이해관계나 선호를 잘 대변하는 사람이 선출되게 될 것이고, 이 경우, 지방의회의 의정활동에서 정책전문성을 기대하기는 어려울 수 있다.

의회의원에 대한 정책전문성을 지원하기 위하여 의회사무국이나 의회 전문위원실에서 조직적 차원에서 수행하는 활동이 있을 수 있고, 의원개인의 전문성을 확보하기 위한 지원인력을 채용할 수 있는 방법도 있을 수 있다.

3 이 세가지의 구분법에 대해서는 서울특별시의회(2008). 서울특별시의회 의정서포터즈 시범운영 및 제도화방안연구, p73 참조

이와 관련하여 전문성을 구비한 의회가 되기 위해서는 의회자체가 직무세분화가 되어 있어야 하고, 그 직무를 담당한 인력들이 고도의 효과성과 능률성을 가지고 직무를 처리할 수 있도록 전문성을 구비하여야 할 것이다. 또 의회의 전문성(legislative professionalism)이라 함은 의원들이 법안제출과 심의 등의 입법 활동과, 주민의 대표자로서의 역할에 전념하면서, 정책수립과정에서 정책내용과 과정에 대한 이해도가 높아야 할 것이다(한국지방자치학회, 2019:381)[4].

여기서 지방의회의 정책전문성을 제고하기 위해서는 가장 먼저 지방의원의 정책전문성을 제고할 수 있어야 하는데, 선거직으로 선출되는 지방의원들에게 전문성만을 의원의 요건으로 요구하기 어렵다. 오히려 대표성을 효과적으로 확보하고 있는 사람이 지방의회의 의원으로서 대의활동을 수행하는 데 우선요건이라고 해야 할 것이다.

그러나 대표성우선으로 선출되어진 지방의원들에게 의회활동을 수행하는 과정에서는 의정활동에 대한 전문성을 구비하지 않을 경우, 거수기에 불과한 상태로 운영될 수도 있고, 지방의회에 부여되어진 지위와 기능을 제대로 수행하지 못하게 될 위험성이 있게 된다. 따라서 지방의회 제도설계를 통하여 지방의원들의 의정활동이 충분한 전문성을 가지고 직무수행이 이루어지도록 다양한 제도적 장치가 필요하게 되는 것이다.

4 이외에도 Rosenthal(1989)는 전문성을 구비한 의회가 되기 위해서는 먼저 지방의회가 집행부나 중앙정부의 영향력에 종속되지 않는 역량을 구비하면서 견제와 균형을 잡아 줄 수 있어야 하고, 둘째 의원들이 충분한 대표성을 구비하고 있어야 하며, 세째, 법안제정과정에서 지역주민이나 이익집단의 요구를 반영시키면서 민주적 절차를 가지고 운영되어야 한다고 한다. 또 지방의회는 의원들의 정책과 의사결정을 도울 수 있는 충분한 직원과 예산, 제도를 구비하여야 한다고 한다(박명호외, 2018).

이러한 지방의회 의원들의 의정활동을 지원하기 위한 제도적 장치로서 의회조직 내부적으로는 전문위원제도와 사무국조직이 있고, 의회조직 외부적으로는 선거제도개혁을 통하여 중대선거구제의 도입이나 비례대표의석의 확대[5] 등을 통하여 지방의회의 전문성을 제고할 수 있다고 한다. 여기서는 본 고에서 주된 논의를 하게 될 정책지원전문인력[6]을 통해서 어떻게 지방의회와 지방의원들의 정책전문성을 제고할 수 있을 것인가의 논의에 한정하고자 한다.

여기서 지방의회의 전문성을 강화하기 위한 다양한 방법들의 어느 것이든 결국 예산상의 수요가 있는 것이고, 어떤 방식으로 지방의회의 전문성을 강화하는 것이 가장 효율적인 대안이 될 것인가에 대한 검토도 필요하다.

먼저 지방의원이 명예직이었다고 2006년 이후부터 유급직으로 전환되면서, 지방의원들의 의정활동에 대한 예산지원이 이루어지고 있다. 명예직이었을 경우에는 자원봉사의 개념으로 의정활동을 하는 것이었지만, 유급화된 이후부터는 직무수행에 대한 일정한 의무가 부과되는 것이라고 할 것이다

여기서 지방의원의 의정활동에 대한 예산상의 지원을 살펴보면, 지방자치법에서 지방의원의 의정활동에 대한 지원을 위하여 예산상의 수당과 활동비를 지급하고 있다. 즉 법제40조에서 의원의 의정활동비를 지급하도록 규정하고 있는 것이다. 여기에서 3가지의 비용을 예산

5 한정택. 2014. 지방선거제도 개선논쟁의 쟁점과 방향. 한국시민윤리학회 춘계학술회의 논문집. p1-15

6 현재의 지방자치법 전부개정에 의하면 의회개인차원에서의 정책전문성을 지원하기 위한 전문인력을 지방공무원으로 두도록 하고 있는 것이다.

으로 지급하도록 규정하고 있는데, 그것은 의정활동비, 월정수당, 여비이다.

<표2> 지방의원의 의정활동에 대한 예산지원

의원의 의정활동에 대한 금전적 지원	내용
의정활동비	의정자료를 수집하고 연구하거나 이를 위한 보조활동에 사용되는 비용을 보전하기 위하여 매월지급
월정수당	지방의회의원의 직무활동
여비	본회의 의결, 위원회 의결 또는 지방의회의 의장의 명에 따라 공무로 여행할 때 지급

여기서 알 수 있는 것은, 의원들의 의정활동에 대한 것은 직무활동에 대한 수당, 의정활동에 대한 활동비와 여비로 구성되어 있음을 알 수 있다. 직무활동이라 함은 본회의나 위원회에 참여하여 심의 의결하는 것을 의미할 것이고, 의정활동이라 함은 의정자료를 수집하고 연구하는 활동과 보조활동을 의미한다.

그렇다면, 의원들이 지역구 주민들의 지방행정에 대한 민원이나 주민생활에서의 불편한 사항들을 듣고 대변하는 활동은 직무활동으로 볼 것인가 아니면, 의정활동 보조로 볼 것인가가 논란이 될 수 있다. 이에 대해서는 예산을 지급하고 있지 않다는 것은 지역민원활동에 대해서는 자원봉사의 개념으로 무급으로 한다는 암묵적인 전제가 있는 것으로 볼 수도 있다. 즉 현재 지방자치법에서는 지방의원들의 지역민원활동에 대해서는 예산상의 비용을 지급하지 않는 것으로 되어 있는 셈이다.

그러나 의원들이 정책활동을 하기 위해서는 지역민원을 청취하거나 행정사업이 집행되는 과정속에서 발생하는 다양한 공공문제들을 주민들과 소통하는 과정에서 정책문제를 포착하게 되고, 이러한 정책문제를 조례로 발의하거나, 행정사무감사 시에 문제제기 하기도 하며, 차년도의 예산심의과정에서 해결책으로서 토론과 심의를 하게 되는 것이다. 따라서 지방의원들의 지역활동이 정책활동과 전혀 별개의 것이라고 하기 어려운 측면이 있다.

요컨대, 지방의회의 전문성을 강화하기 위하여 지방의원들에 대한 예산지원, 전문위원제도, 사무국조직이 있었던 것이고, 이번 지방자치법 전부개정을 통해 새롭게 정책지원전문인력제도가 생기게 되는 셈이다. 이 전에는 위법이라고 되었던 것이 새롭게 법률의 제도로서 구비되는 것이어서 2022년부터는 혁신적인 지방의회의 전문성제고가 기대되어지는 것이다.

3. 지방의회의 정책활동과 정책지원 전문인력

지방의원의 의정활동에는 그에 상응하는 비용을 지급하고 있는데, 의정활동과 직무활동으로 구분할 수 있다. 즉 법제 40조에는 의정활동에 상응하는 의정활동비와 직무활동에 상응하는 월정수당을 지급하도록 하고 있다. 의정활동비는 의정자료를 수집하고 연구하거나 이를 위한 보조활동에 사용되는 비용을 보전하기 위하여 매월 지급하는 것이고, 월정수당은 지방의회의원의 직무활동에 대하여 지급하는 것이다.

여기서 의원의 의정활동에 대한 부분을 직접적으로 지방자치법은 명기하고 있지 않지만, 지방의회의 의결사항을 통하여 의원들의 직무를 확인할 수 있다. 즉 법제47조를 보면, 지방의회의 의결사항으로서 조례의 제정 개정 및 폐지, 예산의 심의확정, 결산의 승인, 사용료 수수료 분담금 지방세 또는 가입금의 부과와 징수, 기금의 설치운용, 재산의 취득처분, 공공시설의 설치 처분, 예산외의 의무부담이나 권리의 포기, 청원의 수리와 처리, 외국 지방자치단체와의 교류협력 등에 대한 의결을 하는 직무이다.

여기서 조례의 제정 개정 및 폐지만을 보더라도 이에 대한 의결을 위해서는 조례의 내용에 대한 충분한 이해도 있어야 하고, 조례를 제정한다고 한다면, 입법에 대한 전문성을 가지고 있어야 한다. 조례제정을 위해서는 법학적인 소양과 전문성이 있어야 할 것이다.

또 예산의 심의확정이나 결산의 승인을 위해서는 의원으로서 예산내용에 대한 이해는 물론이고, 집행부에서 작성한 예산에 대한 우선순위의 판단과 선택이 가능할 수 있는 안목과 전문성이 확보되어야 합리적인 의사결정이 가능할 것이다.

Ⅲ. 의정활동의 정책지원을 위한 실태분석

1. 서울시의회의 사례

서울시의회는 의정활동에 대한 전문성강화를 위하여 이미 지방자치가 시작된 1992년부터 정책보좌관제에 대한 필요성을 제기하였다. 즉 1992년 4월에 시의원 1인당 5급상당의 정책보좌관을 설치하기 위하여 '시의회 사무처 일부개정조례안'을 의결한 것이다.

이에 대해 당시 임명직이었던 서울시장은 재의요구를 하였고, 이에 대해 대법원은 무효판결로 서울특별시의 조례추진은 난관에 부딪혔던 것이다.

또 1996년에 서울시의회는 '서울특별시 의회 사무처 설치조례중 개정조례안'을 다시 발의하여 유급보좌관제도를 도입하려고 추진하였으나, 대법원에서는 이 조례안이 지방자치법에 위배된다는 이유로 무효판결을 내렸다. 당시 서울시장은 선거로 선출된 시장이었음에도 불구하고, 재의요구를 하였고, 서울시의회의 재의결하였지만, 대법원은 이를 무효판결한 것이다.

그러다가, 2007년 서울시의회는 임시유급직으로 사무보조인력으로서 인턴제를 도입하려고 하였지만, 행정자치부의 반대에 부딪혀 무산되었다.

그러나 서울시의회는 2008년 의정서포터즈라는 이름으로 정책의회를 지원하는 사업을 추진하였고, 이것을 서울시정개발연구원에 위탁하여 의정조사연구 및 의회인력육성사업으로서 추진하였다.

당시 서울시 예산이 약 20조원이었는데, 100여명의 서울시 의원들이 예산심의의결을 할 때, 1인당 2000억원에 대한 내용을 들여다 보아야 하는데, 이것이 시의원 개인에게 맡겨서 될 일이 아니라는 것이었다. 물론 전문위원실이나 사무국의 직원들이 의정활동을 지원하는 것은 사실이나, 이것은 상임위원회 회장부회장이나 시의회의장단에 대한 지원을 하는 것을 우선하게 되어 있어, 보통의 서울시의원들의 의정활동은 개인의 영역이 될 수 밖에 없었던 것이다.

그런데, 국회의원들의 경우, 의정활동을 위하여 6-10여명의 보좌관이 예산으로 채용할 수 있도록 되어 있는데, 서울시의 국회의원들의 경우 약 20여만명에 1명이 선거로 선출되고 있는 것과 비교하면, 유사한 직무를 수행하는데, 서울시의원들에 대한 직무수행의 형평성이 맞지 않는다는 것이다.

그래서 서울시의원들에 대한 정책지원을 할 수 없도록 대법원 판례가 되어 있다고 하면, 연구사업 및 인력양성사업으로 수행할 수 있는 여지가 없는지가 검토되었고, 이것을 서울시정개발연구원에 위탁하여 운영하기로 하였으며, 그 명칭을 의회의정활동에 대한 서포터즈라는 이름으로 사업을 추진한 것이었다.

당시, 이 연구를 맡았던 연구진은 이 사업의 성과를 위하여 사업설계시에, 의원들의 직무를 입법직무, 예산심의직무, 사무감사직무, 지역민원직무, 의원개인직무로 구분하고, 의정서포터즈의 정책직무는 전자3개의 직무에 대해서 지원하는 것으로 하였다. 그리고 10개의 상임위원회별로 의정서포터즈를 나누어서 서울시의원에 대한 1:1의 맞춤형 정책지원을 하도록 하였다. 또 처음 사업제도설계에서는 상임위에 속한 서울시의원들의 의정활동을 지원하기 위해서는 최소한 석박사급의 조사연구역량이 되는 사람을 채용할 것을 제한하였다. 지금도 만일 의정활동에 대한 정책지원전문인력이라 함은 최소한 상임위에서 논의하는 주제들을 조사연구한 결과를 가지고 심의하여야 할 것이므로, 석박사급 학위를 가진 사람들을 채용하는 것이 타당하다고 본다.

그리고 이 사업의 성과관리와 평가를 위하여 매달 의정서포터즈는 성과보고서를 제출하도록 하였다. 그리고 이 성과보고서에 대해서 상임위원회별로 지도교수를 배정하여 의정활동지원에 대한 지도를 수행하였다. 지도교수는 서울시소재의 대학교수들로서 서울시의회 의정지원 교수단을 구성하여 정책분야별로 구성하였다.

또 연말에는 우수한 성과사례보고서에 대해서 심사하고, 시상하는 구조를 두었고, 우수보고서는 책자로 묶어서 발간하였다. 이러한 성과보고서 중에서는 이미 설계된 도로의 노선을 주민들의 의견을 수렴하면서 의정서포터즈가 변경하도록 제안하였고, 이것이 채택되어 수십억원의 예산을 절감한 사례도 있었다.

즉 의정서포터즈제도를 운영하면서 소요되는 비용이 20억원 내외라고 할 때, 이들의 성과보고서를 통하여 제출된 내용이 서울시의회의 예산심의의결에서 절약할 수 있었다고 한다면, B/C분석에서 충분히 타당성이 입증될 수 있을 것이다.

한편, 의정서포터즈 시범운영 및 제도화연구의 일환으로 추진하였던 서울시의회 의정서포터즈는 2010년에는 사업명을 '서울특별시의회 정책역량제고를 위한 연구 및 정책조사 성과관리'라는 목적을 가지고 운영하였다. 이 때 연구설계로서는 연구영역과 정책조사원의 조사활동관리영역으로 나누어서 진행되었고, 연구영역에서는 지방의회의 위상제고를 위한 법제도분석, 도시정책과정과 서울시의회의 역할분석, 해외 대도시의 정책과정과 의회의 역할분석, 서울특별시의회 역량모형의 개발과 활용, 지방의회 정책관련 선행연구분석, 지방의회의 정책역량 제고를 위한 전문가토론회라고 하는 연구영역과 정책조사원의 성과관리분석, 정책조사원 우수사례보고서모음집 이라고 하는 정책조사관리영역으로 구분하였다[7].

이처럼 서울시의회의 경우에는 의회의 의정활동을 보조하기 위한 서포터즈의 운영이나 서울시의회의 정책역량을 제고하기 위한 정책조사활동을 시범운영사업이나 연구조사사업의 일환으로 운영하면서, 매년 의회의정활동에 참여하고 의회정책에 대한 조사역량을 구비한 인재들을 함양하는 예산사업을 시도하였던 것이다. 우수한 정책조사보고서를 시상하기도 하였지만, 결국 이 제도도 2011년 이후로는 감사원의 지적으로 중단하게 되었다.

한편, 서울시 의회는 2012년 2월 '서울특별시 의회기본조례안'을 만들면서 제21조에서 의원의 입법활동 지원을 위한 보좌직원을 둘 수 있다는 규정을 두었다. 그리고 이 조례는 2월 10일 소관위원회에 회부되었고, 2월24일에 원안가결되어 2월 27일에 본회의를 통과하였다. 그런데, 서울시장은 이에 대해 보좌직원을 두는 것은 법률에서 정할

7 서울특별시의회. 2010. 서울특별시의회의 정책역량 제고를 위한 연구 참조.

사항이고 법률에 규정이 없이 조례로 정할 것은 아니라는 이유로 재의를 요구하였다.

그러나 이에 대해 서울시 의회는 출석의원 2/3이상의 찬성으로 가결하였다. 당시 서울시의회는 민주당이 압도적인 비율로 구성되어 있었고, 시장도 민주당이었다. 당시 일자리문제가 심각한 공공문제여서 이 문제도 동시에 해결하려는 목적에서 '청년일자리 창출을 위한 인턴십 운영 기간제 근로자 등 보수'에 대한 재의요구안이었다. 서울시장은 대법원에 조례 무효확인의 소를 제기하였고, 2012년 12월 26일 대법원에서는 '지방의회의원에 대한 보좌직원을 둘 수 있는 법적 근거를 찾아볼 수 없다'고 하면서 서울시의 조례를 통한 의정보좌직원에 대한 시도는 다시 무산되었다.[8]

이후 서울시의회는 다시 시간 선택제 임기제공무원을 40명 의회의 정책지원요원으로 임용하여 서울시의회 사무처에 배치하고, 이들의 직무로서 서울시의회 상임위원회별로 입법조사관에 대한 입법지원요원으로 업무를 담당하게 하려 하였다. 이러한 취지의 채용공고를 하자, 행정자치부 장관이 채용공고가 법령에 위반된다고 채용공고를 취소하라고 하는 시정명령을 내렸다.

그러나 서울시의회는 이에 응하지 않자, 행정자치부장관은 직권으로 채용공고를 취소하였다. 그리고 대법원에서도 공무원의 임용은 국회의 법률로 정해야 할 입법사항이고, 법적 근거 없이 입법지원요원으로서의 시간 선택제 임기제 공무원의 임용을 위한 채용공고는 위법

8 8급상당

하고 지권취소처분은 적법하다는 판결을 내렸다(대법원2017.3.30, 2016추5087 판결)

한편, 서울시의회는 시간선택제 임기제 라급으로 45명을 채용하여 운영하고 있다. 이들의 직무는 '①조례, 예산안, 청원 등 소관안건에 대한 검토보고지원 ②각종 의안을 비롯한 소관사항에 관한 자료의 수집 조사 연구 및 소속위원에 대한 자료제공지원 ③위원회 주관 공청회 세미나 간담회 국내외 친선교류 등 운영지원 ④행정사무감사 조사계획 및 결과보고서 작성지원 ⑤기타 통상적인 위원회 홍보 자료작성 등 입법조사와 관련된 업무지원' 이라고 되어 있다[9]. 즉 서울시의회는 시간선택제 임기제 공무원들을 통하여 상임위별 입법지원요원(입법조사관)의 업무지원 보좌를 한다고 한다(류춘호, 2021:42).

요컨대, 현재 서울시의회의 경우에는 의정활동의 지원을 위하여 상임위원회별로 입법조사관을 보조하는 입법지원보조인력으로서 시간선택제 임기제 라급 공무원을 운영하고 있는 셈이다.

2. 경기도의회 및 인천시의회의 사례

경기도의회는 서울시에서 의정서포터즈를 조사연구사업 및 의정인력양성사업으로 서울시정개발연구원에 위탁사업으로 추진한다는 것을 듣고, 경기개발연구원에 계약직 정책연구원을 두어서 의회입법활동을 지원하는 사업을 추진하려 하였다.

9 서울특별시 시간선택제임기제공무원 채용시험계획 공고(서울특별시제1인사위원회 공고 제2020-496호). 2020.7.

2011년 2월에 '경기도의회 사무처 설치조례 일부개정조례안'을 발의하여, 계약직 정책연구원을 의원1명당 1명을 두고, 의원의 입법활동을 지원하도록 하였다. 6급상당의 계약직 공무원으로서 해당의원의 임면요청으로 의장이 임면하도록 한 것이었다.

이를 위해 경기도 의회는 2010년 12월 인턴보좌관제 도입을 위한 의원입법활동지원용역의 예산을 5억원 정도에서 20억원을 증액하여 25억5천만으로 의결하였던 것이다.

그러나 이에 대해서 행정안전부에서는 개인보좌관 및 행정인턴, 기간제 근로자 등을 개인보좌관으로 활용하는 것은 지방자치법에 위반되고, 관련 예산 편성은 지방재정법에 위반된다는 공문을 보냈다. 또 경기도 지사도 경기도의회의 조례가 상위법에 위반된다는 소송을 대법원에 제기하였다. 이에 대법원은 2012년 5월 24일 경기도지사의 청구를 받아들이게 된다(이관행, 2019: 26).

한편, 경기도의회는 2016년부터 행정사무감사 시에 사무보조자를 모집하여 운영하는 제도를 운영하고 있다. 2016년에 4명을 채용하여 14일간 운영하다가 2017년에는 16명, 2018년에는 12명, 2019년에는 21명, 2020년에는 26명을 채용하여 40일간 운영하도록 증원하였다. 이들의 신분은 비상근 시간제로 위촉하는 것이고 일비 10만원과 여비 등을 지급하는 정도라고 한다(류춘호, 2021:43).

경기도는 이러한 제도의 근거규정으로서 지방자치법 제41조와 경기도의 '광역시도의회 행정사무감사 및 조사조례'에 따라 행정사무감사 사무보조자를 활용하는 것을 들고 있다.

다음으로, 인천시의회의 경우에도 의원들의 의정활동지원을 위하여 2011년 12월 '상임위 지원 청년인턴(일자리 창출) 기간제 근로자 등의 보수'라는 명목으로 약 5억5천만원정도를 예산과목으로 편성하였다. 이에 대해 인천시장은 인천시의회를 상대로 예산안 재의를 요구하였고, 인천시의회의 재의결에 대하여 인천시장은 대법원에 예산안 재의결 무효확인소송을 제기하였다. 대법은 2012년 12월 26일에 인천시의회의 청년인턴 기간제 근로자 등의 보수 관련 재의결은 무효라는 원고승소 판결을 내렸다(대법원, 2012.12.26., 2012추91 판결).

3. 부산시의회의 사례

부산시의 의회의 경우에도 1992년에 시의원 1인당 5급상당의 정책보좌관제도를 도입하기 위한 조례를 의결한 적이 있으나, 시장의 재의요구에 직면하게 되었다. 당시 대법원의 조례 무효판결로 인해, 더 이상 부산시의회는 재의결을 추진하지 못하였다.

그러다가 부산시의회도 시간선택제 공무원제도를 통하여 입법정책담당관실의 정책지원을 하도록 하였는데, 부산시의회의 경우 시간선택제 임기제 마급으로 12명을 채용하였다. 이들은 1년단위로 임용되므로 지속적으로 임용되기는 어려울 수 있다. 부산시의회의 경우에는 지속적으로 임용되지 못하고 타시도나 다른 기관으로 이직하는 경우가 많아 의회의정활동지원인력의 경력이나 지식의 손실이 발생하였다고 한다(류춘호, 2021:39).

그러나 또 다른 측면에서 보면, 시간선택제 임기제로 근무한 경험을 바탕으로 다른 시도의회에서 상급의 임기제로 임용되기도 한다는 측면에서는 타시도의회에서의 의정활동 지식과 경험이 확산되게 된다는 의미에서는 의정활동지원인력의 육성에 기여하는 측면이 있다.

4. 법률상의 근거규정 변화

전부개정된 지방자치법 41조에 신설된 조항으로서 '의원의 정책지원 전문인력'이 법률로서 처음으로 규정되었다. 앞에서 살펴본 것처럼 지방자치법에 근거 규정이 없었기에 의원에 대한 정책지원 전문인력을 채용할 수 없었기에 대법원에서는 위법판결을 내렸던 것이다.

그러나 이제 지방자치법에서 '의원의 정책활동에 대한 지원을 위한 전문인력'을 채용할 수 있도록 규정하고 있는 것이다.

즉 법제41조에서 '지방의회의원의 의정활동을 지원하기 위하여 지방의회의원 정수의 2분의 1 범위에서 해당 지방자치단체의 조례로 정하는 바에 따라 정책지원 전문인력을 둘 수 있다'고 하고 있고, 2항에서 '정책지원 전문인력은 지방공무원으로 보하며, 직급 직무 및 임용절차 등 운영에 필요한 사항은 대통령령으로 정한다'라고 하고 있다.

그렇다고 하면, 전부개정된 지방자치법이 2021년부터 시행되고, 2021년에는 지방자치법 부칙 제6조에 의하여 지방의회에 두는 정책지원 전문인력은 2022년 12월까지는 지방의회정수의 4분의 1범위에서, 2023년 12월 31일까지는 지방의회의원정수의 2분의 1 범위에서 연차적으로 도입한다고 하고 있다고 하고 있으므로, 2021년 현재에 지방의회에 채용되어 있는 시간선택제 임기제 공무원으로서 지방의회의 상임위원회에 배치되어 있는 입법지원인력은 여기서 말하고 있는 정책지원 전문인력과 다른 인력으로 보아야 할 것이다.

Ⅳ. 지방의회의 의원의 정책지원전문인력 운영방향

1. 지방의원의 정책전문성 지원을 위한 직무

지방의원의 의정활동을 정책활동, 지역활동, 사무활동으로 구분한다고 할 때, 의원의 정책지원 전문인력은 이 모든 활동에 대한 지원을 하는 것이 아니라, 정책활동에 초점을 두고 지원하는 '전문인력'이라고 해야 할 것이다.

여기서 지방의원의 정책활동은 주로 어떤 것이라고 해야 할 것인가와 이 정책활동에 대한 전문인력이라 함은 또 어느 정도의 수준을 요구하는 것인가가 중요한 논점이라고 할 수 있다.

국회의원의 경우 보좌인력의 주된 업무는 입법활동과 정책활동에 대한 보좌라고 한다(한정택, 2009:97). 국회의원의 경우 보좌인력은 4급 2명, 5급 2명, 6급과 7급, 8급과 9급에 각 1명씩이어서 8명이 국회의원의 의정활동을 지원하고 있는 것이다. 국회의원 보좌관들은 국회의원들의 입법이나 예산 관련된 입법정책활동을 지원하거나 국정감사 및 조사등의 의정활동을 지원하고, 의원개인에 대한 수행과 홍보, 지역구 의원의 경우 선거구 관리 등의 역할을 수행하고 있다.

그런데, 이 중에서 국회의원 보좌관의 다양한 활동중에서 정책활동에 해당하는 것은 입법정책활동이나 국정감사 및 조사 등의 의정활동에 해당하는 부분이라고 할 수 있고, 지방의원들의 경우, 지방의원들의 입법활동과 정책활동, 그리고 사무감사 및 예산심의활동 등이 해당되는 것이라고 할 수 있다.

국회의원 보좌진에 대한 연구에 따르면, 보좌진의 전문성이 높을수록 입법 영향력이 높고, 이들의 직업전망이나 직장 생활의 만족도도 입법영향력과 관련되어 있다고 한다(정광호, 김권식, 2008). 또 이들에 대한 조사에 의하면, 정책활동과 입법활동 보좌가 가장 중요한 역할이라고 하는 인식이 가장 크고, 정치활동보좌나 지역구지구당활동보좌에 대한 인식은 낮았다(한정택, 2009:101). 또 이들은 자신의 판단이나 견해가 입법과정에 반영된다고 생각하는 경우가 매우 높게 나타나고 있기도 하였다. 그리고 근무연한이 증가할수록 입법활동에 대한 전문성이 증대되고 영향력이 강화되고 있다고 하였다(전게서, 103).

또 국회의원 보좌진의 경우 전통적 개념의 비서에서 정치경제적 상황에 따른 종합적 판단을 내려야 하는 전문가로서의 개념으로 이해해야 한다는 관점도 있다(서인석, 2008). 그런데 이것은 국회의원으로부터 얼마나 업무에 관련하여 위임을 받는 재량권이 있는가와 관련이 있다고 할 수 있다.

또 국회의원 보좌진에 대한 연구에 의하면, 이들은 국회의원이나 정당의 이익을 위한 일보다는 일반국민의 이익을 위해 일한다는 인식이 높게 나타나기도 하였다(한정택, 2019:103)

한편, 지방의원의 의정활동에 대한 정책지원 전문인력의 경우 그 주된 직무로서 입법정책활동에 두어야 할 것이다. 지방의원의 다양한 활동 중에서 정책지원에 특화하고, 이에 대한 전문성을 가진 지원을 위해서는 정책지원 전문인력들은 첫째, 의회활동에 대한 전문성을 가져야 할 것이고, 둘째 지방의회의 입법활동과 지방정책과정에 대한 전문성을 가지고 있어야 할 것이다.

셋째로 정책지원 전문인력이 전문성을 가지고 활동할 수 있기 위한 조건으로서는 지방의원의 의정활동에 대한 지원인력이므로, 지방의원들로부터 신임을 받고 활동에 대한 재량권을 위임받을 수 있어야 한다. 넷째로 정책지원 전문인력은 개인의 비서라는 개념보다는 국민전체의 이익을 위해 일한다는 공공성에 대한 인식과 직무의식이 있어야 할 것이다.

그렇다고 하면, 문제는 어떻게 이러한 요건을 구비한 정책지원 전문인력을 채용할 수 있을 것인가라는 점이다. 첫째요건을 구비하기 위해서는 대학과정에서 지방자치와 지방의회에 대한 교과목을 수강하여 일정한 성적을 취득하였다든지 하는 조건을 들 수 있고, 둘째요건을 구비하기 위해서는 지방의회에서 일정기간(예를 들어 3개월) 인턴 경험을 하였거나, 지방의회를 대상으로 석사학위논문을 쓴 경력을 있어야 한다는 조건을 들 수 있다.

세 번째의 조건을 충족시키기 위해서는 지방의원의 선거활동이나 지역활동에서 일정기간 돕는 역할을 경험하거나 일정한 자격요건을 구비한 정책지원 전문인력 풀에서 이들의 조건을 보고 지방의원이 개인적으로 선택할 수 있는 기회를 부여하는 방식을 생각해 볼 수 있다.

마지막으로 정책지원 전문인력의 경우 지방공무원으로 임용되는 것이므로, 특정 개인의 비서가 되어선 안되고, 공공성에 대한 가치관을 우선하는 직무의식이 있어야 하는데, 이에 대한 교육이나 경험이 있어야 할 것이다.

2. 정책지원 전문인력의 직급

이번 지방자치법 전부개정에서 도입한 의원의 정책지원 전문인력은 지방공무원으로 채용하게 되어 있으므로, 어느 직급으로 채용할 것인가가 주요한 논점이 된다. '전문인력'이라고 하였으므로 최소한 석사와 박사급의 인력을 생각하게 될 수도 있고, 그 직무가 '정책지원'이므로 학사급의 학력으로도 지원하는 인력으로서는 무방하지 않은가 하는 생각도 할 수 있다.

현재 지방의회의 입법조사관의 직급이 6급상당에 해당하고 이들은 박사급의 인력을 채용하고 있다. 그리고 지방자치단체의 공무원의 9급이나 7급의 채용시에는 고교졸업 혹은 대학졸업의 정도를 예정하고 있지만, 현실적으로 학력제한이 없고 시험을 통하여 채용하고 있다. 이러한 부분을 감안한다면, 지방의원의 정책지원 전문인력의 경우, 대학졸업의 정도를 예정하면서 시험을 통하여 7급이나 9급으로 보하는 것을 제안해 본다.

여기서 고려해야 할 것은 현재 일부 광역시도에서 채용하고 있는 시간제임기제 공무원으로 채용하여 상임위원회의 전문위원실에서 정책지원임무를 수행하고 있는 인력의 직급이 8급상당이라는 점이다.

특별히 이번 지방자치법 전부개정의 경우에는 '지방의원'의 의정활동에 대한 '정책지원' 전문인력이라고 하고 있으므로, 일반 행정직렬의 의회직류로서 정년보장 공무원으로 채용하는 것이 장기적으로 의회의 전문성이나 정책활동의 전문성을 확보하는 제도적 장치일 수 있다고 본다.

여기서 해결해야 하는 어려운 문제 중의 하나는 정책지원 전문인력의 소속을 개인의원실 소속으로 할 것인가 상임위원회 전문위원실 소속으로 할 것인가, 아니면 지방의회사무국 소속으로 할 것인가라는 점이다. 이번 지방자치법 전부개정을 통해 지방의원에 관한 규정속에 정책지원 전문인력에 대한 법41조가 포함되어 있는 것을 보면, 지방의원 개인에게 소속된 것으로 하여야 할 것이나, 공공성을 가지고 있어야 한다는 점에서 사무국소속으로 하는 방안을 제안해 본다.

이것은 사무국의 기능 중에서 지방의회의 의사활동에 대한 지원인력을 확대하는 방식으로 이해하면서, 정치적 중립성을 가진 공무원의 신분을 유지하면서도 지방의회활동의 지속적 전문성을 확보할 수 있는 방법이기 때문이다. 만일 정책지원 전문인력을 의원개인의 소속으로 하게 되면, 개인 비서로서 전락해 버릴 위험성이 있고, 이것은 지방공무원의 신분으로 제도설계한 입법자들의 입법취지를 벗어날 수 있을 것이기 때문이다.

현재의 지방자치법 전부개정에 의하면, 지방의원 4인에 1명(2022년) 혹은 2인에 1명(2023년)으로 정책지원 전문인력의 규모가 정해져 있기에, 이들의 신분적 소속은 지방의회사무국소속이지만, 이들에 대한 직무평가는 지방의원들이 할 수 있도록 하고, 정책지원 전문인력 역시 자신이 어떤 지방의원을 지원할 것인가에 대한 선택권을 부여할 수 있어야 할 것이다. 물론 이 경우 지방의원의 선택을 받지 못하는 정책지원 전문인력은 어떻게 할 것인가란 또 다른 난제가 남을 수 있다.

이 경우, 지방의원도 선택에 대한 우선순위를 추첨을 통해서 미리 정해 둠으로서 정책지원 전문인력의 프로필을 보고 그 우선순위에 따라 순차적으로 선택해 나가게 함으로써, 이 난제를 해결하는 것도 하나의 방법이다. 만일 순수하게 지방의원 개인의 선호를 충족시켜주기 위한 지원인력을 원한다고 하면, 이것은 지방의원 개인의 '의정활동비'를 사용하여 고용하여야 할 것이다.

3. 정책지원전문인력의 임용절차

지방자치법 전부개정에 의하여 2021년에는 차년도부터 정책지원전문인력을 배치하기 위한 준비작업을 해 두어야 할 것이다. 즉 금년 중에는 지방공무원 채용공고시에 의회직류의 일반행정직에 대한 시험과목을 공지하고, 금년 말에는 채용절차가 마무리되어 있어야 할 것이다. 그래야 내년 초에는 정책지원 전문인력에 대한 배치가 마무리되어야 할 것이다.

한편, 정책지원전문인력을 지방공무원으로 체계적으로 확보하기 위해서는 의정직류의 공무원분류체계를 확보하는 것이 필요할 수 있다. 즉 지방의회 공무원에 대한 의회의장의 인사권을 독립적으로 확보할 수 있게 된 부분과 관련하여, 정책지원전문인력을 7급 내지 9급으로 채용하게 된다면, 지방의회의 직무전문성을 가지고 지속적으로 성장할 수 있도록 승진체계도 구축하여야 할 것이다.

이 점에서 현재 의회사무처에 근무하는 지방공무원을 포함하여 의회직류로 직류전환을 하고자 하는 후보자를 모집하고 일정한 시험을 거쳐서 지방의회공무원으로서 새롭게 출발하는 것도 필요하다. 그리하여 의회직류로서 승진과 전문성을 지속적으로 경력관리를 하기를 원하는 사람들을 남기고, 그렇지 않은 사람들은 집행부 지방공무원으로 돌려보내는 것이다.

그리하여 지방의회 사무처 내에서 1급에서 9급까지의 직류군을 이루고, 이들 중에 의회직류 내에서 승진을 할 수 있도록 인사관리를 하도록 하는 것이다. 그리고 의회직류의 최고 관리자로서 사무국장(1급 혹은 2-3급)이 의회직류 인사위원장이 되도록 하고, 내부와 외부의 인사위원들로서 의회직류의 인사관리에 대한 심의의결을 하도록 한다.

만일 의회직류만으로서 승진관리에 대한 인력풀이 작다고 하면, 유사한 직무를 수행하는 감사직류를 만들고 의회감사직류를 통합적으로 인사관리하는 것도 하나의 방법일 수 있다. 이렇게 할 경우 감사직류의 경우도 집행부에 인사권이 속해져 있어선 안될 것이고, 감사위원회를 집행부로부터 일정한 독립성을 확보하려고 하는 흐름에 맞추어서, 감사관 혹은 감사위원장을 감사직류의 최고인사관리자로서 지위를 부여하고, 역시 내부와 외부의 인사위원들로서 감사직류의 인사운영의 독립성을 확보하는 것도 하나의 방법이다.

V. 결론

지방의회의 역할은 지방정부의 의사결정을 수행하는 핵심적인 것이다. 지방정부의 예산안에 대한 심의의결, 조례에 대한 입법, 지역선거구민들과의 공공문제에 대한 소통과 의견수렴을 통하여 조정과 타협을 통하여 지방정부 전체로서의 의사결정과 공공문제에 대한 리더십을 발휘해 나가야 하는 곳이다.

이러한 역할을 효과적으로 수행하기 위해서는 지방의원들이 의사결정에 대한 리더십을 가지고 수행할 수 있어야 하는데, 이것은 지방의원 개인의 역량을 필요로 하든지, 지방의회의 조직적 역량을 구비하는 것이 필요하다. 후자의 경우에는 지방의회의 사무국이나 상임위원회의 전문위원실의 인력을 체계적으로 확보하고, 이들의 전문성을 강화시켜 나가고, 지방의회 운영을 통하여 지식과 경험이 축적되면서, 지방의회담당자로서의 자부심과 소속정체성을 가지고 있어야 할 것이다.

지방자치법이 전부개정되기 전까지는 지방의회가 인사권의 독립이나 정책전문성을 지방의원차원에서 확보할 수 있는 부분에서 취약하다는 비판을 받아왔었다. 특히 대도시의 지방의회를 중심으로 지방의원들이 의정활동을 하는데, 의정활동의 전문성을 제고하기 위해 지원인력의 필요성을 지속적으로 주장해왔고, 다양한 편법으로 의정활동을 지원하기 위한 방식들을 개발하고 도입해 왔다.

그러나 그 당시의 지방자치법으로서는 위법으로 대법원에서 판결을 받거나 행정안전부에서 직권으로 취소하는 등의 통제를 받아왔기에, 이번 지방자치법의 전부개정으로 법률적으로 적합한 근거를 확보하게 되었다는 것은 한국 지방자치의 역사에서도 큰 장애물을 넘게 된 것을 의미한다.

특히 지방의원의 정책전문성을 지원하기 위한 인력을 '지방공무원'으로 채용할 수 있게 법률적으로 근거를 확보하게 되었으니, 단기적으로는 기존의 지방의회 사무국의 인력중에서 의회직류로서 평생을 지방공무원으로서 근무하기를 원하는 사람들 중에서 일정한 시험과 경험 등의 자격을 심사하여 지방의회 공무원을 확보하여야 할 것이다.

다음으로 의회직류 정책지원 전문인력을 지방공무원으로 채용하는 시험을 공고하여, 중장기적으로는 순수한 의회직류 지방공무원으로서 지방의회 사무국의 인력을 채워나가고 이들을 통하여 지방의회가 지방자치의 의사결정의 중추적인 기관이 될 수 있도록 인사관리를 해나가야 할 것이다.

이와 동시에 정책지원을 위한 상임위원회의 전문위원실에 배치되어 있는 입법조사관과 입법지원관이 계약직 지방공무원으로 되어 있는 부분과 조화를 이루면서 지방의회의 의회직류 공무원의 전문성을 균형있게 확보할 수 있어야 할 것이다.

참고 문헌

김순은. 2015. 지방의회의 발전모형. 조명문화사

류춘호. 2021. 지방의회역량강화를 위한 인력운영관리 전략. 자치의정 제24권 제1호. 지방의회발전연구원.

이관행. 2019. 지방의회정책보좌인력에 대한 평가와 개선방안. 지방자치법연구 제61호 제19권1호. 한국지방자치법학회.

이달곤. 2015. 지방정부론. 박영사

임승빈. 2018. 지방자치론. 법문사

박기관. 2016. 광역의회 의정활동의 성과평가와 과제. 한국행정논집 28(3): 389-414.

박명호외. 2018. 지방선거제도가 지방의회의 전문성에 미치는 영향 연구: 광역의회를 중심으로. 중앙선거연수원 연구용역 보고서.

한국지방자치학회. 2019. 신지방의회론. 박영사

03 광역행정과 공공리더십

07

지방자치법의 전부개정에 따른 광역행정 시스템의 이론적 검토와 전망 : 사례분석을 중심으로

I. 문제제기

한국의 광역행정시스템이 제대로 작동하고 있는 것으로 보기 어렵다. 예를 들면 1991년 수도권매립지 운영관리조합으로 시작하였던 광역행정이 2000년 수도권매립지관리공사로 중앙정부의 공기업으로 전환되어, 중앙정부의 거버넌스 조직이 된 것이다. 결과적으로 지방자치단체들간의 수평적인 협력을 통하여 광역행정조직을 만들었지만, 지속가능하지 못하게 된 것이다.

최근의 예로서는 수도교통본부를 들 수 있다. 서울시와 경기도, 인천시의 3개 지방자치단체가 광역교통문제를 해결하기 위하여 설치한 조직으로서 조합으로서의 법적 위상을 가지고 BRT등 광역버스를 운영하는 사업을 벌여왔지만, 광역교통문제를 효과적으로 해결하기 위하여 중앙정부차원의 조직으로 대체되었던 것이다. 즉 2019년 국토교통부산하의 대도시권 광역교통위원회로 대체된 것이다.

이처럼 한국에서는 수평적인 지방자치단체간의 광역적 협력을 위하여 만들어진 조직들이 지속되지 못하고, 중앙정부의 하부행정기관이나 중앙정부의 통제를 받는 공기업으로 전환되는 사례들은 자치분권에 입각한 국정운영을 해 나가겠다는 관점에서는 심각한 제도 실패로 볼 수 있다.

다시 말해 자치자치제도를 부활시키고, 자치분권에 의한 국정운영 패러다임을 정착시킴으로써 국가경쟁력을 키우고 지역발전의 자율성과 책임성을 구비하도록 제도운영을 하고자 한다면, 광역행정을 위한 제도적 장치로서 조합방식의 기법이 보다 활성화되고, 더욱 발전되도록 제도운영을 해야 하는 것이다.

특히 광역행정 기법에서 조합방식은 기존의 지방자치단체의 관할구역을 넘는 공공서비스를 효율적으로 공급하기 위한 것으로서, 절충적 광역행정기법이라고 할 수도 있고[1], 특별기관방식의 광역행정기법[2]이라고 볼 수도 있다. 즉 제도로서는 특별기관방식이지만, 한국의 조합 제도와 같이 기존의 지방자치단체의 사무의 일부를 이양 받아서

1 광역행정기법을 분류할 때, 종합적 접근방법, 점진적 접근방법, 절충적 접근방법으로 구분하는데, 조합이라고 하는 광역행정의 유형은 절충적 접근방법에 해당함(박우서, 2001: 85)

2 조합방식은 특별기관방식의 광역행정기법의 하나로서, 광역행정의 협력방식을 협력체제방식, 단일정부 방식(one-government approach), 이원적 방식(two-level approach), 특별기관방식으로 구분할 때, 특별기관방식에 해당함(이승철, 2020:101-103).

지방자치단체 조합을 만들고, 그 조합의 의사결정이 다시 구성 지방자치단체 의회의 동의를 받아야 효력을 발휘하는 추인이 필요한 조합방식이다.

그런데, 해외의 광역행정제도의 운영사례를 보면, 특별기관방식의 광역행정기법이나 이원적 방식의 광역행정기법에서 특별구나 광역연합정부를 구성하게 되면, 기존의 구성 지방자치단체의 추인이 없이 독자적인 의사결정과 필요한 재원을 조달할 수 있는 조세권을 가지고 있는 것을 볼 수 있다. 이렇게 광역행정기법에 의해 구성된 조직이 독자적인 의사결정권과 조세권, 그리고 입법권을 가지고 있어야, 광역행정서비스의 공급이 실질적인 권한과 책임을 가지고 운영할 수 있는 것이다.

이 점에서 한국과 같이 도시화가 급진전된 사회에서 특히 수도권을 중심으로 대도시권역의 광역행정서비스가 짧은 시간에 효과적으로 공급되지 않고서는 주민생활의 불편이 해결되기 어려운 것이 사실이다. 대표적인 사례로서 교통 분야의 광역행정서비스가 효과적으로 공급되지 않으면, 출퇴근의 정체나 불편, 시간낭비와 에너지 손실, 과잉투자와 중복투자 등의 문제가 국정 만족도를 떨어뜨리고 국가에 대한 신뢰를 낮아지게 만드는 것이다.

이에 중앙정부 차원에서는 지방자치단체와 지방자치단체들에 의한 조합방식의 광역행정서비스 처리를 자치적으로 맡겨두기 보다는 직접 국가사무로서 회수하여 관리하고 통제하는 방식을 선호하게 된 것이다.

특히 2020년 12월의 지방자치법 전부개정을 통하여, 특별지방자치단체라는 제도를 새롭게 둔 것은 다분히 이러한 광역지방자치단체들을 넘는 대도시권역의 초광역행정서비스로서 교통망을 건설하는 것이나, 메가시티와 메가리전(mega-region)을 형성하는데 필요한 대도시권 생활서비스와 권역별 지역경제정책을 수립할 권한과 책임, 그리고 재원을 확보하기 위한 것이라고 할 때, 이 새로운 제도가 과연 현실에서 제대로 작동할 수 있도록 제도설계(institution design)되어 있는 것인가를 검토해 볼 필요가 있다. 본 고는 이러한 문제의식을 가지고 광역행정에 대한 이론을 재검토하고, 한국의 광역행정기법에 대한 새로운 제도를 비판적으로 검토해 보고자 한다.

II. 광역행정시스템에 대한 이론적 검토

1. 광역행정을 바라보는 기존 선행연구의 관점

광역행정의 접근방법에 대해서 다양한 분류방식을 선행연구에서 제시하고 있다. 스톤(C.N. Stone)의 경우, 연합방식, 합병방식, 특별지구설정방식, 통합방식의 4가지를 제시하였다(Stone, 1980:25-26). 또 월시(A. H. Walsh)의 경우는 협력체제(cooperative approach), 특별기구(special authority), 대도시 정부(metropolitan)의 3가지 방식을 제시하였다(Walsh, 1969:58-86).

한편, 개별적인 광역기법을 유형화하여 제시한 선행연구가 볼렌스(J.C. Bollens)와 슈만트(H. J. Schmandt)인데, 협력체제 접근방법(cooperative approach), 단일정부 방식(one- government approach), 이원체제 접근 방법(two-level approach)으로 유형화하고 있다(박우서, 2001:73). 또 광역행정 기법을 유형화한 것으로 이수장(1993:137-139)의 논의를 들 수 있는데, 이는 볼렌스와 슈만트의 논의를 바탕으로 종합적 접근(comprehensive approach), 부분적 접근방법(incremental approach), 이원적 접근방법으로 분류하고 있다.

<표1> 광역행정기법의 유형화

접근방법	종합적 접근방법 (단일정부 방식)	부분적 접근방법 (협력체제 접근방법)	이원적 접근방법 (이원체제 접근방법)
유형	통합, 합병, 분리, 시군통합	합의 협정, 기능이양, 협의회, 기관의 공동설치	연합체, 조합, 광역특별 구, 지방개발사업단, 공사

출처:Bollen & Schamandt, 1982:302-376; 이수장(1993:137-139) 재인용

본 고에서는 위의 논의를 바탕으로 하되, 제도화의 점진적 진화란 관점에서 광역행정의 필요성이 생겼을 때, 먼저 점진적 접근방법을 통하여 광역행정문제를 해결하려고 하다가, 이 방법으로서 한계가 있을 때, 절충적 접근방법으로서 이원적 접근방법으로 진화하고, 그 방법으로서는 더 이상 광역행정문제가 해결되지 않을 때, 단일정부 방식의 종합적 혹은 통합적 접근방법으로 급격한 개혁을 추구할 것이란 가설을 가지고 분류해 보고자 한다.

즉, 점진적 접근방법은 기존의 정치행정체제를 유지하면서 관계

자치단체간의 협의나 기능이양을 통해서 광역행정을 수행하는 방식이다. 점진적 접근방법에는 합의협정(agreement), 기능이양(transfer of functional responsibility), 협의회구성(council of government), 기관의 공동설치 등이 있다.

다음으로 이러한 부분적 접근방법으로서 광역행정문제가 해결되지 않을 때, 광역행정을 위한 새로운 조직을 만들어 나가는 이원적 접근방법을 사용하게 되는데, 이것은 급진적 방법과 점진적 방법의 중간적 의미를 가진다는 의미에서 절충적 접근 방법이라고 할 수도 있다.[3]

그런데 여기서 새로운 광역행정의 조직을 신설하는 경우는 기존의 행정구역별 관할권은 인정하면서, 동일한 지역을 두 개의 자치단체가 관할하게 된다는 의미에서 지방적 연방주의의 개념으로 인식할 수 있고, 이를 이원적 접근방법이라고 할 수 있다. 이원적 접근방법으로서는 연합체(federation), 조합, 특별구(special district), 지방개발사업단, 공사(corparation) 등의 유형이 있다.

이원적 접근방법의 장점은 전문화된 기관이 특정문제의 해결에 전념할 수 있어 행정의 능률성을 제고할 수 있고, 새로운 광역행정조직은 일반적으로 의결권, 집행권, 기채권 등을 가지고 있어, 업무를 탄력적으로 처리할 수 있다.[4]

반면 단점으로서는 기존 자치단체와 명확한 기능배분이 이루어지지

3 이러한 설명내용을 광역행정의 필요성과 개혁의 강도라는 관점에서 정리하면, 점진적 접근방법을 먼저 선택하게 될 것이고 이러한 방식으로 해결하기 어려운 광역행정서비스를 공급하기 위하여 이원적 접근방법을 선호하게 될 것이다.

4 이러한 설명은 해외의 이론적 사례를 가지고 설명하는 것이므로, 한국의 경우 조합과 같은 유형은 독자적인 의결권이나 기채권을 가진다고 하기 어려움.

않으면, 기능중복이 생겨 행정의 낭비를 초래할 수 있고, 기존 자치단체의 자율성을 침해할 수도 있다. 또 책임소재가 불명확하게 되고, 지방자치에 대한 주민의 관심이 저하되어, 주민통제가 약화될 수 있다.

다음으로, 통합적 접근방법은 지방자치단체의 정치행정체제에 상당한 구조적 변화와 권한의 집중화를 초래하는 방법이다. 통합적 접근방법에는 통합(consolidation), 편입(annexation), 분리(separation), 시군통합(city-county consolidation)을 들 수 있다. 이러한 방법은 이원적 접근방법으로서도 공급하기 어려운 광역행정서비스나 광역행정문제를 처리하기 위하여 통합적 접근방법을 마지막에 취하게 될 것이다. 이를 정리하면 표와 같다.

<표2> 광역행정의 필요성과 개혁의 강도란 관점에서 광역행정의 3가지 접근방법

	점진적 접근방법	이원적 접근방법	통합적 접근방법
해외 이론적 유형	합의협정 기능이양 협의회구성 기관의 공동설치	연합체 조합 특별구 지방개발사업단 공사	통합 편입 분리

그런데 위와 같은 설명방식은 제도개혁에 대하여 지방자치단체의 자치권이 보장되어 있는 경우의 순서일 것이다. 만일 지방자치단체의 자치권이 제대로 보장되어 있지 않은 상태에서 광역행정문제가 발생하고 이를 효과적으로 그리고 효율적으로 처리하지 않으면 안 될 상황이 되었다고 하며, 국가나 중앙정부가 강제력을 가지고 통합적 접근방법으로 처리하는 것이 가장 빠른 시간에 성과를 낼 수 있는 접근

방법일 수 있다.

한국의 경우도, 지방자치제도가 부활은 하였지만, 온전히 지방자치가 제대로 도입되기 전인 1994년에 시군통합을 시도하였고 상당한 정도의 성과를 거두었는데, 만일 2000년대 이후에 시군통합을 시도하였다면, 거의 불가능에 가까웠을 수 있다. 그것은 이미 청주시와 청원군의 통합시도에서도 보여주었듯이 지방자치단체의 주민들의 다양한 이해관계를 고려하고, 지방자치단체의 주민들의 투표에 의한 통합은 난항을 거듭하였던 경험을 보면 알 수 있다.

그렇다면 광역행정기법들을 국가나 중앙정부의 주도로 제도개혁을 할 수 있는 적절한 시기가 있다는 것이고, 그러한 시기와 환경이 지나가버리고 나면, 통합적 접근방법은 쉽지 않은 제도개혁의 대안임을 알 수 있다.

한국의 경우 이미 지방자치제도를 재도입한지 30년이 넘고 있고, 상당한 정도 현재의 시도계층과 시군구 계층의 지방의회와 단체장들에 의하여 지방자치 운영의 경험과 관행을 가지고 있다. 즉 이 제도에 의한 기득권도 상당히 구축되어 있어서, 현재의 구조와 이해관계를 깨뜨리는 것은 지난한 논의와 정치적 합의를 필요로 할 수 있다. 이 점에서 다음에서는 자치행정계층의 관점에서 현재의 광역행정 기법들을 비판적으로 살펴보고, 2020년 12월의 지방자치법 전부개정에서 새롭게 도입된 광역자치행정기법에 대해서 살펴보도록 하자.

2. 자치행정계층의 관점에서 보는 광역행정

자치행정계층의 관점에서 보면, 한국의 지방자치법은 이중 자치를 하고 있는 것을 알 수 있다. 즉 지방자치법 제2조를 보면 지방자치단체로서 두 가지의 종류를 구분하고 있고, 그것은 '특별시, 광역시, 특별자치시, 도, 특별자치도'와 '시, 군, 구'로 되어 있다. 그러면서 자치구는 특별시와 광역시의 관할구역의 구만을 말한다고 하고 있고, 자치구의 자치권 범위도 법령으로 정하는 바에 따라 시, 군과 다르게 할 수 있다고 하고 있다.

그러면서 3항에서는 위의 지방자치단체 외에 특정한 목적을 수행하기 위하여 필요하면 따로 특별지방자치단체를 설치할 수 있다고 하면서 특별지방자치단체의 설치는 지방자치법 제12장에서 정하는 바에 따른다고 되어 있다.

여기서 이중 자치라 함은 자치권을 기초지방자치단체에 우선하여 부여하고, 이들 지방자치단체의 자율적 필요성에 따라서 광역지방자치단체를 구성할 수 있는 자치권이 부여된 것이 아니라, 국가에 의하여, 이미 광역지방자치단체를 별도로 구성하고, 그에 대한 자치권이 부여된 지방자치제도로서 운영한다는 것이다.

물론 지방자치법 제11조 이하를 보면, 사무배분의 원칙으로서 '국가는 지방자치단체가 사무를 종합적 자율적으로 수행할 수 있도록 국가와 지방자치단체 간 또는 지방자치단체 상호간의 사무를 주민의 편익증진, 집행의 효과 등을 고려하여 서로 중복되지 아니하도록 배분하여야 한다'고 하고 있다. 이것은 기관위임사무에 의한 시도나 시군구에 중복적으로 사무배분을 하지 않아야 하는 것인데, 여전히 한국의 사무배분구조를 보면, 시군구가 집행을 하는 사무에 대해서도 시도나 중앙정부 부처가 예산권과 사무관리 권한을 가지고 운영되는 것을 볼 수 있다.

그런데 2항에서 국가는 지역주민생활과 밀접한 관련이 있는 사무는 원칙적으로 시군 및 자치구의 사무로, 시군 및 자치구가 처리하기 어려운 사무는 시도의 사무로, 시도가 처리하기 어려운 사무는 국가의 사무로 각각 배분하여야 한다고 규정하고 있지만, 사실은 국가의 중앙정부부처가 법률제정권과 예산권, 사무권한을 가지고 조직과 인력을 선점하는 경우가 현실이다.

즉 법률규정상으로서는 지방자치단체가 먼저 주민생활과 관련된 자치사무를 우선하여 처리할 수 있도록 되어 있어, 보충성의 원칙이 확립되어 있는 것으로 보이고, 주민주권의 관점에서 지방자치제도를 해석한다면, 해당 지방자치단체의 관할구역을 넘는 광역행정서비스는 해당 구역에 거주하는 주민들이 자치정부를 구성할 수 있는 자치권이 부여되어 있는 것으로 볼 수 있다.

그러나 현실은 여전히 국가와 중앙정부가 광역행정사무를 선점하거나 사무배분권한 자체를 가지고 있는 것을 알 수 있다. 즉 제3항을 보면 '국가는' 지방자치단체에 사무를 배분하거나 지방자치단체가 사무를 다른 지방자치단체에 재배분할 때는 사무를 배분받거나 재 배분받는 지방자치단체가 그 사무를 자기의 책임 하에 종합적으로 처리할 수 있도록 관련 사무를 포괄적으로 배분하여야 한다고 되어 있다.

즉 지방자치사무에 대한 배분권을 국가가 여전히 가지고 있고, 그것이 광역자치사무라고 할지라도 이에 대한 사무배분권이 이미 국가에 선점되어 있는 것이다. 이 점에서 한국에서는 광역행정의 접근방법으로서 이미 '통합적 접근방법'이 제도적으로 선호되고 작동할 수 있는 법적 근거를 가진 것으로 보여 진다.

또 지방자치단체의 사무범위에 대해서도 지방자치법 제13조2항에서 7개영역 64개의 사무를 지방자치단체의 사무로 하고 있다. 그러면서 단서조항에 '다만 법률에 이와 다른 규정이 있으면 그러하지 아니하다'고 하고 있어, 국가와 중앙정부 부처에서 법률로서 국가사무로 규정한 경우에는 지방자치사무가 될 수 없다는 것을 명확히 하고 있다. 즉 이를 한국에서는 지방자치제도의 독소조항이라고 한다.

또 지방자치법 제14조의 지방자치단체 종류별 사무배분 기준을 보면, 사무배분이 하향적(top-down) 접근방법으로 이루어지고 있는 것을 알 수 있다. 즉 시군 및 자치구의 사무배분은 시도가 처리하는 것으로 되어 있는 사무를 제외한 사무라고 하여 시도사무의 공제설을 취하고 있다. 이는 위에서 규정한 지방자치단체의 사무범위를 규정한 지방자치법 제13조2항의 7개영역 64개의 사무에 대한 예시규정 자체를 무시하는 것이다.

즉 지방자치단체의 입장에서는 7개영역 64개의 사무를 지방자치사무로 인식하고 있는데, 정작 시도의 사무로 선점한 사무에 대해서는 시군구는 자치권이 없다는 규정인 셈이다.

이 규정의 해석을 보면, 시도의 지방자치사무가 선점권 혹은 우월권을 가지고 시군구의 사무는 시도사무에서 공제된 영역에서 자치사무를 가지는 것이다. 다시 말해 기초 지방자치단체로서의 시군구가 보충성에 입각한 자치권을 가지고 있는 것이 아니다. 오히려 시도가 자치사무에 대한 우선권을 가지고 있는 것으로 볼 수 있다.

이렇게 정리하여 한국의 광역행정에 적용하여 보면, 시군구 자치계층은 광역행정에 대한 필요성이 있다고 하면, 그것은 시도의 자치사무로 처리해 버리면 되기에, 굳이 광역행정의 기법들이 불필요하게 되고, 시도의 범위를 넘는 시군구 광역행정에 대한 광역행정 기법들도 시도의 사무배분이나 예산배분이 없다고 하면, 제대로 기능하기 어려울 수 있다는 것을 법제도적으로 해석할 수 있다. 실제로 한국에서 시군구 단위의 부분적 접근방법의 기법이나 이원적 접근방법의 기법들은 그 실효성을 가지지 못하는 경우가 많다. 예를 들면 지리산권 관광개발조합의 경우, 실효성 있는 사무추진이 용이하지 않아서 새로운 광역행정기법인 특별지방자치단체를 추진하여 중앙정부의 지원을 받으려 하고 있다.[5]

여기서 문제는 시도의 범위를 넘는 광역행정사무는 어떻게 처리할 것인가에 대한 논의가 없다는 것이다. 즉 지방자치법 제14조는 지방자치단체의 종류별 사무배분 기준으로서 시도의 사무와 시군 및 자치구의 사무를 규정하고 있지만, 하향적 접근방법으로 시도 자치사무 우선성이 규정되어 있고, 지방자치법 제15조에서 지방자치단체에 대하여 국가사무의 처리제한이라고 하면서, 국가가 '전국적 규모이거나 이와 비슷한 규모의 사무' 라든지 '지방자치단체의 기술과 재정능력으로 감당하기 어려운 사무'는 지방자치단체가 처리하지 못하게 하고

5 https://www.yna.co.kr/view/AKR20210610134700055. 지리산권 6개시군 특별자치체추진. 22년 3월 출범목표

있는 것이다.

이 규정으로 인한 것인지는 분명하지 않으나, 서울, 경기, 인천의 3개 지방자치단체에 의하여 수도교통본부(법적으로는 조합)가 15년 만에 폐지되고, 국토부의 대도시권광역교통위원회로 제도 전환이 된 것은 이 규정에 의한 것으로 볼 수 있다.

요컨대, 한국의 지방자치제도에서 광역행정은 국가에 사무배분의 우선권이 있는 것으로 해석되고, 시도를 넘는 광역행정서비스 공급은 지방자치법의 사무배분 구조 속에서 이미 국가사무로 되어 있는 것을 알 수 있다. 이것은 광역행정의 필요성에 대해서 지방자치정부가 수평적으로 문제를 해결하는 '광역자치행정방식'이 아니라, 국가에 의해서 중앙집권적 수직 통제 관리방식으로 문제를 해결해 나가는 '광역통제관리 행정방식'이다.

<표3> 광역행정 문제 해결을 위한 관점 비교

광역문제해결 관점	자치행정계층 관점	중앙집권 통제관리 관점
광역행정 유형	점진적 접근방법 이원적 접근방법	통합적 접근방법

다음은 2020년 12월 지방자치법 전부개정에 의하여 새롭게 도입된 광역행정기법에 대해서 좀 더 구체적으로 살펴보자.

3. 지방자치법 전부개정에 나타난 광역행정 시스템

한국의 지방자치법에서는 지방자치단체간의 상호간의 관계라는 제

8장을 통하여, 광역행정과 관련한 수단을 제시하고 있는데, 그것은 제1절에서 협력 제2절에서 행정협의회 제3절에서 조합 제4절에서 지방자치단체의 장 등의 협의체를 규정하고 있다. 이것은 점진적 접근 방법과 이원적 접근방법에 의한 광역행정 기법이다. 3절의 조합과 4절의 지방자치단체의 장 등의 협의체는 이원적 접근방법으로 볼 수 있다. 그런데 여기서 이원적이라고 하지만, 비준권이 광역자치조직에 있지 않고, 구성 지방자치단체에 있다는 점에서 단체자치 패러다임에 입각한 광역행정기법이라고 할 수 있다.

여기서 한국의 지방자치법에 규정하고 있는 광역행정에 관련된 규정들을 제1절에서 본 광역행정을 바라보는 접근방법에 비추어서 정리하면, 다음과 같다.

<표4> 전부개정된 지방자치법에 의한 광역행정 기법

	점진적 접근방법	이원적 접근방법	통합적 접근방법
해외 이론적 유형	합의협정 기능이양 협의회구성 기관의 공동설치	연합체 조합 특별구 지방개발사업단 공사	통합 편입 분리
한국 지방자치법	사무위탁(제168조) 행정협의회(제169조)	조합(제176조)[6] 지방자치단체의장 등의 협의체 (제182조) 특별지방자치단체(199조)	

그런데 여기서, 만일 주민주권에 입각한 주민자치 패러다임에 입각

6 조합은 특별지방자치단체라고 보지 않음. 그 이유는 법적 권한이나 예산권, 인사권을 보유할 수 없기 때문임.

하여 광역자치 기법을 검토한다면, 새롭게 구성된 광역자치조직에 대해 주민들은 광역행정서비스에 대한 결정권을 직접 가지고 비준할 수 있어야 할 것이다.

원래 지방자치법 전부개정을 논의하면서 특별지방자치단체에 대한 규정은 이러한 문제제기 하에서 논의가 시작된 것이었는데[7], 현재의 지방자치법 규정을 보면, 여전히 비준권이 구성 지방자치단체에 있는 것으로 해석될 수 있는 여지가 크고, 결정적인 비준권은 결국 국가 혹은 중앙정부 행정부처에 있는 것으로 볼 수 있는 것이어서, 중앙집권적 광역행정 제도에 불과한 것이 아닌가 하는 의문을 제기할 수 있다. 즉 새로운 제도라고 만들었지만, 여전히 국가와 중앙정부 우선의 광역행정 통제관리 기법에 불과하다는 점이다.

다음으로 제9장에서는 국가와 지방자치단체간의 관계라는 장을 두어서, 국가와 지방자치단체 간에 주민에 대한 균형적인 공공서비스 제공을 위한 협력의무를 두고 있다. 중앙행정기관의 장과 지방자치단체의 장이 사무를 처리할 때 의견을 달리하는 경우 이를 협의, 조정하기 위하여 국무총리 소속으로 행정협의조정위원회를 두고 있다. 즉 여기서 중앙정부와 지방자치단체 간에는 상당히 수평적인 관계를 가지고 있는 것으로 설명되고 있지만[8], 여전히 국가와 지방자치단체간의

7 2018년 9월에 나온 자치분권종합계획(안)을 보면, 6가지의 과제 중 네 번째 '중앙-지방 및 자치단체간의 협력 강화'라는 과제가 있고, 두 번째 내용으로서 새로운 협력제도마련으로서 '특별지방자치단체'에 대한 것이 있다. 여기서, 특별지방자치단체는 '규약에 따라 장과 의회를 직접 또는 간접선거로 선출하는 등 구성의 민주성과 운영의 독립성 확보'라고 되어 있는데, 실제 지방자치자치법 전부개정을 통해서 의회의 직접 선거라는 부분이 삭제되어, 그 민주성이나 독립성이 퇴색한 것을 알 수 있음.

8 전부개정되기 전의 지방자치법에서는 국가의 지도감독(제9장)으로 되어 있었으나, 전부개정에서 국가와 지방자치단체간의 관계라고 하여, 수평적인 듯한 인상을 주고 있음

갈등은 국무총리실이라고 하는 중앙정부의 소속 조직에서 결정하는 것으로 되어 있어, 국가우위의 조정제도인 점은 부인하기 어렵다.

또 본고의 논의와 직접 관련되는 특별지방자치단체에 대해서 좀 더 구체적으로 살펴보자, 2020년 12월 지방자치법의 전부개정에 의하여, 제12장이 신설되었는데, 그것은 특별지방자치단체에 대한 것이다. 이처럼 지방자치법에 특별지방자치단체를 직접 규정함으로써, 일반사법인이 아닌 공법인으로서의 위상을 가지게 한 것이다. 즉 한국의 특별지방자치단체는 공법인으로 설치하고 있고, 지방자치단체를 구성원으로 하고 있다. 그리고 특별지방자치단체의 의결기관은 구성지방자치단체의 의회에 의하여 선출된 의원으로 구성되고 있어 의결기관의 독립성은 구성 자치단체에 의존한다고 볼 수 있다.[9]

그런데 지방자치가 발달된 선진국에서는 2개 이상의 지방자치단체가 공동으로 특정한 목적을 위하여 광역적으로 사무를 처리할 필요가 있을 때에는 특별지방자치단체를 설치할 수 있도록 하고 있다.[10] 즉 특별지방자치단체[11]는 독자적인 조직을 편성하고, 정비할 수 있는 조직권을 가지고, 예산을 결정하며, 공공서비스를 생산 공급하며 이에 대

---

9 이 점은 일본의 제도와 유사함

10 여기서 특별지방자치단체를 신설한 것은 북미와 유럽국가에서 광역교통문제를 해결하기 위해 중앙정부도 아니고, 일반지방자치단체도 아닌 제3의 특별지방자치단체 형식으로 대응하고 있다는 점에 착안한 것으로 보임. 이것은 광역지방분권형 방식이라고 하고, 특별지방자치단체는 교통, 하천관리 등 특정기능에 대한 통합행정을 위해 기존 행정구역을 넘어 광역의 행정구역을 새롭게 설정할 수 있다(모창환, 2017 참고)

11 미국의 특별지방자치단체는 기능과 성격에 따라 Board, Public Authority, Aothority, District 등의 명칭을 지니고 있고, 특별구(special district)라는 지방자치단체로 분류된다. 보통지방자치단체와는 달리, 수행하는 사무나 권능이 특별한 지방자치단체를 의미하고, 주로, 상수도관리, 하천관리, 소방, 교육 등 특별한 기능을 수행한다. 설립방식은 주정부나 카운티정부 혹은 단수 혹은 복수의 지방정부에 의하여 설립되기도 하며, 어떤 경우에는 주민과 이해관계자 주도로 설립하기도 함. 서비스 기관으로서 과세권을 직접 보유하기도 하고, 이용료와 수수료 등 비과제 수입원을 통해 재원조달을 하기도 함. 관할구역은 보통지방자치단체의 행정구역과 관계없이 설정된다.

한 요금을 부과할 수 있는 재정적 자율성과 자주재정권을 가지는 것이다(모창환, 2017)

그러나 한국에서 새롭게 도입되는 특별지방자치단체는 여전히 구성 지방자치단체의 의회나 집행부에 상당한 정도 의존하고 있는 제도이고, 필요에 따라서 중앙정부의 보조금이나 지원에 의존하지 않으면 안 되는 것이다.

즉 지방자치법 제 164조를 보면, 지방자치단체가 다른 지방자치단체로부터 사무의 공동처리에 관한 요청이나 사무처리에 관한 협의, 조정, 승인 또는 지원을 받으면 법령의 범위에서 협력하여야 한다고 하고 있고, 관계 중앙행정기관의 장은 지방자치단체간의 협력 활성화를 위하여 필요한 지원을 할 수 있다고 규정하고 있다. 다시 말해 광역행정에 대해서 지방자치단체 간에도 협력할 수 있고, 중앙행정기관의 장도 협력활성화를 위하여 지원할 수 있도록 하고 있다.

한편 특별지방자치단체 내부의 구조를 보면, 특별지방자치단체의 집행기관은 의결기관에 의하여 선출되도록 하고 있다. 이 점에서 구성자치단체로부터 일정한 독립성을 가지고 있다고 할 수도 있다.[12]

그런데, 특별지방자치단체의 사무는 위임사무 중심으로 구성되고 있고, 재정수입은 구성자치단체의 분담금으로 되어 있어, 여전히 자치단체로서의 자율성과 독립성이 상당히 제약되고 있다고 할 수 있다.[13]

요컨대, 특별지방자치단체가 새롭게 도입된 광역자치행정의 기법

12 이점에서 일본의 특별지방자치단체의 집행기관이 구성자치단체장 스스로 집행기관을 구성하는 것이어서, 한국의 특별지방자치단체의 독립성이 높다고 할 수 있음(손은일, 안권욱, 2021)

13 이 점에서 특별지방자치단체가 주민주권에 입각한 광역자치정부가 되기 위해서는 독일의 사무총장제도나 목적교부금제도 등의 도입을 고려하여야 할 것이다(손은일, 안권욱, 2021).

이기는 하나, 여전히 단체자치 패러다임에 입각한 광역행정기법에서 크게 벗어나지 못하고 있는 것이어서, 주민주권에 입각한 자치분권 패러다임에 적합한 것인가에 대해서는 지속적인 비판과 검토가 필요할 것이다. 이하에서는 한국의 광역자치행정 기법들이 운영경험을 정리해 보면 자치적 운영에서 상당한 한계를 가지고 있었음을 살펴보고, 제4장에서 결국 중앙정부 주도의 중앙집권적 광역행정 접근법으로 전환해 버린 사례를 살펴보고자 한다. 이를 통해, 이번에 새롭게 도입된 특별지방자치단체 제도가 과연 이러한 지방행정구조와 문화에서 주민주권과 자치분권적 관점에서 제도형성이나 운영이 가능할 것인가에 대해 전망해 보고자 한다.

Ⅲ. 한국 광역자치행정시스템의 한계와 문제점 : 사례를 중심으로

1. 수도교통본부의 사례

수도권교통본부는 수도권의 교통문제를 3개시도가 공동으로 처리하기 위하여 2005년2월에 설립되었다. 기구의 성격은 지방자치법 159조에 의한 조합형태의 공법인이고, 그 소재지는 서울특별시 중구 남대문로에 있었다. 조합의 구성은 서울과 경기, 인천에서 공무원이 파견되어, 총 48명의 정원을 가지고 있었다. 서울과 경기, 인천의 공무원 배분비율은 5:5:3이었다. 구체적으로는 경기18명, 서울 19명, 인천 11명이었다.

수도교통본부는 수도권 3개 시도광역교통협의체로서 조합으로서의 법적 위상을 가지고 있다. 조합의 본부장은 서울과 경기 및 인천에서 파견된 3급 공무원이 2년의 임기로 임명되었다. 수도권의 광역교통문제를 해결하기 위하여, 법적 권한이 미비하다는 지적이 있었다. 조합의 위상과 역할로는 3개 시도의 협의와 조정의 수준을 높여가는 정도에 그치는 경우가 많았다.

본부장의 역할은 3개시도간의 협의와 조정을 하는 간사역할이라고 볼 수 있다. 본부가 존재하는 이유는 시도간의 의견과 이해의 불일치를 해결하기 위한 것이다. 이러한 불일치를 해결하기 위해서는 먼저 3개 시도교통국장급간의 사전협의와 조정이 이루어지고 그 문제를 가지고 조합회의를 그치도록 하며, 국토부 등 유관기관과 업무협의를 하는 과정을 거친다.

수도교통본부의 주요한 사업은 BRT(간선급행버스체계)와 광역버스라고 할 수 있다. 2009년에는 청라-화곡 BRT라든지, 하남-강동 BRT건설이 주된 사업이었다. 광역버스 증차의 문제도 있었다. 출퇴근시간대에 혼잡완화가 필요하고, 광역버스의 증회나 증차조정을 원활히 하는 것이 필요하다. 또 환승정보라든가 광역버스의 도착시간을 확인할 수 있는 광역BIS(버스정보시스템)도 필요하다. 이러한 것은 행정단위로 처리하기 보다는 주민생활단위로서 수도권전체의 범위에서 접근하고, 사후관리도 필요한 것이다.

2012년의 예산을 보면, 95억원의 예산을 가지고 있었고, 서울과 경기는 각각 3억원정도였고, 인천시의 경우 청라-강서BRT사업으로 인해 72억원이었다. 교통본부 자체적으로 15억원이었다.

주요추진업무를 보면, 수도권 광역교통 간선급행버스체계(BRT)를 구축하는 것인데, 2006년에서 2011년에 걸쳐 서울-하남간 BRT시범사업, 2006년에서 2015년에 걸쳐 청라-강서간BRT시범사업 등을 추진하였다.

수도교통본부의 조직을 보면, 기획조정부와 시설부로 나누고, 기획조정부에는 총무팀, 정책기획팀, 광역교통팀, 녹색교통정보팀이 있다. 시설부에는 시설계획팀, BRT1팀, BRT2팀, ITS구축팀으로 되어 있다.

문제는 수도권교통문제가 3개 지방자치단체와 수도교통본부라는 조합형태의 위상만으로 해결하기 어려운 것이 있어 국토부가 참여하는 '국토부-수도권지자체 교통정책협의회'를 구성하여 정례화하였다는 것이다. 즉 출퇴근길 인천시민의 발목을 잡는 교통문제가 해결되지 않아서, 국토해양부는 2012년 교통정례협의회를 구성하고 정례화하였다. 이 교통협의회는 승용차 이용증가로 인해 교통혼잡이 심각해져, 대중교통중심의 광역교통정책을 마련할 필요가 있었기 때문이다.

참석자는 국토부, 인천시, 서울시, 경기도 교통담당 국장 및 과장급이었고 이 협의회는 버스체계 개편 등 각 지방자치단체별 이견으로 생기는 문제를 공동 논의하여 해결책을 찾고자 한 것이다. 1차 협의회는 국토부 종합교통정책관의 주재로 인천시 건설교통국장, 서울시 교통정책관, 경기도 교통건설국장, 관련담당과장이 참여하였다. 이 교통협의회에서는 각자가 해결하기 어려웠던 부분을 공동 논의하고, 관련 자료와 아이디어를 제공하였다.

또 교통협의회에서는 광역버스 운행확대, 수도권 교통조합기능 강화 등 수도권 지자체간 적극적인 협력이 필요하거나 국토부의 중재, 조정이 필요한 사안을 논의하여 국토부 중심으로 분기별로 수도권 교통문제해결에 기여하고, 인천시민의 교통문제로 인한 불편을 해소하려는 것이었다.

요컨대 수도교통본부는 그 법적인 위상은 지방자치단체 조합으로서 지방자치법상의 근거규정을 가지고 설립된 것이었지만, 15년 정도의 운영과정을 통해, 결국 수도권의 교통문제를 제대로 해결하지 못하여, 국토부로 이관되어, 국토부의 산하 공기업이 되어 버린 것이다. 즉 자치로 시작하여 중앙집권으로 오히려 역행한 것이다.

2. 수도권매립지관리조합의 사례

서울시는 1964년부터 각 지역에 매립지를 설치하여 매립하였고, 1977년에는 10개의 지역매립지가 있었다. 당시 자료를 보면, 염창동, 용암동, 상월곡동, 장안동, 구의동, 군자동, 송정동, 청담동, 압구정동, 방배동 등이 지역 쓰레기 매립지였다고 한다.

그러다가 인구증가로 인해, 도시가 확장되면서, 매립지로 사용되던 곳이 대규모 주택단지로 개발되었고, 서울시는 매립지를 한 곳으로 모으기 위하여 난지도를 최종 결정하였다. 난지도는 1978년부터 매립을 시작하였고, 8톤트럭 3천대분량의 쓰레기를 매립하였다고 한다.

그러다가 1980년대 중반이 되면 난지도 매립은 한계에 도달하게 되었고, 아시안게임과 올림픽 유치로 인해, 1986년 대체매립지를 조성해 달라고 국가에 요청하게 되었다.

환경청은 수도권 지역에서 발생하는 생활쓰레기와 산업폐기물을 반영구적으로 처리할 수 있는 최적지로서 해안지역 간척지를 대상으로 물색하였다. 그리하여 인천시가 1986년 12월 김포지구 일부를 폐기물 매립지로 승인해 달라고 하였고, 1987년 2월에 환경청은 매립지 부지로 결정하였다. 부지매입비는 전액 국고로 충당할 예정이었지만, 담배관련의 세금이 지방세로 이관되는 것을 이유로, 서울시가 부담할 것을 요구하여, 환경청이 150억, 서울시가 373억원을 부담하도록 하였다.

그리고 매립지 건설비는 3개시도가 분담하기로 하여, 1989년 2월 서울시 100, 인천시16, 경기도16의 비율로 하기로 하였다.

수도권 매립지 건설은 5개공구로 나누어 진행되었고, 제1공구는 400만㎡였고, 1989년 9월 착공하여, 1992년 2월에 경기지역 생활폐기물, 산업폐기물, 하수정수 슬러지가 반입되었고, 11월부터는 서울 및 인천지역 생활폐기물이 반입되었다.

1992년 5월 산업폐기물반입계획이 발표되자, 당시 김포군 검담면을 중심으로 '수도권매립지주민대책위원회'가 만들어지고, 인천시 서구 백석동을 중심으로 '백석환경오염방지대책위원회'가 결성되어 폐기물 반입 갈등이 발생하였다. 환경처는 '정부주민 합동대책회의'를 통하여, 당시 합의를 통해 환경처가 각 시도에 쓰레기 분리수거 이행을 촉구하는 공문을 보내고, 쓰레기 분리수거 및 감량화 운동을 전개하기도 하였다.

수도권 매립지 주민반대활동으로 인해, 쓰레기 종량제, 음식물 쓰레기 분리배출, '폐기물처리시설 설치촉진 및 주변지역 지원 등에 관한 법률'을 제정하기도 하였다. 그리하여 수도권매립지는 1992년부터 2000년까지 제1매립지에 6.6천만톤을 매립하였다.

여기서 수도권매립지관리를 어떤 광역행정기법을 통하여 운영하였는가를 보면, 1992년에는 수도권매립지관리조합의 형식으로 운영되었고, 1997년에는 수도권 3개시도의 지방공사 설립이 동의되기도 하였으며, 2020년에는 국가공사인 수도권매립지관리공사 설립으로 관리조직의 성격이 변화하여 왔다.[14]

여기서는 수도권매립지관리가 조합형식으로 운영되었던 이원적 접근방법에 대해서 살펴보고 그 한계에 대해서 검토해 보자. 조합이 설립된 것은 1991년으로서 쓰레기 매립의 효율적 운영을 위하여 서울시, 경기도, 인천시가 구성 지방자치단체가 되었다. 그리고 당시의 환경관리공단(현재 한국환경공단)과 운영관리에 대한 위 수탁협약을 체결하였다.

수도권매립지운영관리조합은 그 재원을 서울시와 경기도, 인천시가 각각 인구수에 따라서 76:12:12로 부담하기로 하였다.

그러다가 조합과 공단간에 이원적 구조로 인하여 업무처리에 갈등이 생기자 이를 일원화하기 위하여, 2000년에 수도권매립지관리공사의 설립 및 운영에 관한 법률에 따라 수도권매립자관리공사가 출범하게 되었다(정원욱외, 2016). 즉 조합에서 공사로 광역행정의 접근방법이

14 http://www.incheonilbo.com/news/articleView.html?idxno=1117787. 수도권매립지를 혐오시설로 끝낼 것인가

전환된 것이다.

Ⅳ. 중앙정부주도의 광역행정시스템의 사례

1. 대도시권광역교통위원회의 사례

대도시권광역교통위원회는 2019년 3월에 출범한 것으로 국토교통부에 2개국 7개의 과로 이루어진 중앙정부 조직이다. 이 조직은 2018년 '대도시권 광역교통관리에 관한 특별법'이 개정공포되면서 설립되었다.

국민의 80%가 대도시권에 거주함에 따라 행정경계를 넘나드는 광역교통수요가 지속적으로 증가하고 있고, 광역교통문제로 인한 지역갈등, 광역교통시설 투자 부족 등으로 인해, 광역교통정책이 제대로 추진되지 못하고 있었다. 이에 '광역교통 2030' 비전을 바탕으로 선제적 광역교통대책을 수립하기 위하여 대도시권광역교통위원회가 조직되었다.

광역버스노선을 확대하고, 철도망을 확충하며, 편리한 환승체계를 구축하고, 연계교통을 확립함으로써 교통불편을 신속하게 해결하고자 한다. 또 이 문제를 해결하기 위해, 지역의 다양한 목소리를 듣고, 지역간 갈등을 합리적으로 조정하고, 의사결정과정에서 지역의 목소리를 들을 수 있도록 지역과 중앙정부가 함께 참여하는 협력 거버넌스 체계로서 등장한 것이다.

대도시권 광역교통위원회의 조직을 보면, 위원장1명과 대도시권광역교통본부가 있고, 광역교통정책국과 광역교통운영국이 본부에 소속되어 있다. 그리고 대도시권광역교통위원회는 권역별 위원회를 두고 있는데, 그것은 수도권, 부산울산권, 대전세종권, 광주권, 대구권으로 되어 있다. 또 권역별위원회에는 본부-지자체 실무위원회가 있는데, 먼저 대도시권광역교통본부와 지방자치단체가 협의한 후에 실무위에 상정하는 것으로 되어 있다. 그리고 위원회에서 최종결정을 하고 정책을 추진하는 것으로 되어 있다.

대도시권광역교통부위원회의 조직도를 보면 다음과 같다.

<표3> 대도시권 광역교통위원회의 조직

<table>
<tr><th colspan="8">대도시권광역교통위원회</th></tr>
<tr><th colspan="3">대도시권광역교통본부</th><th colspan="5">권역별위원회</th></tr>
<tr><td></td><td>광역교통정책국</td><td>광역교통운영국</td><td rowspan="2">수도권</td><td rowspan="2">부산
울산권</td><td rowspan="2">대전
세종권</td><td rowspan="2">광주권</td><td rowspan="2">대구권</td></tr>
<tr><td>기획
총괄과</td><td>광역교통정책과
광역버스과
광역교통요금과</td><td>광역시설운영국
간선급행버서체계과
광역환승시설과</td></tr>
</table>

여기서BRT[15](간선급행버스체계)의 구축에 대해서 자세히 살펴봄으로써, 광역교통문제가 지방자치단체의 수평적 협력만으로서는 해결하기 어려운 사업임을 확인해 보자. BRT는 전용주행로와 입체교차로, 정류

15 bus rapid transit

소, 전용차량 등을 구비하여 급행으로 버스를 운영하는 교통체계이다. 추진배경을 보면, 대도시권 교통체증 완화와 통행시간 단출을 위하여 저비용, 고효율 대중교통수단인 간선급행버스 체계를 확대 구축한다는 것이다. 여기서 BRT는 지하철 건설비의 1/10에 불과하하고, 운영비는 1/7이하이기에 가성비가 높은 교통수단이란 것이다.

BRT의 구성요소를 보면, 버스전용차로, 환승시설, 교차로에서의 버스우선통행, 버스정보시스템(BIS), 버스운행관리시스템(BMS)로 구성되어 있다. 이러한 BRT시스템이 작동하기 위해서는 BRT차량, 버스 사령실(BMS), 수평승하차 등이 가능한 보도구조 등이 구비되어야 한다.

이러한 BRT시스템은 2014년 4월에 BRT특별법이 제정되었다. 그리하여 국비지원이 BRT예산의 50%를 받을 수 있도록 했고, 수도권도시지역에는 BRT지원이 2 5%로 하고, 비수도권도시지역에는 50%를 받도록 하였다.

2016년 8월에는 간선급행버스체계시설의 기술기준을 고시하였다. 이것은 '간선급행버스체계의 건설 및 운영에 관한 특별법'에 따라 BRT체계의 시설기준을 정한 것이다. 그리고 2018년 11월에는 제1차 BRT종합계획(2018-2027)을 수립하였는데, 특별법에 의한 10년단위의 법정계획이다.

그리고 2019년 3월에 대도시권광역교통위원회가 개청되었고, 간선급행버스체계과가 신설되었다. 2020년 1월에는 S-BRT가이드라인이 고시되었고 시범사업으로 5개소가 지정되었다. 이것은 지하철 수준으로 향상시킨 최고급 BRT를 도입하기 위한 가이드라인을 정한 것이고 시범지역은 인천계양 대장, 창원, 인천, 성남, 세종이다.

마지막으로 2021년 11월에는 1차종합계획이후 나타난 교통여건 변화로서 신도시 3기와 GTX를 반영하기 위한 수정계획이 마련되어, 제1차 BRT종합계획 수정계획(2021-2030)이 수립되었다.

2022년 1월 현재 BRT구축현황을 보면, 광역BRT[16]가 29개노선 555km이고, 도시BRT는 52개노선 485km가 계획 혹은 추진되고 있거나 운영되고 있다. 현재 운영되고 있는 것만 보면, 광역BRT는 4개노선 114km이고, 도시BRT는 23개노선 207km이다.

또 지역별로 보면, 수도권에 광역BRT가 2개노선에 30km가 운영되고 있는데, 경기하남-천호 BRT와 인천청라-강서BRT가 그것이다. 대전권에는 2개의 광역BRT 84km가 운영되고 있는데, 대전반석-세종BRT와 대전역-세종BRT가 그것이다.

도시BRT로서는 수도권에 17개노선 151km이고, 부산울산권에 3개논선 25km, 대전권에 3개노선 31km이다.

그런데, 원래 대도시권교통위원회의 전신은 수도교통본부이다. 수도권교통본부는 지방자치법에 근건하여 설립한 공공법인(자방자치단체법인)이었다. 1998년 수도권행정협의회에서 수도권광역교통기구의 필요성이 제기된 이래 1999년 6월 교통연구원에서 수도권광역교통기구 설립 타당성 조사 연구가 추진되었고, 2000년 12월 국토연구원의 '수도권종합교통체계조사연구'의 결과로서 '교통연합'의 설립이 제의되었었다. 그러다가 2003년에 수도권 3개 시도지사가 광역교통기구의 설치에 합의하게 되었다.

16 광역BRT는 2개이상의 시도를 연결하는 것이고, 도시 ㅠㅆsms 단일 도시내 운영하는 것임

2004년 8월 수도권교통조합설립 추진단이 구성되었고, 11월에 3개 시도지사 교통조합 설립계획이 확정되었으며, 12월에 수도권교통조합규약에 대해 시도의회 의결이 이루어졌다. 그리하여 2005년 2월 행정자치부로부터 수도권교통조합 설립 승인을 얻었고, 2007년 9월에 수도권 교통본부로 명칭이 변경되었다.

당시 수도권교통본부의 중점추진전략은 첫째 시도간 교통정책협의 추진 둘째, 체계적인 광역대중교통계획 마련 셋째, 광역교통시설의 연계성 강화 넷째, 광역대중교통수단의 원활한 운영 다섯째, 다양한 교통주체와의 협력강화 여섯째, 모범적인 광역교통행정체계 확립이었다.

주요사무로서는 수도권 대중교통 종합계획 수립에 관한 사무, 수도권 교통정책의 합의 조정에 관한 사무, 수도권 대중교통 환승시설에 관한 사무, 수도권간선급행버스체계에 관한 사무, 수도권교통정책과 관련하여 3개시도가 합의하여 위임한 사무 등을 추진하는 것이었다.

수도권교통본부 조합은 2005년 2월에 수도권의 3개 시도가 공동으로 설립한 것으로 광역교통문제해결을 위해 노력해 왔다, 법적 권한 부족, 예산확보 미흡 등 설립취지에 부합하는 역할에 한계를 보여왔다. 그렇지만 수도교통본부 조합은 15년간 수도권 간선급행버스 체계(BRT)를 구축하고, 시도간 광역버스노선조정, 여객기종점 통행량 조사사업 등을 통해 수도권 대중교통 이용편의 증진에 기여해왔다. 또 수도권대중교통 종합계획수립이나 BRT도입, 수도권 대중교통환승 시스템 등의 업무를 추진하여 성과를 내기도 하였다.

수도권교통본부 조합은 2019년 4월에 서울시와 인천시 경기도에서 조합해산 방침을 결정하고 통보함에 따라 제67회 임시회를 통해 조합

해산결의를 하였다. 수도권교통본부가 추진한 사무는 대도시권광역위원회에 이관하게 됨으로써 14년간 사업을 마무리하게 된다.

2. 수도권매립지관리공사의 사례

수도권매립지관리공사는 2000년 7월에 설립되었다. 환경부가 주무기관이고, 기타공공기관으로 분류되어 있는 비상장기업이다. 지원은 344명이고(2021년 현재), 자본금은 1115억원이며, 매출액은 2216억원이다. 영업이익은 121억원이고, 순이익은 55억원이다. 자산총액은 5162억원이며, 부채총액은 660억원이다(이상 2019년기준). 위치는 인천광역시 서구 거월로에 본사사옥을 가지고 있다.

수도권매립지관리공사는 수도권매립지를 효율적으로 관리함으로써 수도권에서 배출되는 폐기물의 적절한 처리와 자원화를 촉진하고, 수도권매립ㄹ지 주변지역 주민을 위하여 쾌적한 생활환경을 조성하는 것을 목적으로 설립되었다. 근거법은 '수도권매립관리공사의 설립 및 운영 등에 관한 법률'이다.

연혁을 보면, 1989년 2월에 환경청과 3개시도가 수도권매립지 건설 및 운영협정 체결을 하였고, 1991년 11월에 수도권매립지운영관리조합이 서울, 인천, 경기에 의하여 설립되었다. 그리고 1992년 2월에 제1매립장 사용개시되어 폐기물이 최초로 반입되었다.

그러다가 2000년 7월에 수도권매립지관리공사가 설립되었고, 2000년 10월에 제2매립장 사용개시가 되었다. 2006년 12월에는 50MW매립가스 발전시설이 준공되었고 2018년 9월에 제3-1매립장 사용을 개시하였다.

즉, 수도권매립지관리공사의 전신은 수도권매립지운영관리조합이고, 조합으로 운영된 것은 1991년11월부터 2000년 7월까지 운영되었다.

수도권매립지관리공사의 사업을 보면, 법률 제19조제1항에서 규정하고 있는데, 다음과 같다.

수도권매립지에 반입되는 폐기물의 처리
폐기물처리시설 및 이에 부속되는 시설의 설치관리
폐기물을 자원화하기 위한 시설의 설치 및 운영
주민지원기금의 조성 및 주변 영향지역에 대한 지원
다음 각목의 결정 및 징수
-수도권매립지에 반입되는 폐기물의 처리에 필요한 반입수수료
-폐기물처리시설 설치 촉진 및 주변지역 등에 관한 법률 제8조에 따른 가산금
-시도지사, 시장군수자치구청장 또는 수도권매립지에 폐기물을 반입하는 자로부터 징수하는 폐기물처리시설의 설치에 필요한 부담금
수도권매립지 및 주변지역의 환경관리
오염방지시설의 설치 및 관리
복토용 흙과 모래를 확보하기 위한 취토장의 개발 및 운영
수도권매립자의 사후관리
수도권매립지안의 도시공원 및 녹지 등에 관한 법률 제2조제4호에 따른 공원시설 체육시설의 설치 이용에 관한 법률 제2조 제1호에 따른 체육시설, 문화예술진흥법 제2조제1항 제3호에 따른 문화시설 등의 설치 및 운영
그밖에 수도권매립지의 설치 관리와 관련하여 국가나 지방자치단체로부터 위탁받은 업무 이상의 사업을 위한 조사 연구, 기술개발, 설계, 책임감리, 환경오염물질의 측정 분석 및 기술지원 등 부수된 업무

그리고 수도권매립지관리공사는 위의 사업을 효율적으로 하기 위해 환경부 장관의 승인을 받아 사업에 출자하거나 출연할 수 있다. 전형적으로 환경부라는 하는 중앙정부의 거버넌스 기관이라고 할 수 있다.

수도권매립지관리공사는 사장과 이사3명, 감사1명을 두는데, 사장과 감사는 환경부장관이 임명한다. 즉 중앙정부의 직접적인 통제를

받는 조직이다. 이사는 환경부장관의 승인을 받아 사장이 임면한다.

사장의 임기는 3년이고, 이사와 감사의 임기는 2년이다. 또 각각 1년을 단위로 연임할 수 있다고 되어 있다.

공사의 직원은 정관이 정하는 바에 따라서 사장이 임면한다.

법률 제18조에 의하면 이사회가 있고, 제21조에서 국가나 지방자치단체는 공사의 사업에 대해서 예산의 범위에서 보조금을 지급할 수 있도록 되어 있다. 즉 국가나 지방자치단체의 사업을 대행할 수도 있다는 셈이다.

법률 제23조에서는 공사는 환경부장관의 승인을 받아서 채권을 발행할 수 있다.

법률 24조에서는 운영위원회를 두도록 하고 있는데, 위원장은 사장이 되고, 위원은 환경부장관이 임명하거나 위촉하도록 하고 있다. 위원에는 환경부장관이 추천하는 관계 공무원 1명, 시도지사가 추천하는 관계 공무원 각 2명, 수도권매립지주변지역 주민이 추천하는 주민대표 6명, 환경부장관과 수도권매립지 주변지역의 주민대표가 추천하는 관련 전문가 각 1명 및 시도지사가 추천하는 관련 전문가 1명이다. 위원은 비상근으로 하도록 하고 있다. 위원의 임기는 2년으로 하고 연임할 수 있다.

위원회가 심의하는 것은 '1 수도권매립자에 반입되는 폐기물의 반입수수료 2 수도권매립지에 반입되는 폐기물의 종류, 반입량, 반입기준 및 반입대상구역 3 수도권매립지 주변환경보전을 위한 시설물의 설치 및 지원에 관한 사항 4 그밖에 공사의 사장이 심의가 필요하다고 인정하여 위원회의 회의에 부치는 사항'으로 되어 있다.

V. 결론 및 전망

지방자치법 전부개정을 통하여 광역행정의 새로운 시스템으로서 특별지방자치단체 제도를 도입하였다. 기존의 지방자치단체의 협력방식으로 제시되었던 조합방식으로서는 해결하기 어려웠던 초광역행정서비스의 공급을 위한 새로운 대안 제도로서 법제화된 것이다. 특히 특별지방자치단체가 지방자치법에 규정되어 있었지만, 이전의 지방자치법에서는 대통령령이 만들어지지 않아서 사문화되었던 것이었는데, 2020년 12월 지방자치법의 전부개정에 의해 제12장에 새로운 장을 만들고 관련된 조문을 법제화한 것이다.

그리하여, 최근에 특별지방자치단체 제도를 활용하여, 부산울산경남의 메가시티를 만들고자 하고 있다. 수도권으로 인구와 산업경제가 점점 집중되는 것을 막기 위해서 부울경이라는 메가시티를 만들어서 비수도권에 인재와 산업을 유치하고, 지역고용과 지역발전을 도모하기 위한 제도로서 특별지방자치단체를 구성하고자 하는 것이다.

이 제도의 구상은 일본의 특별지방공공단체에서 유래한 측면이 강하다. 일본은 2010년 12월에 간사이지역 2부5현이 참여한 간사이 광역연합이 출범하였다. 이것은 지방자치단체간의 완전한 통합이 아니라, 기존 행정에서 광역적 사무를 담당하는 법인으로서 출범한 것이었다. 일본의 제도가 영국의 지방정부간의 연합기구제도와 다른 점은 영국의 경우 각 지방정부에서 연합기구로 이양하기로 한 경우, 그

연합기구의 장은 직접선거로 선출한다는 점이다. 대표적인 예가 광역 맨체스트 연합기구이다. 즉 광역 맨체스트 연합기구는 10개의 지방정부의 광역적 의제를 처리하기 위해 구성된 것이다.

최근 부울경 특별지방자치단체의 구성과정을 보면, 규약으로 정할 내용을 결정하는 과정에서 상호 타협과 양보가 필요한 것을 알 수 있다. 즉 청사의 위치를 두고서 부울경의 지리적 한가운데 중심지역으로 하자고 하면서, 경남이 유리한 입장에 섰고, 특별연합의회의 의원 정수를 27명으로 하면서, 부산 울산 경남이 각각 9명씩 구성하기로 함으로써, 울산이 유리한 입장을 확보하였다.

부울경 특별지방자치단체가 현재 협상중에 있어 순조롭게 진행된다면, 6월 지방자치단체 선거이전에 출범할 수 있을 것이다.

여기에 중앙정부에서는 부울경 메가시티가 특별지방자치단체로 출범하게 되면, 초광역협력 사업으로서 대대적인 지원을 약속하고 있다.[17]

그러나 특별지방자치단체가 현재의 법제도로서는 여전히 중앙집권적인 광역행정 기법에서 크게 벗어나기 어려울 수 있다. 즉 기존의 이원적 접근방법으로서의 조합 제도가 결국 중앙정부부처의 하부행정조직으로 전환된 사례(수도권 광역교통서비스)나, 중앙정부의 공사로 전환된 쓰레기 매립지 관리 사례를 보건대, 출발은 지방자치단체간의 협의와 협약, 그리고 규약제정을 통하여 발족하지만, 막대한 중앙정부의 재정적 지원에 의존해야 하는 특별지방자치단체의 미래는 그렇게 밝

17 https://www.nocutnews.co.kr/news/5705400. 부울경메가시티논란지우고 출범, 규약안 합의

은 것은 아닐 수 있다.

즉 출범은 지방자치단체의 자치적 방식으로 시작하지만, 결국 그 운영에서의 한계와 재정적 역량 부족으로 중앙정부부처의 조직이나 사무로 전환될 운영에 처해있는 것은 아닐까 하는 의구심을 가져본다. 그렇게 되지 않도록 대통령소속의 자치분권위원회나 지방자치학계, 그리고 자치분권에 대한 시민운동단체들은 깨어서 그 추진과정을 지켜보아야 할 것이다.

참고문헌

강광수. 2019. 일본지방제도에서의 광역행정론에 대한 비판적 검토. 한국지방자치연구 제21권 2호. pp95-118

김병준. 2015. 지방자치론. 법문사

김상봉. 2019. 대도시권 상생협력을 위한 광역네트워크형 행정체제 구축에 관한 기초연구. 한국도시행정학회 2019년 하반기 학술발표대회 논문집.

김형수. 2013. 부울경 상생, 광역교통으로 먼저 풀어야. BDI정책포커스. 부산연구원

모창환, 2017, 대도시권 광역교통청 실행방안 기초연구, 이슈페이퍼 17-08. 한국교통연구원, pp29-30

모창환, 전은숙, 2018. 대도시권 광역교통행정 개선방안. 한국교통연구원 MP-17-11

박우서. 2001. 지방자치와 광역행정. 대영문화사

손은일 · 안권욱, 2021. 특별지방자치단체의 독립성에 관한 연구. 국제경상교육연구 18권4호 pp 155-180. 글로벌 경영학회

안영훈 · 신현기. 2009. 선진국 대도시 지방정부의 지방행정체제 특성에 관한 연구. 한독사회가확논총 제19권 1호. pp3-36.

육동일. 2017. 한국지방자치행정론. 충남대학교출판문화원.

이승철. 2020. 지방자치론. 윤성사

이주일. 2018. 서울대도시권 광역행정의과제와 협력적 거버넌스 구축방향. 한국도시행정학회 학술발표대회논문집.

자치분권위원회. 2018. 자치분권 종합계획(안). 대통령소속 자치분권위원회

정원욱 김숙진. 2016. 수도권매립지 입지갈등의 전개: 네트워크 효과로서의 영역개념을 중심으로. 대한지리학회지 제51권 제4호 pp541-558

Bollens, John C. and Henry J Schmandt(1982). The Metropolis, New York: Harper & Row.

Walsh, A. H.(1969). *The Urban Challenge to Government*, New York:Prentice-Hall.

08

공공성과 리더십에 따른 책임강화방안에 관한 연구[1]

I. 서론

최근에 공공기관이나 공직자가 자신의 직무와 관련하여 책임을 제대로지지 않는 것으로 인하여 시민사회의 공분을 사는 경우가 빈번하고 있다. 오송 지하차도 참사의 경우도 관할 지방자치단체와 경찰, 소방이 서로 책임을 떠넘기고 있다. 내재적 제도적 통제나 외재적 제도적 통제만으로는 공공영역의 참사를 막지 못하였다. 이러한 결과에 대해서 공직자는 비제도적 책임이나 자율적 책임을 져야 할 것으

1 이 글은 공공리더십연구 제2권제2호(2023) pp151-175에 게재된 글입니다.

로 보이나, 어떤 책임도 명확하게 지는 공직자가 없음을 보게 된다. 이태원 할로윈 참사의 경우도 용산구청과 서울경찰청, 행정안전부가 서로 책임을 떠넘기고 있다. 새만금 세계스카웃잼버리의 부실운영에 대해서도 전북도와 여성가족부, 그리고 조직위가 서로 책임을 전가하고 있다. 최근 우리 사회에서 나타나고 있는 일련의 공공영역에서의 사고와 행정활동에 대한 실패를 그 누구도 책임지지 않고 있어, 과연 공공영역 속에 리더가 존재하는 것인가 하는 의구심을 가지게 된다. 정부영역은 우리 시민사회와 민간시장경제에 대한 리더십을 가지고 있는 공간이다.

전통적으로 국가와 정부영역은 공공성이란 가치를 전유하여 왔다. 그러나 20세기 후반이후 행정국가화 현상으로 인하여, 공공영역을 공공재나 공공서비스의 생산에 시민사회나 민간시장경제 영역도 참여하게 되면서, 공공성의 개념을 확대하게 되었다. 공공성은 더 이상 정부나 행정관료제의 전유물이 아니게 되었다. 우리 사회 다수 구성원의 공익을 최대화하는 것이 공공성이라고 정의하게 되었고, 이 점에서 공공리더십은 더 이상 정부 행정관료나 공직자만 가지는 것이라고 할 수 없게 되었다. 공공성에 대한 외연이 확장되면서, 행정책임에 대한 문제도 국가와 정부 관료제만의 것이 아니라, 공공재생산에 참여하는 거버넌스의 참여자들에게도 공익을 우선하는 가치관과 윤리관이 요구되게 되었다. 그러나 민간기업영역은 사익과 영리성을 우선하는 공간이기에, 이들에게 공공성을 요구하기가 쉽지 않다. 공공성과 공권력에 기반하였던 공공리더십이 퇴색되게 된 배경이 되었다.

한편, 공공리더십은 정부기관만이 아니라, 공공기관이나 시민사회단체 혹은 민간기업에도 공공성을 위한 리더십을 요구하게 되었다. 시민사회단체들도 공공재와 공공서비스를 공급하는데 참여하게 되면서, 이들에게도 공공성을 요구하게 되었다. 그러나 시민사회영역의 참여자들은 공익의 개념에서 합의하기가 쉽지 않다. 다양한 이해관계를 가진 시민사회는 국가나 정부의 공익보다는 구성원들간의 대화와 타협, 배려와 양보를 통하여 공동체를 형성하고 공동체의 신뢰자본을 우선할 가능성이 높다. 결과적으로 국가와 정부의 공익이라는 개념은 공론과정의 투명성과 민주성을 우선하는 개념으로 전환하게 된다. 이렇게 되면, 민주성과 투명성이라는 가치를 따르지 않는 것에 대한 책임을 지는 것이 곧 공공성에 입각한 리더십이게 된다.

그러나 공공성의 가치를 우선하는 조직이나 활동에 참여하는 참여자들이 과연 그러한 변화하는 공공성의 개념에 부합하는 공적 책임을 지고 있는가를 보면, 그렇지 않은 경우가 빈발하게 되는 것이다. 특히 신자유주의와 신공공관리(NPM)를 통하여 시장경제의 경쟁과 수익성, 민영화와 아웃소싱 등의 개념이 들어오면서, 공공성보다는 수익성을 우선하는 문화와 사조가 공공영역에 지배적이게 되었다. 공익을 우선해야 하는 공공활동의 영역에 사익을 가진 참여자들이 지배적이게 되고, 심지어 공직자들마저 사익을 추구하는 것을 당연히 여기고, 공익과 사익의 구분이 불명확하게 되는 현상이 나타나게 되었다.

이렇게 되면, 공공재와 공공서비스를 공급하는 공공영역에서 공익에 대한 수호자가 사라지게 되었고, 공직자들마저 사익을 추구하게 되어, 공익에 대한 책임을 지는 공공리더를 찾아보기 어렵게 된 것이다.

21세기 한국행정에서도 공공영역의 임무가 점차 확대되는 경향도 있다. 예를 들면, 공동주택의 재활용폐기물의 수거는 민간영역의 임무였던 것인데, 2024년부터는 공공영역에서 이 업무를 처리하도록 전환한다고 한다[2]. 이렇게 되면, 국민들의 생활영역에 대한 공공영역의 임무와 책임은 더 확대될 것인데, 문제는 이렇게 확장되는 공공영역에서 과연 정부영역의 조직들이 이러한 임무들에 대한 책임을 질 수 있는가[3]와 그러한 관리역량이 있는가가 문제시된다.

만일 이처럼 확대되는 공공영역에서 공공행정활동이나 정책집행에도 불구하고 공공서비스 공급에서 실패나 사고가 일어났을 경우에 과연 누가 그러한 행정관리 실패나 인명 사고에 대한 궁극적인 책임을 지는가가 궁금하다. 공직이라 함은 공공영역의 직무를 맡은 자로서 시민사회에 대해서는 리더(leader)의 위치에 있기 때문이다. 즉 시민사회는 공공영역의 공직을 선출하거나 위탁함으로써, 주권자인 시민사회에 대한 공공서비스와 공공재를 공급해 줄 것을 요구할 수 있기 때문이다. 시민사회 속에 주권이 있고, 이러한 주권이 공공영역으로서의 정부와 국가를 형성하고 선택할 수 있기 때문이다.

주권자인 국민의 입장에서는 공공영역의 행정활동에 공공성이 우

2 환경부는 공동주택 재활용 폐기물의 수거체계를 안정시키기 위하여 그동안 민간중심으로 수거가 이루어지던 것을 공공중심으로 전환한다고 한다. 즉 공동주택-수거업체간 계약으로 이루어지던 민간중심 재활용폐기물 수거체계를 공동주택-지방자치단체-수거업체계약이라고 하는 구조로 개편한다고 한다. 이는 재활용품 가격 하락, 수급 불안정에 따른 수거대란의 우려를 방지하기 위하여 지방자치단체의 책임성을 강화하는 제도라고 한다. 즉 2018년에 수도권폐비닐 수거거부가 있었고, 2020년에는 폐지수거거부 예고가 있었으며, 2022년에는 폐지 압축상 적체 문제가 발생하였다. 이에 환경부는 지방자치단체로 하여금 여건에 따라 폐지, 고철, 폐합성수지 등 대상품목을 선택하여 지정하도록 하고, 지방자치단체가 공동주택 및 수거업체와의 계약당사자가 되어 시장변동시에 계약금액을 조정하는 관리체계로 전환한다고 한다(기획재정부. 2023. 이렇게달라집니다 2023년)

3 정부영역이 지나치게 확장되면, 행정국가의 병폐와 리바이어던 국가와 같은 권력의 전제화와 부패가 나타날 위험성이 커진다. 또 권력은 눈덩이굴리기와 같이 억제하고 견제하지 않으면 점점 더 커져가는 자기확장성을 가지고 있는 속성이 있기에 민주공화정의 헌정구조에서는 삼권분립과 지방자치제도를 통해 국가와 지방정부의 권력이 서로 견제하고 균형을 이루도록 한다. 그리고 무엇보다도 주권자인 개인의 자유와 기본권, 재산권을 지켜주는 것이 국가의 제1의 임무이고 존재이유이다.

선되기를 요구할 수 있고, 공공영역에는 공공리더십을 가진 자들에게 공직을 부여하여 공권력을 가지고 책무를 수행하기를 기대하는 것이다. 그리고 이들 공직자들이 자신에게 부여된 권한과 직무를 제대로 수행하지 못하여 행정활동의 실패나 주권자인 국민의 생명에 사고가 발생하였을 때는 부여된 권한과 직무에 상응하는 책임을 지게 함으로써, 정부공공영역이 주권자의 통제 하에 있음을 확인하고 싶은 것이다. 공공성의 문제에 책임을 지는 자가 공공리더(public leader)이고 공공성의 문제에 대해서 책임을 지지 않는 조직에는 공공리더십이 없는 것이다. 21세기 민주공화정의 한국의 공공영역에는 다양한 정책과 행정관리에 대한 책임을 지는 자가 있어야 하고, 이들에게 요구되는 것이 공공리더십인데, 본고에서는 과연 공공리더십이 무엇이고(2장), 공공리더십의 실패사례는 어떤 것이 있으며(3장), 공공리더십이 세워지기 위한 통제장치와 책임제도는 어떻게 방향과 우선성을 잡아나가야 할 것인가에 대해서(4장) 논의를 해보고자 한다.

II. 이론적 논의

1. 공공성

공공성에 대해서 임의영(2023)은 행정학의 핵심가치이고 사회적 삶의 지표가 되는 것이라고 하였다. 공공성의 개념에는 다양한 논의가 있는 개념으로서, 학제적 학문의 노력을 통하여 정립되는 것으로 철학만이 아니라, 정치학, 사회학, 경제학, 법학, 심리학 등의 수많은 학문과의 소통을 통해서 얻어지는 것이다.

그런데 행정학에서는 공공성에 대해서 '행위주체들이 민주적 절차를 통해서 정의의 가치를 추구하는 원리'라고 정의하면서, 행정학은 신공공관리론으로 인하여 공공성을 상실하고 있고, 공공성이 위협을 받고 있으며, 심지어 공공성이 파괴되기까지 하는 시대에 존재하고 있다고 한다.

즉 공공성의 개념이 현대 행정에서는 위기에 직면하고 있고, 신공공관리론으로 인하여 원자화된 개인과 강력한 시장, 그리고 축소지향형의 정부로 인해 더욱 이러한 공공성의 위기가 심화되고 있다는 지적을 하고 있다.

이러한 논의는 소영진(2003)이 '행정학의 위기와 공공성문제'라는 글을 통해서 이미 제기되었고, 신희영(2003)이 '신공공관리론에 대한 비판적 고찰: 비판적 실제론적 접근'을 통해서 제기하였다. 또 임의영(2003)도 '공공성의 개념, 위기, 활성화의 조건'을 통해, 현대 한국 행정에서 공공성이 위기를 직면하고 있다고 문제제기하였다.

그러면서 임의영은 공공성의 개념을 '정치적으로 참여를 강조하는 민주주의 관점에서 정의하였고, 이를 통해 사회정의와 공익을 추구하는 것'이라고 하였다(임의영, 2023: 260). 그리고 신공공관리론이 초래한 공공성의 위기를 극복하는 방안으로서 공론장의 활성화를 제시하고 있다(임의영, 2023)

한편, 임의영은 공공성에 대한 지속적인 연구를 통해, 공공성에 대한 유형화를 시도하고 있다. 즉 공공성을 윤리적 차원의 사회적 정의와 정치적 차원의 민주주의로 유형화하고, 양자 간의 변증법적인 관계를 통해 공공성개념을 구조화하고 있다(임의영, 2023: 267). 특히 임의영은 공동체의 행위주체들이 민주적 절차를 통해 내용적으로 정의의 가치를 추구하는 것으로 요약하고 있다. 본고의 문제의식과 관련해서 보면, 공공리더십은 공공성을 선도하는 리더(leader)와 팔로워(follower)라고 할 때, 결국 민주적 절차를 통해 공공성을 형성하는 리더십이라고 할 수 있다.

그런데, 민주주의에는 사적이익을 추구하는 시민을 중심으로 하는 민주주의(시민민주주의)가 있고, 공적이익을 추구하는 공민을 중심으로 하는 민주주의(공민민주주의)가 있다고 임의영(2010)은 구분하고 있다[4].

또 정의도 과정 지향적 정의와 결과 지향적 정의로 구분하면서, 공공성을 도구적 공공성, 윤리적 공공성, 담화적 공공성, 구조적 공공성으로 4개의 공공성의 유형을 제시하기도 하였다.

결론적으로 임의영(2017)은 공공성에 대해서 그 철학적 기초가 존재론적, 인식론적, 윤리론적 토대위에 구축되어야 한다고 하였는데 본고의 관점에서 보면, 공공리더십은 바로 존재론적 토대와 인식론적 토

4 이후 임의영은 민주주의를 사민민주주의(private citizen)과 공민 민주주의(public citizen)으로 나누고, 정의도 과정적 평등과 결과적 평등으로 나누기도 하였다(임의영, 2016). 그러나 얼마 후 임의영은 다시 민주주의를 직접 민주주의와 간접 민주주의로 나누기도 하고, 정의를 절차적 정의와 실질적 정의로 분류하기도 하였다(2019). 다시 말해 공공성의 개념이 민주주의와 관련된다고 하였던 것이고 민주주의의 본질을 공론장의 활성화로 보고 있다는 함의가 깔려 있는 것으로 보인다. 본고의 논제와 관련하여 본다면, 공공리더십은 민주주의를 활성화하는 리더십으로 정의할 수 있을 것이다. 그런데 현대 대의민주주의의 한계와 정당을 중심으로 한 양극화된 대립과 갈등이 심화 증폭되는 구조 속에서 풀뿌리민주주의를 지향하고 형성해가는 가치를 가진 리더십을 진정한 공공리더십이라고 할 수 있지 않을까 한다. 다른 표현으로는 이런 리더십을 가진 상태를 자치분권 리더십을 가졌다고 할 수 있을 것이다.

대, 그리고 윤리론적 공공성의 토대위에 서 있는 리더십이 공공리더십이라고 할 수 있을 것이다. 다시 말해, 공공리더십은 존재론적으로 개인과 개인의 필연적 상호성을 본질로 하는 관계의 존재위에 구축되어야 한다. 인식론적으로는 인식대상을 목적 자체로 인식하는 공감적 인식론위에 구축되어야 하기에, 팔로워(follower)에 대해서 목적 자체로 인식하는 공감성을 가진 리더여야 한다. 윤리론적으로는 서로에 대해 함께 책임을 지는 공유론적 책임론위에 구축되어야 하므로, 공공리더는 의사결정과 집행에 관련된 참여자들의 네트워크에 대해 책임을 지는 공유론적 책임론을 가진 리더여야 한다. 이러한 책임감을 가지지 못한 공직자는 공공리더라고 할 수 없다. 또 이러한 공공리더가 존재하지 않는 조직은 공공리더십을 가지고 있지 못한 조직이고 자치단체이며, 정부가 될 것이다.

2. 리더십

리더십은 팔로워들로 하여금 나를 자발적으로 따르게 하는 것이며, 비전과 사랑, 헌신으로 지지와 옹호를 받는 것이다. 그리고 사람들의 의욕, 열정, 결속력을 이끌어내어, 공동체의 시너지를 창출하는 것이다(하미승, 2022:23)

리더는 선견지명을 가지고 세상이 변화하는 흐름을 잘 읽어내고, 세계와 국가, 정부와 기업, 소모임이 나아갈 방향과 비전을 제시하는 사람이다. 또 리더는 창조와 혁신을 통해 새로운 변화를 일구어 내는 자이고, 옳은 것에 대한 신념을 가지고 끈질기게 목표를 추구하는 자이다. 또 리더는 구성원의 마음을 잘 알고 하나의 공동체로 뭉치게 할 수 있는 역량을 가지고 있어야 하고, 인간다움과 사랑, 헌신과 정직성으로서 팔로워의 존경을 받는 자이다.

구체적으로 보면, 세계의 평화를 이끌어낸 영웅으로서 제2차 세계대전을 승리로 이끈 처칠 수상이나 아이젠하워 대통령을 들 수 있고, 국가적으로는 일제에 항거하여 독립전쟁을 주도한 김좌진장군, 민족자각 운동을 선도한 안창호선생을 들기도 한다.

또 정부조직차원에서 보면, 한국의 경제성장을 주도했던 박정희 대통령과 같은 정책가와 행정가를 한국의 대표적 리더로 들기도 한다. 또 함평 나비축제와 고양꽃박람회를 통해 지방경영혁신을 이루어낸 자치단체장을 혁신적 리더십으로 이야기하기도 한다(하미승, 2023:24).

현대인은 모두 조직인이고 사회인이다. 이 점에서 현대인은 모두 팔로워이거나 리더 중에 하나에 속한다. 현재는 팔로워일 수 있으나, 어떤 사람은 언젠가 리더로 성장해야 하기도 한다. 또 리더는 태어나는 것이 아니라 만들어지는 것이다(Bennis, 1989)라고하기도 하고, 자신의 힘과 노력에 의해 리더는 창조되는 것이다 라고하기도 한다. 본고의 논의와 관련해서 본다면, 공공리더는 자신의 노력에 의하여 될 수 있고 공공성에 대한 정확한 이해와 실천을 통한 자기연마를 통해 공공리더십이 확보될 수 있다는 의미로 해석할 수도 있다.

한편, 리더에 대해서 역사가 인물을 낳기도 하지만, 위대한 인물이 역사를 만들어 내는 것이다(A.G. Gardner)[5]라고 하듯이, 공공리더십이 형

5 하미승(2022:26), 리더십: 이론과 개발을 참고

성된 정부와 국가, 지방자치단체와 시민사회는 공공리더가 만들어내는 것이다 고 할 수 있다.

21세기 현대행정이 직면하고 있는 공공성의 위기와 와해에 대해서 공공리더십을 가진 인재가 나타난다면, 한국사회를 새롭게 공공성을 가진 선진국으로 도약시킬 수 있을 것이다. 한국경제가 세계 10위권 이내의 경제 강국이 되게 만들었던 것처럼, 또 한국의 정권교체가 이루어지는 민주적 정부로 만들었던 것처럼, 한국을 공공성을 가진 시민사회, 공론장이 활성화되는 국회와 지방의회를 가진 자치분권국가, 시장경제에 참여하는 노동자와 자본가를 수단으로 대하지 않고 목적으로 대하는 공감성을 가진 나라로 만들어 낼 수 있는 것은 공공리더십이 구축될 때 일 것이다.

이론적으로 리더십은 집단이나 조직 속에서 활동하는 사람들의 행동을 일정한 방향으로 이끌어 나가는 과정이라고 한다(Quick & Nelson, 2012:380). 다시 말해 리더십은 팔로워로 하여금 공동목표의 달성하기 위해 자발적이고 영향력을 발휘하는 과정이나 역량이라고 한다(하미승, 2022:27). 또 리더십은 특정한 동기와 목적을 가진 사람이 어떤 자원을 동원하여 팔로워들을 동기부여하고 참여시켜서 목표를 실현시키는 것이라고 한다(Burns; 정우일 외, 2009:24). 본고의 논제와 관련시켜 보면, 공공성에 대한 개념을 이해하고 실천할 역량을 가진 사람이 다양한 자원을 동원하여 팔로워들로 하여금 공공성의 개념을 실천하도록 하여, 조직과 사회, 정부와 국가를 공공성이 우선하는 영역으로 만들어 내는 리더십을 공공리더십이라고 할 수 있을 것이다.

하미승(2022)은 리더십의 구성요소를 9가지로 제시하고 있다. 즉 리더십은 첫째, 공동목표의 달성을 주도할 수 있어야 하고, 둘째 공동체의 방향을 제시할 수 있어야 한다. 이 점에서 공공리더는 정부와 사회를 공공성을 가진 조직으로 이끌 수 있는 리더여야 한다. 특히 정부와 사회가 원자화된 개인, 사익추구를 우선하는 조직, 과도한 경쟁으로 공동체성이 파괴될 정도로 빈익빈 부익부현상이 나타나는 사회, 정부와 행정운영을 효율성과 수익성 우선으로 관리하여 민주성과 공론장이 무너지는 행정국가현상이 나타나고 있다면, 공공리더십이 무너진 사회라고 할 수 있다.

셋째, 팔로워에 대한 영향력을 발휘할 수 있어야 하고 넷째, 구성원의 의욕과 노력을 제고할 수 있어야 하며, 다섯째, 구성원에 대한 동기부여를 할 수 있어야 한다. 공공리더는 사익우선과 원자화된 경쟁 속에서 팔로워가 소외되어 가고 있는 현상을 안타깝게 여기면서, 공동체를 세워내기 위해서는 공익을 우선 하고, 공동체성에 입각한 상호존중과 배려를 통해 합의할 수 있는 담론을 이끌어 낼 수 있는 리더여야 한다. 이런 리더는 구성원을 사랑하게 될 것이고, 구성원의 인격과 입장을 존중하게 될 것이다.

여섯째, 멤버의 자발적인 추종을 유도할 수 있어야 하고, 일곱째, 멤버간의 결속과 응집력을 제고할 수 있어야 한다. 여덟째 팔로워의 참여와 활동을 진작시킬 수 있어야 하고, 아홉째, 시너지를 창출할 수 있어야 한다.

요컨대, 9가지의 리더십의 구성요소를 잘 살펴보면, 거버넌스의 구조가 메쉬형(mesh topology)[6]로 되어 있어, 각 노드(node)들이 공공성을 가진 리더가 된다면, 그 거버넌스 혹은 네트워크는 이상적인 공공리더십을 가진 것이라고 할 수 있을 것이다.

물론 한 번에 메쉬형이 되기는 어려우므로 먼저 공공성을 가진 리더가 네트워크 혹은 거버넌스를 별형(star topology)으로 만들어서 네트워크를 관리하는 것이 필요하다. 이때 중앙노드가 서버 역할을 하고, 나머지 노드들은 클라이언트들이 되는 것이다. 별형은 다른 네트워크 구조에 비해 구축비용이 저렴하고, 하나의 클라이언트가 고장나도 전체 네트워크에 영향이 없다는 장점이 있다. 그러나 중앙노드에 트래픽이 몰리게 되거나 중앙노드가 고장 나게 되면, 네트워크 혹은 거버넌스 전체가 고장 난다는 단점이 있다.

<그림1> 메시형(전자)과 별형(후자)의 거버넌스

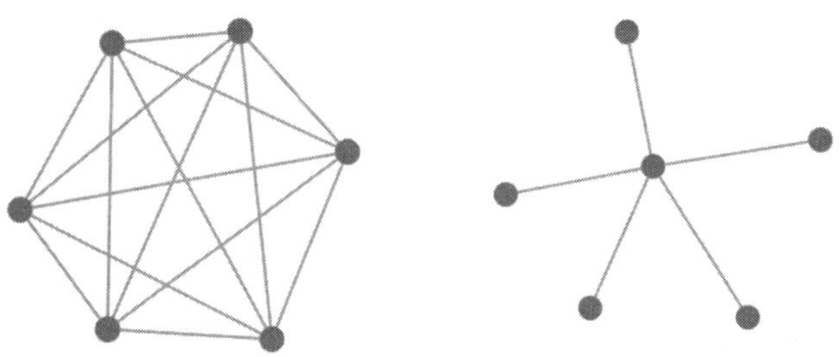

요컨대, 리더십은 관계의 개념으로서 리더가 지닌 영향력으로 인하여 다른 사람이 리더가 지향하는 방향으로 움직이게 만드는 영향력이

6 메쉬형은 네트워크를 구성할 때 각 노드들이 모든 노드들을 하나씩 직접 연결하는 형태를 말한다. 네트워크의 노드들을 연결하는 방식은 다양한데, 링형(ring topology), 버스형, 별형, 트리형, 하이브리드형 등을 들고 있다.

다. 리더십의 유형은 어떤 영향력을 가지고 다른 사람이 리더가 지향하는 방향으로 움직이게 하는가 인데, 이는 리더가 가진 자질, 행태, 역량, 품성, 가치관 등을 들 수 있는데, 전통적으로는 수직적 권력관계에서 리더십이 나타났다면, 현대에는 수평적 상호작용관계와 다원적 소통을 통하여 리더십이 나타난다고 할 수 있다. 본고의 논제와 관련하여 공공리더십은 공공성의 가치를 우선하는 리더가 다른 사람들로 하여금 함께 공공성을 우선하도록 만드는 영향력이라고 할 수 있고, 이러한 공공리더십이 살아 있는 조직, 정부, 국가가 21세기 선진국이라고 할 수 있다.

3. 공공 리더와 공적 책임

리더는 다른사람을 이끌어 줄 수 있는 존재이다. 공동체를 운영하면서, 그 유지와 발전을 도모해 가는 인물이다. 공동체의 운명과 구성원의 운명에 결정적인 영향을 미치는 사람이다(하미승, 2022:42).

리더는 고대로부터 길을 알려주는 존재였다. 리더는 대열의 맨 앞에서 사람들을 향도하였고, 바다에서 리더는 항해사이자 선장으로 배의 나갈 방향을 바로 잡는 역할을 하였다(정우일 외, 2009:1). 리더는 조직이나 집단, 소모임 등의 나아갈 방향을 제시하고, 목표지점에 정확하게 도달하도록 이끌어 주는 사람이다. 본고의 주제와 관련해서 보면, 공공리더는 정부나 행정조직을 공공성을 우선하는 방향으로 나아가도록 제시하고, 공공성이 우선되는 국가와 정부가 되도록 하는 목표지점에 도달하도록 이끄는 사람이다.

리더는 팔로워의 존재를 전제로 한다. 팔로워가 인정해주고, 스스로 추종하고자 하는 리더만이 진정한 리더이다. 이기적이고 원자화된 팔로워로만 되어 있는 조직에서는 공공리더를 인정하거나 팔로워들이 추종하지는 않을 것이다. 그렇다면 팔로워를 어떻게 공공성을 가진 자로 변화시켜 낼 것인가가 공공리더의 역할일 것이다.

리더는 조직이나 집단의 가치를 달성하고 구성원에게 올바른 사고를 심어주는 정신적 지주로서의 역할을 하게 된다(하미승, 2022:43). 리더는 구성원들의 행동을 오케스트라의 화음처럼 조율해 주는 지휘자의 역할을 하게 된다. 따라서 리더는 공동체의 어려운 과제를 해결하고, 난관에 부딪친 위기상황을 앞장서서 극복하는 책임을 지게 된다. 공공리더는 공공성을 가진 조직, 정부 그리고 지방자치단체가 되도록 이끌고 책임을 지는 자다.

리더는 구성원들을 인간적으로 사랑하면서, 이들의 만족과 행복감을 높이는 역할을 하고, 구성원들 간의 미묘 복잡한 이해관계와 갈등을 조정하여 화합과 단결을 이끌어내어야 한다. 또 리더는 외부환경의 변화를 읽어내고, 새로운 변화에 대한 대응을 주도하면서, 조직과 집단을 혁신하는 역할도 해야 한다. 결국 리더는 궁극적으로 조직과 집단의 성공을 이끌어 내는 주도자가 되어야 하는 것이다(하미승, 2022:44).

한편, 리더의 역할은 조직 관리자로서 조직 혹은 집단의 업무에 대한 계획수립(plan)과 실행(do), 평가(see)라는 사이클이 성공적으로 이루어지도록 지도한다. 리더는 구성원으로 하여금 자신의 역량을 최대한 발휘하여 성과를 올리고 목표를 달성하도록 동기부여(motivating)를 할 수 있어야 한다.

조직 관리자로서 리더는 직무에 대한 계획화, 조직화, 지휘, 조정, 통제라는 5가지의 직무를 수행하는 것이다(Wagner &Hollenbeck, 2005:18-21). 여기서 제시한 3가지 혹은 5가지의 리더로서의 직무는 일선관리층(계장, 대리, 선임) 혹은 중간관리층(부장, 과장, 책임)에게 요구되는 것이라고 한다면, 최고관리층(장관, CEO)이나 상위관리층(국장, 본부장)에게는 리더다운 리더로서의 비전제시, 커뮤니케이션, 동기부여, 상호결합과 정렬, 협력증진, 자원 확보와 할당, 문제해결과 의사결정, 갈등조정, 문화조성, 혁신창도, 대표역할, 인재육성과 같은 12가지의 역할이 기대된다. 이러한 12가지의 역할을 해내는 리더가 진정한 리더라고 할 것이다.

공공리더도 단순하게 어떤 직무를 계획하고 실행하고 평가하는 정도의 직무를 수행하는 것이이 아니라, 리더다운 리더 혹은 진정한 리더에게 요구되는 12가지의 역할이 요구되는 것이라고 할 수 있다.

요컨대 공공리더는 공공성을 가진 조직과 정부를 형성하기 위하여, 좋은 거버넌스(good governance)로서 민주성과 투명성, 청렴성과 정직성, 설명책임(accountability)과 책임성(responsibility)을 가진 네트워크가 되도록 리더십을 발휘할 수 있어야 하고, 거버넌스가 나아가야 할 비전으로서의 공공성, 공론장이 뿌리내리는 문화, 대의제 민주주의에서 풀뿌리 민주주의로 제도혁신을 창도할 수 있어야 하며, 거버넌스의 성과물 혹은 결과물에 대해서 정의를 구현하고 이에 대한 공직을 건 책임을 질 수 있어야 한다.

이하에서는 몇 개의 사례를 통해서 진정한 리더, 리더다운 리더는 어떠해야 하는가에 대한 반면교사로서 리더십이 부재한 사건에 대한 분석을 해보고자 한다. 공공성을 가진 리더다운 리더는 공적영역의 책임을 회피하여서는 안 될 것이다. 바로 그 공적영역의 책임을 자신의 책임으로 할 수 있는 공직자가 진정한 리더이고 리더다운 리더일 것이다. 이하에서의 사례분석을 통해, 한국 공직사회에 책임성을 가진 리더, 공공성을 가진 리더십이 형성될 수 있는 계기가 되길 기대해 본다.

III. 사례분석

1. 오송 지하차도 참사[7]와 책임전가

오송지하차도 참사를 시간 순으로 참사의 상황을 살펴보고, 이에 관련된 공적영역의 조직이나 기관의 대응, 그리고 참사에 대한 책임의 문제를 나누어서 살펴보면서, 공적영역의 책임회피 상황이 발생하는 메가니즘을 이해하는 것이 필요하다.

금강홍수 통제소는 사고 4시간전인 15일 새벽 4시 10분에 미호강 미호천교 지점의 홍수주의보를 홍수경보로 변경해서 발령했다고 한다.

7 2023년 7월 15일에 일어난 것으로 청주의 미호강이 범람하면서, 6만톤의 물이 2-3분만에 지하차도로 밀려들어와, 오전 8시 40분경 완전 침수되었다. 이 사고로 19대의 차량이 침수되었고, 14명이 사망한 사건이다.

그리고 금강홍수통제소는 사고2시간 전인 6시31분에 홍덕구에 교통통제, 주민대표 등이 필요하다고 통보하였다고 한다. 그런데 홍덕구로부터 이를 전달받은 청주시는 충북도로관리사업소에 전달하지 않아 도로 통제가 이루어지지 않았다.

그러나 충북도와 충북도로관리사업소는 홍수경보 발령 뒤에 오송차도 폐회로텔레비전(CCTV)를 쳐다보고 있었다. 따라서 참사를 막을 수 있는 가능성은 충북도로관리사업소가 신속하게 도로통제를 한 경우이다. 결과적으로 14명의 생명이 무고하게 잃는 결과를 초래하였다. 이에 대한 책임을 기관별로 살펴보면 다음과 같다.

먼저 충북도는 재난 컨트롤타워 역할을 해야 하는데, 행정중심복합도시건설청이 공사구간 제방높이를 낮추는 바람에 사고가 났다고 다른 기관으로 책임을 전가하였다. 또 미호천교에서 교량공사를 하던 행정중심복합도시건설청은 6시30분 수차례 전화를 해서 재난문자 발령을 요청했는데, 충북도는 이에 대응하지 않았다.

한편, 경찰(청주흥덕경찰서112상활실)에 대해서도 112신고가 두 차례 접수되었지만, 사고현장에 가지 않고 다른 곳으로 출동하였다. 그리고는 인력이 부족해서 현장통제를 못했다고 변명을 하고 있다. 소방청에 대해서도 미호천 제방붕괴 위험신호를 받고 출동하였지만, 제방은 소방청의 관할이 아니다 라고 하면서 청주시(안전정책과, 하천과)에 상황만 전달하고 현장을 떠났다고 한다.

이런 상황을 살펴보면, 시민사회의 입장에서는 무정부상태를 느끼게 된다. 할거적으로 기능을 담당하는 조직들을 보다 종합적인 관점에서 소통하고 관리하여야 하는 상위 조직의 리더십이 작동하지 않으면, 현장에서 발생하는 사고를 종합적으로 대응하지 못하게 되는 것이다.

사고 발생 후에 국정의 전체를 관리하는 책임이 있는 국무조정실은 감찰을 하면서, 과실이 드러난 공무원은 징계하고 고발과 수사의뢰를 하겠다고 하였다. 이번의 참사에 대한 조사에서는 개인책임인가 조직책임인가의 문제도 규명되어야 할 부분이다[8].

국무조정실의 감찰과정에서 112신고처리와 출동과정의 비위혐의가 있는 경찰관 6명, 충북도(자연재난과) 직원5명, 행정중심복합도시건설청 공무원 7명을 수사하고 있다고 한다. 충북도의 본청(본부) 직원2명과 도로관리사업소(소속부서) 3명은 침수사고 이전에 미호강 통제조치를 하지 않는 등 재난대응에 문제를 노출했다는 것이다. 행복청은 임시제방공사로 설치된 둑이 허가기준보다 낮은데도 이를 방치하고, 하천 점용허가 등의 감독에서 중대한 직무유기를 하였다는 혐의를 받고 있는 것이다.

조직책임이라고 하면, 조직의 책임자로서 역할과 기능이 부여되어 있는 단체장이나 고위직 공직자들의 책임을 물어야 할 것이다. 이들이 공적관리에서의 헤드십을 가지고 있기 때문이다. 이 문제를 수사하는 검찰은 이 참사에 대한 개임책임과 조직책임을 구분하여 수사하여야 할 것이고, 만일 조직 관리의 책임이라면 그 조직의 고위직이 어

8 유사한 사례로서 부산시동구 초량제1지하차도참사가 있었다. 2020년 시간당 80mm의 폭우가 쏟아져서 차량 7대가 순식간에 물에 잠겼고, 3명이 목숨을 잃었던 참사로서, 부실대응책임을 물어 부구청장 등 공무원 11명이 업무상 과실치사로 재판에 넘겨져, 1심에서 전원유죄판결을 받았다. 재난 대비 대응 매뉴얼이 있었고, 사고당시 이를 제대로 따르지 않아서 주의 의무를 위반했다고 판단하였다고 한다. 차량통제를 하지 않은데다가, 차량진입을 통제하는 안내 전광판은 고장나 있었다고 한다.

떻게 책임을 져야 하고, 그 책임의 결과로서 조직업무구조나 업무과정을 어떻게 재설계(redesign)해야 하는가를 명확히 밝혀내고 설명할 수 있어야 한다. 이것이 공공책임(public accountability)을 다하는 것이다. 문제는 공공책임을 져야 하는 상황과 영역에서 이에 대한 리더십을 발휘할 수 있는 공공리더가 부재하다는 것이다.

또 이러한 중대시민재해에 대해서 중대재해처벌등에 관한 법률의 대상이 되는가도 논란이다[9]. 중대재해처벌법에서 말하는 중대시민재해는 '특정 원료 또는 제조물, 공중이용시설 또는 공중교통수단의 설계 제조 관리상의 결함을 원인으로 발생한 재해로서 사망자 1명이상, 동일한 사고로 2개월 이상 치료가 필요한 부상자 10명이상, 동일한 원인으로 3개월 이상 치료가 필요한 질병자가 10명이상 발생한 경우'라고 하고 있다. 충북시민사회단체연대회의에서 오송지하차도 참사에 대하여, 충북도시장, 청주시장, 행정중심복합도시건설청장을 고발할 예정이라고 하고 있다. 이 법률에 해당하는가 여부도 공공책임이란 관점에서 주목할 필요가 있고, 공공리더십이란 측면에서도 리더십의 작동원리와 운영구조를 살펴볼 필요가 있다.

요컨대, 공공도로와 같은 공공영역에서 발생한 참사에 대한 책임자를 명확히 할 수 있어야 하고, 결과책임에 대해 수재(受裁)책임을 지는 리더가 존재해야 공공성을 가진 정부라고 할 수 있을 것이다.

9 굿모닝충청(2023.7.18.) 오송지하차도참사 책임주체, 중대재히법 위반 고발된다

2. 이태원 참사와 공적 책임

2022년 10월 29일에 이태원 핼러윈 참사가 발생했다. 이상민 장관은 경찰이나 소방이 미리 인력을 배치해 해결할 수 있었던 문제가 아니라는 발언을 하면서 책임회피 발언을 하였다. 그리고 이상민 장관은 유감스럽게 생각한다고 하였으나 대통령에 대해서 사의를 표명하지 않았다고 함으로써, 국가와 국민의 안전에 책임을 지고 있는 헤드십(headship)[10]이기는 하지만, 리더십[11]은 아니라는 입장을 밝혔다.

이에 더불어 민주당은 2022년 11월 30일 이상민 장관에 대한 해임안을 발의하였고, 12월 11일 국회 본회의에서 통과되었다. 그러나 윤석열 대통령은 해임건의안을 사실상 거부하였다.

이에 2023년 2월 8일 이상민 장관에 대한 탄핵소추안이 국회 본회의를 통과하였고, 2월 9일에는 국회가 헌법재판소에 이상민 장관 탄핵소추 의결서를 제출하였다.

그러다가 7월 25일 헌법재판소는 이상민 장관에 대한 탄핵심판에 대한 기각 결정을 하였다.

이에 대해 이태원 참사 유가족들은 장관에 대한 탄핵사유가 차고 넘침에도 헌법재판소가 면죄부를 줌으로써 헌법이 부여한 책임을 부정

---

10 헤드십은 리더십과 구분되는데, 조직의 상사 또는 간부의 지휘능력이나 통솔력을 의미하고, 조직이나 규칙에 의해서 공식적으로 부여된 권력을 기반으로 한다. 합법적인 지시권 또는 명령권에 의해 부하 내지는 구성원을 지휘하는 능력이다. 헤드십은 원칙적으로 강제성을 가진다(하미승, 2017:356)

11 리더십은 권력이나 권한보다는 자연스러운 영향력, 감화력, 설득력을 바탕으로 하여 바휘되는 것으로서, 리더의 개인적 자질, 인품, 덕성으로부터 나오는 것이며, 객관적인 역량이나 활동, 노력에 의하여 구현되는 것이다. 여기서 리더에게 요구되는 역량에는 미래예측능력, 비전과 방향제시능력, 상황판단력, 위기대처능력, 문제해결능력, 인간관계 조성능력 등을 의미하고, 설득력, 의지력, 추진력 등을 통해 발휘되는 것이다. 본고의 사례에서 제시하는 장관의 경우, 안전행정에 관한 위기대처능력, 문제해결능력이 결과적으로 부족하였던 것이고 리더로서의 역량을 가지고 있지 못한 것이라고 할 수 있다.

한 것이라고 평가했다.[12]

이태원 참사에 대한 헌재의 결정은 결과적으로 159명의 죽음에 대해 국가와 행정기관을 참사책임으로부터 면죄부를 주게 하는 것일 수 있게 되었다. 이에 유가족들은 특별법을 통과시켜서, 책임이 있는 이들에게 형사적 책임을 물어야 한다고 주장하였다.

여기서도 사건에 대하여 시간 순으로 현황을 살펴보자. 10월 29일 참사당일에 서울경찰청의 치안현안은 용산집회와 핼러윈의 두 가지였다고 한다. 오전 10시35분에 이임재 용산경찰서장은 김광호 서울경찰청장에게 '금일 가장 혼잡 예상'이라고 하는 카카오톡 메시지를 보냈다고 한다. 이미 전날 핼러윈 가운데 가장 많은 112신고가 접수되었고, 당일은 더 혼잡할 것이라는 보고였다.

김광호 청장은 집무실에 12시에 출근하였고, 집무실에는 서울 어느 구역이든 직접 볼 수 있는 CCTV가 설치되어 있었다고 한다. 저녁 6시 34분에 112상황실로 '압사당할 것 같다' 는 첫 신고가 접수되었고, 이후 이태원 인파 관련 신고가 빗발쳤다. 김청장 집무실에는 이 소리를 들을 수 있는 무전기가 16대 설치되어 있었다고 한다. 김청장은 용산집회가 끝난 8시33분 '수고했다'는 무전을 남긴 뒤 퇴근하였다고 한다.[13] 이후 9시37분과 48분에 홍보담당관이 2차례에 걸쳐, '이태원에 인파 몰렸다'는 언론보도를 카카오톡으로 보고하였다.[14]

---

12 경향신문(2023.7.25.) 이태원참사유족들 159명의 죽음에 아무도 책임 안져.. 각자도생의 사회 살아야

13 KBS(2023.5.9.) 이태원 참사 책임 서울경찰청장… 대검, 구속도 기소도 제동

14 김교홍 민주당의원은 22년 11월 7일 국회에서 김광호 청장에 대한 질의에서 9시정도 혹은 9시반이라도 병력을 투입하였다면, 이 사태를 막았다는데 동의하느냐는 질문에 예라는 답변을 하고 동의하였다 KBS(2023.5.9.).

여기서 공적영역의 책임자로서 서울경찰청장이 경비인력을 투입하는 지휘권을 가진 공직위 지위에 있는 헤드십이다. 그런데 서울경찰청장이 홍보담당관이 보낸 카카오톡을 보고서도 따로 지시하지 않았다고 진술하였고, 이에 대해 이태원참사를 수사한 경찰과 수사팀은 용산집회에서 철수한 경찰인력 4천명 중에서 일부라도 이태원에 보냈다면, 참사를 막을 수 있었다는 판단을 하였다고 한다.[15][16]

그래서 참사를 수사한 경찰은 김광호 서울경찰청장에게 업무상 과실치사 혐의를 적용해 검찰에 넘겼다고 한다. 즉 참사를 예견하고도 방치하여 수많은 사망자가 발생하게 한데 대하여, 서울경찰청장의 책임이 있다고 판단한 것이다. 그리고 손제한 경찰특별수사본부장은 업무상 과실치사상 혐의 등으로, 서울경찰청장이외에 용산소방서장 등 17명을 불구속 송치하였다고 한다. 또 경찰은 송치하기 전에 검찰에 구속이 필요하다는 의견도 수차례 전달하였다고 한다.

그럼에도 불구하고 사건을 넘겨받은 서울서부지검은 이임재 용산경찰서장을 2023년 1월에 기소한 것과는 달리 김광호 서울경찰청장에 대해서는 결론을 미루고 있는 것이다.[17] 또 검찰 수사팀도 서울경찰청장에 대한 구속영장 청구 의견이 있었지만, 대검에서 반대하고 있고, 내용을 보강하라고 하며 불구속 기소에 대해서도 제동을 걸고 있다고

15 KBS(2023.5.9.)

16 경찰인력배치상황에대해서, 이상민 장관은 예년에 8만에서 10만명이 모였는데, 2022년에는 13만명으로 30% 늘었고, 이에 경찰인력은 80-100명에서 130명을 40%증원하여 배치하였다고 하였다. 그런데 137명중에서 79명은 윤석열 대통령이 마약과의 전쟁이 절실하다(10월24일)고 지적한 뒤 마약범죄예방을 위해 배치된 사복경찰이었고, 정복경찰은 58명뿐이었다고 한다. 2021년에는 이태원에 경찰 268명(기동대 3개부대포함)이 배치되어, 코로나 19 방역패스 확인과 함께 질서유지 역할을 했다고 한다.

17 KBS(2023.5.9.)

한다. 그러면서 대검관계자는 해외사례에서는 청장급이 법적 책임을 진 일은 드물다는 입장을 밝혔다고 한다.[18]

여기서 행정안전부의 직무를 보면 안전 및 재난에 관한 정책의 수립 총괄 조정 비상대비를 명시하고 있다.[19] 또 경찰관은 사람의 생명 또는 신체에 위해를 끼칠 우려가 있는 극도의 혼잡이 있을 때 필요한 조치를 하도록 규정하고 있다.[20] 그리고 행정안전부가 경찰과 소방을 휘하에 두고 지방자치체를 감독하는 위상을 가지고 있다.

또 재난 및 안전관리 기본법 제4조에서는 국가와 지방자치단체는 재난이나 그 밖의 각종 사고로부터 국민의 생명, 신체 및 재산을 보호할 책무를 지닌다고 규정하고 있다.

그럼에도 불구하고 10월 29일의 핼러윈 참사에 대해서 행정안전부, 박희영 용산구청장, 여당, 대통령실은 막을 수 없는 사고였다면서 책임을 회피하는 태도를 보였다.[21] 특히 용산구청장은 핼러윈 행사는 축제가 아니라 현상이라고 하면서[22], 주체측도 없고, 일종의 '모이는 하나의 현상'으로 보아야 하기에, 구청이 안전관리계획을 세우거나 주최 측의 계획을 심의할 의무가 없었다고 한다. 그리고 구청의 관점에서는 사람이 지난해 보다 많을 것이라고 예측하였지만, 이렇게 단시간에 많을 것이라고는 예상하지 못하였다고 하였다.[23]

---

18 KBS(2023.5.9.)

19 행안부와 그 소속기관 직제(대통령령, 제2조)

20 경찰관 직무 집행법 제5조

21 한겨레21(2022.11.4.) 이태원참사, 책임져야 할 사람들의 끔찍함

22 축제였다고 하면, 행안부가 만든 지역축제장 안전관리 매뉴얼이 있기에 구청이 직접 안전관리계획을 세우도록 되어 있음

23 한겨레21(2022.11.4.)

요컨대 질서유지라고 하는 공적영역에 대한 책임을 회피하는 리더는 공공성을 가진 리더라고 할 수 없다.

3. 새만금 세계스카웃잼버리 부실 운영과 책임전가

2023년 8월 잼버리 행사가 열렸던 새만금[24]에는 참자가들이 촉염과 벌레 등으로 고통을 호소하였고, 물이 나오지 않는 샤워시설과 화장실의 악취, 검푸른 곰팡이가 핀 달걀, 부실한 배식 등으로 즐겁고 유쾌한 놀이가 되어야 할 잼버리가 재난이 되어 버렸다. 영국, 미국 등 몇 나라는 조기 철수하는 결정을 내리기도 하였다. 원래 159개국 4만3천명이 참여할 예정이었으나 실제 참여자는 3만명에 불과하였다.[25]

개영식 행사를 마치고 야영지로 1.5km를 걸어가는데 도로에 조명이 제대로 설치되지 않아 발목이 다치고 넘어지는 사고가 속출하였다고 한다. 또 1500명의 환자[26] 중에는 벌레물림 환자가 600명으로 가장 많았다고 한다. 화상벌레는 페데린이라는 독성물질을 분비하여, 피부가 살짝 닿기만 해도 화상을 입은 것처럼 벌겋게 부어오르고 통증이 심하다고 한다. 또 온열질환자도 400명이 속출하였는데, 화장실의 위생문제로 참가자들이 화장실을 안 가려고 물을 잘 마시지 않게 되어 탈수현상이 심하게 되었다고 한다.

---

24 2023년 8월 1일에서 12일까지 전라북도 부안군 새만금 일원에서 열림. 만14세에서 17세의 청소년 스카우트 대원이 참여하고, 성인은 대학생과 지도자들이 참여하는데, 이들은 행사운영요원과 대지도자로 참가함. 새만금 매립지에 조성된 8.84㎢의 야영장에서 열림. 제25회 세계 스카우트 잼버리로서 2017년 아제르바이잔 바쿠에서 열린 제41차 세계 스카우트 총회에서 개최국으로 한국이 선정됨.

25 LOCAL세계(2023.8.9.) 컬럼/꿈이 악몽으로 변한 새만금 잼버리 총체적 부실책임은?

26 2023년 8월 4일 현재

결국 조직위원회는 폭염과 태풍 카눈을 이유로 새만금 야영지를 조기 철수한다고 7일 발표하였다.

잼버리 운영 부실에 대한 책임공방이 나타나고 있다. 국민의 힘 여당에서는 잼버리 파행의 책임을 전임 정부와 전북도 쪽으로 전가하고 있다. 잼버리를 계기로 최소 2조6천억원 규모의 직 간접예산을 받아놓고도 대회부지매립과 배수 등 기반시설 및 편의시설을 제대로 준비하지 않았다는 것이다. 또 애초부터 갯벌 매립지가 여름 야영지로서 부적합한 줄 알면서도 지지부진한 새만금 개발사업의 속도를 높이고, 정부지원규모를 키우기 위해 무리수를 두었다는 지적이다.

그런데 잼버리의 계획 준비 운영의 책임주체를 규정해 놓은 2023 새만금 세계스카우트잼버리 지원 특별법을 보면, 전북도지사가 집행위원장을 맡고 있는 것은 사실이지만, 최종결정권은 여가부장관 등 공동조직위원장이다.

구체적으로 보면[27], 2018년에 시행된 잼버리 지원법에서, 잼버리의 종합 운영계획 수립과 시행, 관련시설의 설치, 이용계획수립과 시행의 주체로 조직위원회를 명시하고 있다. 그리고 조직위원회를 구성을 인가할 권한은 여가부장관에게 있다. 또 잼버리에 대한 대규모 예산지원이나 관련 정책의 심의 조정권한은 국무총리가 위원장을 맡고 기획재정부장관과 교육부 장관, 여가부장관이 부위원장을 맡고 있는 정부지원위원회가 가지고 있다. 즉 잼버리 행사 운영에 대한 헤드십(headship)을 누가 가지고 있는가를 명시하고 있다. 문제는 리더십을 가

27 이하내용은 한겨레(2023.8.14.) 잼버리 주무책임은 전북도, 여가부는 보조기관? 팩트체크

진 사람이 없었다는 것이다.

한편, 잼버리 조직위에는 임원으로 위원장, 부위원장, 집행위원 및 감사를 두고 있다. 또 위원총회도 있고, 업무의 효율적 추진을 위한 집행위원회도 둘 수 있도록 하고 있다. 조직위원회는 2020년 7월 출범 당시에 정관을 통해 위원총회와 집행위원회의 역할을 구체적으로 규정하였는데, 정관에는 조직위의 최고 의결기관은 집행위원회가 아닌 위원총회이다.

위원총회는 위원장[28]과 부위원장, 집행위원, 감사로 구성된다. 위원장 소집으로 열리는 위원총회에서 집행위원회에 위임할 사항을 심의 의결한다. 즉 중요한 의사결정은 위원총회에서 정하는 것이고, 실무적으로 세부적 내용은 조직위 사무총장에게 맡겨서 집행하는 구조였다고 한다.

또 집행위에는 전북도만이 아니라, 다양한 인사들이 참여하고 있다는 것이다. 전북도의 행정부지사와 부안군수, 잼버리조직위 사무총장, 여성가족부 차관, 여성가족부 청소년가족정책실장, 새만금개발청장, 한국청소년활동진흥원 이사장 등 유관기관 관계자 20명이 참여였다는 것이다. 따라서 전북도는 행사준비에 관여하는 수많은 집행위원 중에 하나였기에 잼버리 행사 부실 운영과 중단위기에 대한 책임을 전북도가 독박하는 것은 합리적이지 않을 수 있다.

조직위의 연간 사업계획서와 예산서는 집행위의 의결을 거친 뒤 최

28 2022년 5월부터 김현숙 여가부장관과 김윤덕 더불어민주당 의원 2인 공동위원장 체제였다가 2023년 2월 이상민 행정안전부 장관, 박보균 문화체육부장관, 강태선 한국스카우트연맹총재 5인 공동위원장 체제로 변경되었다.

종적으로는 여가부의 승인을 받도록 되어 있고, 매 회계연도의 사업실적 역시 집행위 의결을 거쳐서 여가부에 제출해야 한다는 것이다. 결국 집행위가 사업계획을 수립하고 예산계획을 세워도 여가부가 최종 승인과정을 통해서 걸러낼 수 있는 시스템이라는 것이다. 즉 본고의 논제와 관련하여 보면, 잼버리 행사 조직의 최고 관리층은 여성가족부라는 것이고, 리더십을 발휘해야 하는 것은 여성가족부라는 것이다.

또 예산사용에서도 잼버리총사업비는 1171억원이었고, 전북도가 사용한 예산은 265억원으로서 전체 예산의 23%에 불과하다고 한다. 전북도는 상수도 하수도 등 기반시설 조성에 205억원, 대집회장 조성에 30억원, 간이 펌프장 100개소 설치 등 강제 배수시설 30억원의 사업을 하도록 되어 있다.

나머지 860억원의 예산은 조직위가 사용한 것이고, 36억원은 부안군이 사용하였다. 조직위는 860억원 중에서 야영장 조성 등 시설비에 130억원을 썼고, 조직위 운영비로 740억원 중에서 야영 및 프로그램 운영사업비로 656억원을 사용하였고, 인건비 등으로 84억원을 썼다고 한다.

결국 잼버리 운영부실에 대한 문제가 제기되자, 예산사용이 제대로 집행되었는지에 대한 책임문제를 확인할 필요가 생긴 것이다.

요컨대 세계적인 행사라고 하는 잼버리를 계획하고 운영하는 책임은 한국정부의 공적 영역의 직무라고 할 수 있고, 이러한 공적영역에 대한 관리와 운영에 대한 부실로 인해, 행사가 중단되었고, 참여자들이 고통을 당하였다고 한다면, 이에 대한 책임을 지는 사람이 공공리더라고 할 것이다. 만일 누구도 이에 대한 책임을 지는 사람이 없다면,

이는 무책임한 리더이고, 이러한 사람들을 공직에 앉혀두고 있는 정부는 무책임한 정부라고 볼 수밖에 없다. 리더는 최종 결정과 최종 책임을 지는 자이고, 특히 공공영역에 대한 책임을 지는 자가 공적리더이다. 이러한 공적리더가 정부를 리더할 때, 공공리더십을 가진 정부라고 할 것이다. 한국에는 공공리더십이 부족하다. 공적영역에 대한 책임을 지는 리더가 보이지 않는다. 공적영역에 대한 헤드십을 가진 공직자가 이러한 진정한 리더십을 가진 자이기를 기대하지만, 현실은 헤드십과 리더십의 괴리(gap)가 크다.

전통적으로는 공적영역에 대한 책임을 관료제 내부에서 제도적 책임을 확보하도록 하고 있고, 민주공화국의 정체(politeia) 에서 외재적 제도적 통제구조를 가지고 공적 책임문제를 해결하도록 하고 있다. 그러나 이러한 제도적 책임제도만으로는 공적 책임을 확보하기 어렵기에, 비제도적 책임제도가 나타나게 되었고, 내재적, 외재적 비제도적 책임으로서도 공적 문제에 대한 통제를 확보할 수 없을 때는 결국 자율적 책임으로서의 공적영역의 책임을 확보하는 수단을 찾아내어야 할 것이다. 이하에서는 공적영역에서 발생하는 공적 관리의 실패와 참사에 대한 책임확보에 대해서 알아보고, 이러한 공적 책임을 질 수 있는 공직이 진정한 리더이고, 이러한 리더가 살아있는 조직과 정부가 될 때, 공공성이 살아 있는 국가가 될 것이다.

Ⅳ. 공적영역 책임확보를 위한 수단의 방향전환

1. 내재적 제도적 책임확보수단과 그 한계

공직은 공권력에 기반한 지위로서 공공성을 확보하기 위하여 지위에 상응하는 권력과 자원을 부여하고 있다. 공직은 공공성의 실행을 위하여 주권자로부터 통제되어야 한다. 직접적인 통제 방법도 있고, 주권자로부터 위임받은 대표를 통해 간접적인 통제방법도 있다. 물론 내재적인 자율적인 통제방식도 있다.

공직의 입장에서 보면, 연결핀모형(linking pin)[29]이 제시하는 것처럼, 주권자로부터 권력을 위임받은 팔로워이면서, 다른 공직기관에 대해서는 동료로서의 지위를 가지고 있고, 자신이 지휘 관리하는 팔로워에 대해서는 헤드십을 가진 리더의 지위를 가지고 있기도 하다.

따라서 공직은 주권자로부터 통제되어야 하고, 주권자에 대해서 책임을 져야 한다. 책임이란 통제에 적확히 응답하는 것이기 때문이다. 행정통제와 행정책임은 표리관계에 있는 것이다. 공직에는 행정관과 행정직원은 당연히 포함되는 것이고, 주권자인 국민으로부터 선거로 선출되는 정치인도 정부의 직책을 맡고 있다면 공직에 포함되는 것이

29 연결핀 모형(linking pin)은 리커트(R. Likert)가 제시한 리더의 다양한 레벨에서의 360도관계를 설명하는 모형중에 하나임. 조직이나 집단의 중간관리자(middle manager)는 리더도 되고, 팔로워도 되면서, 동료도 되는 것을 표현한 것임. 이 점에서 중간관리자는 모든 방향에서 가장 중요한 영향을 미치는 실질적인 리더로서의 위상을 가지게 됨(하미승, 2022:52).

다. 이 점에서 정치인이든 행정가이든 자신의 권한과 임무에 대해서 책임을 져야한다. 이때의 책임은 복종책임과 설명책임, 그리고 수재(受裁)책임이다(니시오 마사루, 1997:332).

다시 말해 공직은 주권자 혹은 정치기관으로부터 부여받은 임무를 수행하는 책임을 져야 하는 임무책임이 있고, 법령이나 예산의 규율을 비롯하여 상급기관의 지령이나 상사의 개별적인 지시 명령에 따라 행동하는 복종책임을 져야 한다.

그리고 임무를 마쳤거나 임무를 수행하는 과정에 대한 감독자의 문책에 대해서 자신의 행동에 관해 변명하는 변명책임 혹은 설명책임(accountability)을 져야 한다. 그리고 그러한 설명책임에도 불구하고 임명권자로부터 가해지는 제재를 감수하는 수재책임도 져야 한다.

그런데, 현대국가의 민주주의는 간접민주제와 권력분립제의 헌법원리를 계승하고 있다. 이러한 국가운영구조에서는 행정활동에 대한 통제는 국민을 대표하는 의회에 의한 통제, 국민으로부터 집정권을 위임받은 행정부에 의한 통제 그리고 사법부에 의한 통제를 기본으로 하고 있다(니시오 마사루, 1999:317).

이러한 행정에 대한 통제는 헌법구조에 의하여 확립된 통제이고, 이는 행정기관의 외부에 존재하는 기관에 의한 통제이기에, 이를 외재적 제도적 통제라고 한다.

또 행정기관은 일상적으로 대통령이나 중앙정부 혹은 지휘감독 조직의 통제 하에 놓여 있다. 그리하여 행정기관은 행정부의 최고책임자로부터 조직의 말단까지 지시 명령계통을 일원화한 계통제형의 조직구조로 편성되어 있다. 또 이러한 라인 집정계통의 체계를 보완하는 것이 참모 보좌조직에 의한 관리통제가 있다. 이러한 통제들은 공무원법과 정부 조직법상의 법령에 의해 정해지고, 징계처분의 제재수단이 담보되고 있는 내재적 제도적 통제이다.

그런데 현대행정에서는 이러한 제도적 통제만으로 행정활동이 책임을 다하는 것은 아니다. 행정활동과 정책과정에 참여하는 다양한 집단들의 행정서비스에 대한 수정과 철폐, 이익배분의 요망 등이 나타나고, 공직자는 다양한 시민사회 집단들과 일상적인 접촉과 상호작용을 하고 있는 셈이다.

주권자인 이들 시민사회 단체나 압력단체들이 행정활동과 정책과정에 참여하기에, 공직자나 행정관은 이들의 요망과 기대를 무시하여서는 정부와 시민사회간에 양호한 관계를 맺을 수 없게 되고, 결과적으로 정부에 대한 신뢰가 무너지게 되어, 정권 자체가 무너질 수 있는 것이다.

이 점에서 공공영역의 행정활동에 대하여, 공직자는 행정과정을 투명하게 하고, 정보를 공개하며, 시민들의 행정참여를 제도화하여, 비제도적 책임을 다해야 한다. 이러한 비제도적 참여자들의 구속력을 어느 정도까지 제도화해나가야 하는 것은 별도의 제도설계의 영역일 수 있으나, 사실상의 행정통제력을 어느 정도 가지고 있는 셈이고, 공직자로서는 비제도적 책임을 다해야 하는 상황이 발생하게 된다. 이를 길버트(C.E. Gilbert)는 비제도적 통제 혹은 비제도적 책임이라고 하였다(니시오 마사루, 1999:319).

2. 외재적 비제도적 책임확보수단과 그 한계

민주주의 헌정구조 속에서는 제도적 외재적 통제의 기관은 국회, 중앙정부, 사법부로 분립되어 있다. 제도적 내재적 통제도 관료제의 라인 계통구조에 따라서 집행 관리와 기획조정부서에 의한 관리통제로 분리되어 있다.

문제는 외재적 통제기관에 의한 책임과 내재적 통제 수단에 의한 책임이 서로 충돌하는 경우에는 어느 쪽을 우선해야 할까? 이 문제는 행정책임의 딜레마상황과 관련되는데, 전통적으로는 내재적 통제수단을 우선하는 것을 당연한 것으로 여겼지만, 민주주의 헌정구조 속에서는 외재적 통제기관에 대한 책임을 우선해야 하고, 궁극적으로는 주권자인 시민사회의 총의에 대한 책임을 져야 하는 것이다.

이 문제는 비제도적 통제를 어떻게 공직자가 받아들이고 책임을 질 것인가의 문제와도 관련된다. 즉 제도적 외재적 통제기관으로서의 국회나 중앙정부, 사법부의 통제에 대하여 설명책임(accountability)를 다하는 것이 법제도적으로는 책임을 다하는 것이지만, 현대국가의 행정에서 행정활동의 다양한 대상집단, 이해관계자의 조직화가 심화되고, 이들이 행정과정에 참여하려고 할 때, 공직자로서도 이들 단체의 요망이나 기대에 적확하게 응답(responsiblity)하는 책임을 무시할 수는 없는 것이다.

이것이 바로 프리드리히의 행정책임론의 등장을 가져오게 된 것인데, 20세기 후반 행정국가화 현상이 심화되면서, 행정기구와 행정관의 직무가 급증하고, 그에 따른 책무도 확대되면서, 전통적 제도적 답책성(accountability)만으로서는 행정부의 책임을 다할 수 없게 되었기에, 시민사회 커뮤니티의 감정에 직접 대응하는 반응책임(responsibility)를 져야 한다는 것을 주장하게 된 것이다.

그리고 행정관 혹은 공직의 책임은 객관적으로 확립된 과학적인 기준에 대응하는 책임을 자각하고, 이에 대한 책임도 져야 한다는 주장을 프리드리히(C.J.Friedrich)가 제시하였다. 이것은 당시 전통적인 헌법원리인 통제의 규범에 충실하도록 의회에 의한 행정부의 행정활동에 대한 통제만을 강조하였던 제도적 답책성을 넘어선 비제도적인 기능적 책임(functioanl responsibility)를 져야 한다는 논쟁으로 이어졌던 것이다(니시오 마사루, 1999:31).

즉 이러한 비제도적인 기능적 책임이나 시민사회 커뮤니티의 감정에 대응하는 책임까지 공직자 혹은 행정관이 책임을 져야할 법적 의무는 없는 것이지만, 이들의 반응이나 의향은 행정활동에 대한 중요한 환류(feedback) 정보가 된다. 이를 무시하고 정책을 실시한다면, 이는 정책집행에서 실패할 가능성이 높게 된다.

3. 내적 인식영역에서의 책임확보수단 확보

행정통제는 법령이나 명령, 지시와 같이 해서는 안 될 것을 정하여 규제하는 것이거나 최소한 하여서는 안 될 것을 정하여, 그 불이행에 대해서 제재를 가하는 데 유효한 수단이다. 그러나 이러한 행정통제는 공직자에 대해서 자발적이고 적극적으로 행동을 촉구하는 데는 유효한 수단이 아니다.

공직자의 능동적인 행동을 확보하기 위해서는 사명감의 공유라든가 책임감의 함양과 같은 별도의 방법이 필요하고, 여기에 공공리더에 의한 공공성리더십이 필요한 이유이기도 하다. 전통적인 리더십연구는 거래적 리더십(transactional leadership)이나 변혁적 리더십(transformational leadership)에 의하여 팔로워들로 하여금 동기부여와 영감부여 및 지적자극을 가지게 하는 것이었다.

거래적 리더십에서는 리더가 팔로워에게 줄 수 있는 거래 아이템이 있어야 한다. 리더가 팔로워에게 가치 있는 직무, 직위나 신분상징, 급여와 복지혜택, 해외연수기회, 우호적 감독방식, 포상 및 표창, 좋은 근무환경 등을 줄 수 있어야 한다. 변혁적 리더십은 새로운 변화에 다가올 세상에 대한 영감과 통찰력을 가지고 자신이 속한 조직이나 공동체를 올바른 변화의 방향을 이끌 수 있는 리더의 개인적 역량이 있어야 한다. 이 역량에는 개인의 자질로서의 지식력, 판단력, 추진력, 인간적 감화력, 맥락조절역량을 의미한다(하미승, 2022:80-84). 그리고 리더 스스로에게 동기부여하는 요인으로서는 자아실현욕구와 사회적 욕구, 자존과 명예욕구, 지배욕구가 있을 가능성이 높다.

최근의 리더십연구에 의하면 팔로워가 리더를 신뢰하고 따르게 하기 위해서는 리더가 진정리더십(authentic leadership)과 윤리적 리더십을 가져야 한다고 한다(하미승, 2022:148). 진정리더십은 리더가 정직성을 가지고, 자신의 가치관을 솔직히 표출하면서, 도덕적인 행동을 보여주는 것이다. 팔로워들은 진정 리더십을 볼 때, 리더를 신뢰하고, 긍정적인 감정을 가지게 된다. 또 리더의 역량이 부족하더라도 리더의 진실성, 투명성, 도덕성을 보고 존경하게 된다.

카리스마적 리더가 개인화된 권력동기(personalized power motive)에 의하여 움직인다면, 진정리더는 사회화된 권력동기(socialized power motive)에 기반을 두고 구성원의 집합적 이익을 중시하는 방향으로 움직인다는 것이다(Quick & Nelson, 2013:396). 정부의 공공행정에 대한 권한을 가지고 있는 공직자는 카리스마적 리더십이 아닌 진정리더십을 가지고 있어야 한다. 특히 정부와 국가의 주권자가 국민이라고 할 때, 공직자는 공공성에 입각하여 공직의 책무를 다해야 하고, 그 책무에 대하여 주권자에 대해서 혹은 주권자의 위임을 받은 대표들에 대해서 설명책임과 수재책임을 질 수 있는 진정리더가 되어야 하는 것이다.

진정리더는 관계적 투명성을 가지고 팔로워들과 정직하게 소통한다. 그리고 자신의 생각과 가치관, 조직과 집단을 위해 자신이 추구하는 방향에 대한 입장을 명확히 밝힌다. 또 자신의 부족한 점과 실수에 대해서도 인정한다(하미승, 2022:150).

또 진정리더는 균형적 의사결정을 한다. 객관적인 자료와 정보에 입각하여 의사결정을 하고, 반대자들의 의견을 성실히 청취한다. 자신의 결정이 다수의 개인과 집단에 미칠 영향을 감안하여, 균형 있고 책임감 있게 결정을 내린다. 또 진정리더는 조직운영에서도 사회적 집단적 압력이 아니라 자신의 내면화된 도덕기준에 따라서 행동한다. 진정리더가 되기 위해서는 첫째로 정직해야 한다. 둘째로 조직이나 집단을 이용하여 자신이 출세하겠다는 생각을 버려야 하고, 셋째로 도덕적으로 모범적인 행동을 실천해야 한다(하미승, 2022:151). 진정리더는 자신만의 이익을 추구하지 않고, 다수의 이익을 달성하기 위하여 노력한다고 팔로워들이 믿으므로 리더에 대해 충성을 다하게 된다.

이처럼 리더와 팔로워 간의 신뢰와 협력이 조직과 집단의 성과를 높이는데 기여하게 되는 것이다.

진정리더가 있는 조직이나 정부에서는 행정관이나 공직자는 자율적 책임을 지게 될 것이다. 자율적 책임은 자기내면의 양심에 따라서 행동하는 책임을 의미하고, 타율적 책임이 상호간에 딜레마 상황에 부딪혔을 때, 마지막으로 기댈 곳은 바로 팔로워 혹은 행정관의 신조체계이며 가치관이 될 것이다.

요컨대 공적영역에서의 책임확보를 위해서는 진정리더십이 확립되는 것이 필요하다. 정부와 지방자치단체, 공공기관에 진정리더들이 공직에 취임할 수 있도록 해야, 정부관료제 속에 무너지고 있는 공공성을 회복할 수 있을 것이다.

V. 결론 및 시사점

공공영역에 대한 참사들에 대한 책임을 회피하는 현상이 빈번하고 있다. 공공영역은 민간영역과 대비되고, 민간영역은 시장경제영역과 시민사회영역으로 구분된다. 또 공공영역과 시민사회영역과의 관계에서 주권은 국민에게 있으므로, 시민사회영역에 주권이 존재하고, 공공영역은 시민사회영역의 위탁에 의하여 정부가 구성된다. 물론 근현대국가의 형성과정에서 국가가 우선이냐 시민사회가 우선이냐는 논쟁이 있지만, 헌법적으로는 민주공화정과 주권재민의 원칙에 의하여, 시민사회가 주권을 가지고 있는 것이고, 시민의 총의에 의하여 정권과 정부를 바꾸거나 헌법을 개정하여 정부구성방식을 바꿀 수도 있는 것이다.

시민사회는 공동체로서 상호신뢰와 호혜성을 가지고 스스로의 공공문제 혹은 공유문제를 자치적으로 결정하고 해결하여야 한다. 시민사회의 역량을 넘는 경우에 보충성의 원칙을 따르면서, 정부를 구성하여 공권력에 의한 강제력을 가지고 국가를 유지하고 보존하는 권력을 형성하도록 한다.

또 시민사회는 한편으로는 개개인들이 가진 사익을 자유롭게 표출할 수 있는 공간으로 재화와 서비스의 생산과 공급과정에 참여한다. 이 영역에서 개인이 가진 잠재력이나 능력을 시장가격이라고 하는 보이지 않는 손에 의한 조정을 받는 것 이외에는 자유롭게 참여하고, 공급량과 가격을 결정할 수 있는 사적 자유가 보장된다. 시장경제활동의 기반이 되는 재산권도 보장된다. 이것을 보장하는 것은 공공영역의 공권력을 가지고 하되, 국회나 지방의회의 법령에 의하여 통제를 받도록 하고 있는 것이다.

본고의 주제가 되는 공공성은 바로 공공영역에서 요구되는 가치이다. 공공성의 개념은 국가와 정부가 하는 일을 의미하는 것에서 최대다수의 최대행복이라고 하는 공익이라고 하는 개념으로 바뀌었다가 최근의 공공성의 개념에는 공론장의 의사소통이라고 하는 절차와 과정을 공익이라고 하게 된 것이다. 여기서 리더십의 요구도 카리스마적 리더십이나 거래적 리더십과 변혁적 리더십에서 민주적 리더십,

시민중심 리더십[30], 진정 리더십으로 변화하게 된 것이다.

공공영역에서 발생하는 행정관리와 국정관리상에서의 참사들은 각각 관련되는 조직들의 헤드십을 가진 공직자에게 책임질 것을 요구한다. 책임을 지는 방식은 임무책임과 복종책임은 조직 내부에서 져야 하는 것이고, 조직 외부적으로는 설명책임과 수재책임을 져야 한다. 여기서 수재책임은 법률적인 책임과 도덕적 책임, 그리고 윤리적 책임으로 나누어서 각각의 문책자 혹은 통제자에 대해서 책임을 져야 할 것이다. 법률적 책임의 경우는 국가의 사법기관에 대해서 져야 할 것이고, 도덕적 책임은 주권자인 국민에 대해서 져야 할 것이다. 그리고 윤리적 책임은 공직자의 내면인식영역의 주권자에 대해서 책임을 져야 할 것이다. 그 책임은 자신의 생명과 인생의 삶을 걸고 져야 하는 책임일 수 있다.

30 시민은 유권자로서 국가와 자치단체의 리더를 선출하기도 하고 차기선거에서 이들을 심판하기도 한다. 국가와 자치단체의 리더는 다수 국민의 뜻에 맞는 정책과 사업만을 추진하여야 한다. 시민에 대한 봉사를 최고의 덕목으로 내세우는 리더여야 한다(하미승, 2022:335). 민심이 곧 천심이다 는 격언처럼, 리더는 시민의 팔로워로서의 역할이 기대되고, 시민사회의 리더로서의 리더여야 한다. 객관적으로 좋은 정책임에도 동조하지 않는 시민을 설득해야하고, 대립하는 이익집단간의 갈등을 균형있고 공정하게 조정할 수 있어야 한다. 또 좋은 성과물과 좋은 서비스를 통해 시민에게 만족을 주어야 하는 것이다. 미래의 리더는 모두 시민의 힘을 인식하고 시민을 감동시킬 수 있는 정책, 사업, 서비스를 펼칠 수 있어야 한다. 시민의 뜻을 잃어버린 리더는 더 이상 리더로서의 위치에 있지 못한다(하미승, 2022:337)

참고문헌

경제인문사회연구회 한국행정연구원. 2022. 경제치용의 공공리더십:세상을 바꾸는 리더의 힘. 윤성사

김찬동. 2005. 정치행정관계와 행정책임문화: 일본과 한국의 쌀시장개방정책을 사례로. 한국사회와 행정연구 16(2): 1-24

김찬동. 2022. 지방자치와 리더십: 자치리더십과 공공성. 공공성과 리더스피릿. 충남대학교출판문화원

김찬동. 2023. 토크빌의 민주주의 리더십과 풀뿌리 민주주의. 21세기공공리더십. 충남대학교출판문화원

니시오마사루. 1997. 일본의 행정과 행정학. 강재호역. 부산대학교출판부.

배리 보즈먼. 2019. 공공가치와 공익: 경제적 개인주의의 균형잡기. 대영문화사

서영식 외 29인. 역사와 고전의 창으로 본 21세기 공공리더십. CNU리더스피릿연구소 기획. 박영사

소진영. 2003. 행정학의 위기와 공공성문제. 정부학연구 9(1): 5-24

신희영. 2003. 신공공관리론에 대한 비판적 고찰: 비판적 실재론적 접근. 정부학연구. 9(1):81-121

CNU리더스피릿연구소. 2022. 공공성과 리더스피릿. 충남대학교출판문화원

CNU리더십연구회. 2021. 고전의 창으로 본 리더스피릿. 충남대학교출판문화원

이지성. 2010. 리딩으로 리더하라. ㈜동네문학

임의영. 2003. 공공성의 개념 위기 활성화의 조건. 정부학연구 9(1): 23-50

임의영. 2010. 공공성의 유형화. 한국행정학보 44(2):1-21

임의영. 2023. 공공성:행정학의 핵심이자 사회적 삶의 지표. 학문의길. 윤성사

정우일 박선경 양승범. 2009. 리더와 리더십. 박영사

하미승. 2017. 조직학: 철학과 새이론탐색. 탑북스

하미승. 2022. 리더십: 이론과 개발. 윤성사

윤견수. 2017. 공직수행의 딜레마와 의사결정의 어려움. 정부학연구 23(3): 1-35

한국행정학회 생애연구성과공유 확산위원회. 학문의길: 행정학자들의 이야기. 윤성사

Bennis, W. et al.(2001). *The Future of Leadership*. San Francisco: Jossey-Bass

Bennis, W. (1989). *On becoming A Leader*. Addison-Wesley

Quick, J. & Nelson, D.(2013). *Principles of Organizational Behavior:The Person-Organization* Fit, New Jersey: Prentice-Hall

Wagner, J. & Hollenbeck, J.(2005). *Organizational Behavior: Securing Competitive Advantage*. US: Thompson

岡本浩一,2001. 無責任の構造:モラルハザ ドの知的戰略,PHP新書

古賀茂明,2012, 官僚の責任,PHP新書

西尾勝,1990. 行政學の基礎概念,東京大學出版會

西尾勝,2001. 行政學,有斐閣

09

주민참여예산제도의 진화와 한계: 대전 유성구 사례를 중심으로

I. 문제제기

주민참여예산제도는 행정과정에 대한 참여제도이다. 행정은 공공문제에 대한 결정과 집행을 담당하고 있고, 공무원들은 행정문제에 대한 전문성에 입각하여 채용되어진 집단들이다. 따라서 행정사무에 대한 전문성을 가지고 관료제의 의사결정구조에 따라서 역할을 수행하고 있다. 그러나 현대 민주주의 행정시스템에서는 행정이 속한 정부의 주권자가 국민이라고 하는 헌법이념에 따라서 전문성을 가진 행정의 산출물과 과정물이 주권자를 위한 것이어야 한다. 문제는 전문성을 가진 공무원들이 주권자를 위하여 역할을 한다고 하지만, 그 과정에서 주권자에 의하여 이루어지지 않으면, 그것이 과연 민주주의 행정시스템으로서 바람직한가라는 문제제기를 하게 된다.

주민참여예산제도는 예산편성과 결정과정에 전문성을 가진 공무원에 의하여 이루어지던 것을 주민들이 참여(participation)하게 하려는 제도이다. 이 제도는 대의 민주주의 시스템의 한계를 극복하기 위한 대안적 제도이기도 하다. 즉 대의민주주의 시스템은 주권자인 국민들이 그들을 대신하여 정부의 의사결정과 입법을 해주도록 대의자들에게 위탁하는 구조이다. 결과적으로 주권자인 국민들은 선거기간에는 투표를 통하여 직접 대의자를 결정하지만, 대의자를 결정하는 기간이외에는 대의자들에 의하여 의사결정이 주도되게 되어, 주권자인 국민은 정책과정에서 소외가 일어나는 것이다.

그런데 주민참여예산제도를 참여민주주의의 제도로서 소개하는 경우가 있다. 그리고 더 나아가서 주민참여예산제도를 풀뿌리 민주주의의 실현을 위한 것이다 라는 소개를 하기도 한다(임성일외, 2018:3). 주민의 목소리와 판단이 강하게 투영되는 것은 가능할 수 있으나, 풀뿌리 민주주의가 되기 위해서는 직접 민주주의에 의한 '주민의 직접합의 의사결정 시스템'이 작동하는 기반이 있어야 할 것인데, 이것이 과연 주민참여예산제도를 통해서 가능할 수 있느냐는 점이다.

주민참여예산제도는 어디까지나 행정이 주는 예산의 범위내에서 주민들이 제안하는 사업을 가지고 예산편성과정에 참여하는 것이지, 주민들이 주권자로서 스스로 근린정부속에 직접 참여하는 직접 민주주의를 위한 제도는 아닌 것이다. 따라서 행정이 주민참여의 예산규모를 축소시키기 시작하면, 그만큼 주민참여라는 제도는 취약해 지는 것이다. 즉 행정의 재량에 따라서 주민참여의 정도와 규모가 의존하는 구조이다. 특히 행정의 재량이란 부분이 정당이나 정치가의 선호에 따라서 좌지우지되는 부분이 있다면, 주권자들의 참여라는 것이 정당의 선호에 예속되는 제도가 되는 셈이다.

이 점에서 주민참여예산제도가 진화하고 발전하는데 한계가 있는 것이고, 그것은 참여제도가 자치제도로 제도의 패러다임이 바뀌는 진화는 가능하지 않을 수 있다. 참여제도가 그 규모와 범위를 넓혀나간다고 해서 행정예산에 의존하고 있는 한, 자치제도로서 진화는 불가능한 것이다.

여기서는 대전시의 주민참여예산사례와 유성구의 주민참여예산사례를 살펴보면서, 참여제도의 진화가 과연 자치제도로서 제도의 패러다임의 속한 부분이 바뀌는 진화가 가능할 것인가라는 점을 생각해 보고자 한다.

대전시 주민참여예산의 경우 그 예산규모가 민선7기에는 지속적으로 늘었지만, 민선 8기에서는 대폭 축소되고 있다. 민선7기에는 2019년 30억에서 2022년 200억으로 늘었던 것이 민선 8기에 들어와서는 100억원으로 줄었고, 2024년에는 30억원으로 축소된다. 민선7기의 초반기 수준으로 되돌아가는 것이다. 이에 대해 대전시 집행부는 대전시의 부채가 1조가 넘는 상황에서 지방채를 상환하기 위해서는 불가피하다는 입장을 표명하고 있다. 또 시장은 대전시의 본 예산에서 주민참여예산의 비중이 0.31%인데 이것은 서울시의 20배에 이르는 규모라고 하면서, 주민참여예산제도가 소수의 시민단체 중심으로 이용되고 있고, 기존 사업과 중복되는 것이 많아 축소할 수밖에 없다는 설

명을 하고 있다.[1]

여기서 알 수 있는 것은 주민참여예산제도가 2003년에 광주시 북구와 울산시 동구에서 처음 도입되었고, 지방재정법에 의하여 2011년부터 제도의 의무적 도입이 이루어졌지만, 과연 이것이 풀뿌리 민주주의에서 말하는 자치제도로의 승화가 가능할 것인가라는 점이다. 2017년 서울형 주민자치제도에서 마을공동체만들기 사업과 주민자치회를 결합하면서, 주민참여예산제도의 지역회의가 주민총회와 융합하게 되었다. 과연 이러한 현상은 한국의 주민자치제도의 발전에 도움이 될 것인가? 이하에서는 2장에서 주민참여예산제도와 민주주의에 대하여 이론적으로 생각해 보고 3장에서는 대전시 유성구의 주민참여예산제도의 사례분석을 통하여 참여제도의 진화와 한계에 대해서 현황을 본다. 그리고 제4장에서는 참여제도로서의 주민참여예산제도를 과연 어떻게 발전시켜 나가야 할 것인가 그리고 그 제도설계상의 경계는 어느 정도로 해야 할 것인가라는 점을 숙고해 보고자 한다.

1 정윤덕(2023.9.26.). 대전시 주민참여예산 더 줄어든다…내년 30억5천500만원. 연합뉴스

Ⅱ. 주민참여예산제도와 민주주의

1. 참여제도와 자치제도

주민참여예산제도는 참여제도의 유형이다. 참여제도에는 행정관료제에 참여하는 것이다. 다시 말해 참여의 정도는 관료제가 어느 정도 그 권한을 수권해주는 정도와 관련된다. 이러한 기준으로 참여의 단계를 8단계로 분류한 학자가 안슈타인(Arnstein)이다. 안슈타인은 미국 연방의 시민참여 프로그램의 사례들을 중심으로 정책결정에 시민이 어느 정도 참여하는가에 따라 비참여단계(non-participation), 형식적 참여단계(degrees of tokenism), 실질적 참여로서의 시민권력(degrees of citizen power)로 구분하였다.

참여예산제도는 지방자치단체의 예산편성 등의 예산과정에 주민이 참여하는 것이다. 이를 통해 지방자치단체의 재정운영의 투명성, 책임성, 건전성을 제고하기 위한 목적으로 운영되고 있는 것이다. 한국에서는 2010년 중반이후 형식적으로 제한적으로 주민 참여가 이루어졌다는 비판을 받게 되었고, 2018년 지방재정법의 개정을 통해 예산편성만이 아니라 예산집행과정까지 참여를 하도록 참여범위를 확대하였던 것이다. 안스타인의 단계에 따라 살펴보면, 형식적 참여단계에서 실질적 참여단계로의 사다리(ladder)를 올라가는 개혁을 한 것으로 볼 수 있다.

여기서 주민참여예산제도의 운영에 대하여 과연 주민참여가 양적인 측면만이 아니라 질적인 참여로 성장하였는가라는 질문을 던져볼 수 있다. 질적인 참여의 증가라 함은 주민들이 주권자로서 자기결정권을 가지는 '자치'패러다임으로 진입하였는가라는 점이다. 시민사회는 시민이 주권자로서 다양한 공동체를 형성하거나 조직(association)을 만들어서 상호 신뢰를 바탕으로 자율적으로 다스려지는 역량을 가지고 있으면 '자치'패러다임에 들어와 있다고 할 수 있다.

그렇다면 여기서 자치제도란 것은 참여제도와 어떻게 다르고 어떤 점이 유사한가라는 것을 살펴보자. 자치제도는 지방자치는 민주주의의 원천이고 시민참여의 원천이라고 한다(이승종외, 2015:428). 지방자치정부는 시민과 가깝고 시민은 쉽게 영향력을 미칠 수 있다는 점에서 지방자치는 개인이 민주주의를 배울 수 있는 기회이고, 이것은 지방자치정부 수준에서 가능한 것이다. 한국의 지방자치제도의 계층구조를 생각하면, 평균 20만정도의 규모가 되는 시군구 계층에서의 참여라는 것이 과연 지방자치를 통하여 민주주의를 배울 수 있는 공간이 되는가라는 점은 의문이다.

한국의 시군구와 같이 지나치게 인구규모가 크고 정책과정에 조직화되지 않은 일반시민이 직접 참여하여 영향력을 행사하기에는 회의적이라는 입장을 말하기도 한다(Peterson, 1981:196).

따라서 한국에서는 자치제도가 민주주의의 학교가 되기 위해서는 풀뿌리 민주주의가 제도설계되어야 하고, 이를 기반으로 자치계층이 구축되어야 한다는 주장이 나타나게 되었고, 이것이 주민의 자기결정권에 입각한 '직접합의결정'이 가능한 총회제 운영에 의한 주민자치제도를 도입하자는 주장으로 이어지고 있다.

여기서 말하는 자치제도는 시민사회의 총회제 운영에 의한 직접합의결정에 참여하는 것을 의미하는 것이고, 주민참여예산제도에서 말하는 행정관료제의 행정과정에 시민이 참여하는 참여제도와는 본질적으로 다른 것이다.

2. 참여예산제도와 주민자치회의 관계

참여예산제도의 본질은 행정관료제의 의사결정과정에 참여하는 참여제도이고, 이것은 행정관료제가 시민들의 참여를 위하여 일정한 권한을 이양하는 경우에 한해서 가능한 것이고, 시민들의 참여를 통하여 의사결정한 것을 행정관료제가 받아들이는 의무가 없다고 한다면, 형식적 참여제도에 불과하다. 또 시민이 참여하여 의사결정하는 과정에서 행정공무원들이 함께 협업하였다고 한다면, 행정관료제에 그대로 받아들여질 가능성은 높지만, 실질적 참여단계에 들어가지만 가장 낮은 단계인 협동관계(partnership)의 참여단계에 해당한다.

만일, 참여예산제도에서 권한이양(delegated power)단계로 운영된다는 것은 행정관료제와는 어느 정도 자율성을 가진 시민사회의 자치조직에게 예산편성과 결정의 권한이 이양되었다는 것을 의미하는데, 이것이 되기 위해서는 시민사회의 자율적 운영역량과 구조가 되어 있어야 할 것이다. 즉 주민자치회의 총회에 주민참여예산제도의 의사결정권을 이양하여 총회에서의 의사결정을 그대로 주민참여예산제도의 의사결정으로 간주하는 제도적 연결이 이루어진 것을 들 수 있다.

기존의 참여예산제도의 선행연구에서는 주민참여예산제도를 크게 4가지로 분류하고 있는데, 권한이양 단계로 운영되는 참여예산제도유형은 '민관협치형'이라고 할 수 있을 것이다[2]. 민관협치형은 주민참여수준으로서는 협동과 권한위임인데, 주민자치회의 총회에 주민참여예산제도의 사업제안권과 사업결정권을 위임해 둔 것이다. 그리고 주민총회에서 의사결정한 것은 '주민참여예산위원회'에서 최종적으로 결정하는데, 이 위원회에는 주민참여대표들도 참여하지만, 행정공무원도 참여하여 구성한다는 점에서 민관 공공의사결정이 이루어지는 제도적 장치가 들어있다고 할 수 있다.

한편, 주민주도형은 주민에 의하여 통제하는 정도의 주민참여수준을 말하고 있고, 예산편성권의 공유수준이라는 점에서는 주민 중심적 의사결정을 하는 것이다. 그리고 주민참여과정의 주도자는 주민참여조직이 주도하는 것이다. 주민주도형의 주민참여예산제도는 이론적으로는 존재하지만, 실제로는 존재하기 어려울 수 있다. 주권자인 주민이 지방의회의 의원을 통제하고 지방의회가 행정관료제가 편성한 예산을 심의의결한다는 측면에서 주민이 주도한다고 볼 수 있지만, 행정관료제의 예산을 직접 주민이 통제하는 것은 현실적으로 쉽지 않다.

3. 이질적 개념의 믹스 : 총회에서의 참여예산 결정

현재의 주민참여예산제도의 구조를 보면, 지역회의, 참여예산위원

2 곽채기는 2011년 연구에서 주민참여예산제도의 유형을 의견수렴형, 주민협의형, 민관협치형, 주민주도형으로 구분하고 있다(곽채기, 2011; 서정섭외 2017:25 ; 김윤승외, 2023:72).

회, 조정협의회, 연구회 등의 제도작동체계를 가지고 있다. 지역회의에서는 읍면동별로 주민의 의견을 수렴하고, 참여예산위원회에서 우선순위를 결정한다. 그리고 조정협의회에서 행정대표와 시민위원회 대표가 모여서 예산편성안을 확정한다. 이 때 단체장이 참여하기도 한다. 그 이유는 주민참여예산제도의 예산편성의 최종적인 법적 결정권자는 단체장이기 때문이다. 비록 단체장의 법적 권한을 주민참여예산위원회에 이양해 두었다고 해도, 그것을 최종적으로 의사결정하여 지방의회로 넘기는 법제도적 책임은 단체장에게 있기 때문이다.

Ⅲ. 사례분석을 통한 주민참여제도의 진화와 한계 : 유성구의 주민참여예산제도를 사례로

1. 역사

유성구의 주민참여예산제도의 역사를 민선 7기인 2018년부터 2022년까지를 먼저 살펴보고, 주민참여예산이 대전시 차원에서 축소되기 시작하는 민선8기인 2023년부터 현재까지로 나누어서 살펴보자.

유성구는 일찍이 주민참여예산제도를 도입하여 그 운영에서 다른 시군구에 비해서 선도적인 성과를 보이는 곳이다. 즉 행안부 주관 주민참여예산 평가에서 2022년 전국자치구 중 종합우수로 선정되어, 인센티브로 특별교부세 7천만원을 받았을 정도였다.

구체적으로 살펴보면, 2019년에는 종합우수, 2020년에 홍보분야 우수, 2021년 교육분야우수를 받는 등 19년부터 22년까지 4개년 연속 수상을 하고 있다.

<표> 주민참여예산 운영현황(최근 3년(2020~2022년) 추진 현황(구비))

구분	2020년	2021년	2022년
예산 규모	11억 원 (동별 1억 원)	11억 원 (동별 1억 원)	16억 원 (동별 1억 원+동 추가형 3억 원)
제안서 접수	181건	518건	439건
동 주민총회 선정 사업	71건 1,110백만원	70건 1,100백만원	73건 1,300백만원
예산 반영	67건 1,007백만원	69건 1,070백만원	99건 1,598백만원
예산학교 운영	13회 (권역별 11, 정책대상별 2)	14회 (권역별 11, 정책대상별 3)	11회 (권역별 6, 정책대상별 5)
위원회 개최 (주민참여예산 구민위원회)	1회 (온라인)	2회 (온라인)	2회 (대면)

출처: 유성구(2023)

한편, 민선 8기의 유성구 주민참여예산제도는 대전시의 예산삭감으로 그 운영을 축소할 것인가의 기로에 서 있었다. 그러나 유성구는 자치분권 선도도시를 지향하는 구정운영방향을 가지고 있었기에, 시비예산은 축소되었지만, 구비예산은 오히려 확대하여 운영하는 선택을 하였다.

즉 2024년도 본예산과정에 반영할 '구정참여형'사업을 8개 선정하였는데, 구체적으로 보면, 제안된 사업은 154건이었고, 이에 대해 소관부서의 검토를 거치고, 유성구 주민참여예산 구민위원회의 심의를 거쳐서 상정된 12건의 사업에 대해 3주간 진행하였다. 구민 1153명이 구에 우선적으로 필요하다고 생각하는 사업에 1인3표씩 투표하였고, 그 결과 8개 사업 4억9700만원이 선정되었다.

선정사업을 보면, 재활용정거장 분리수거 도우미(1억원), 투명페트병 등 무인회수기 설치(8천만원), 초등방과후 마을돌봄(1억원)이 각각 1-3위를 차지하였다. 4위로는 유성구 깜짝팝업놀이터 놀꾸야(1억원), 5위 화산천 인근 방범용 cctv설치(1200만원), 6위 다세대주택 음식물쓰레기통 배출선반 설치(2500만원), 7위 공공도서관 자동도서대출반납기설치(7500만원), 8위 응급처치&심폐소생술 교육 및 보급(500만원) 등의 사업이 선정되었다.

2. 운영구조와 성과

유성구의 주민참여예산제도의 운영구조를 보면, 주민제안방식과 일반참여방식으로 구분된다. 주민제안방식은 사업 전과정에 주민이 주도적으로 참여하는 것으로서 공모사업을 들 수 있고, 주민제안방식에는 주민주도형과 주민참여형으로 구분할 수 있다.

일반참여사업은 사업부서의 요구사업 중에서 주민참여 절차로서 설문조사, 사업공청회, 주민참여예산기구의 의견 등을 거쳐서 예산에 반영하는 것이다. 유성구는 주민제안방식 중에서도 주민주도형을 채택하여 운영한다고 분류하고 있다.

구분	① 주민제안사업		② 일반 참여예산사업
	주민주도형	주민참여형	
구분 기준	· 공모사업 예산 · 예산편성 한도 설정 · 주민 주도적 사업선정	· 공모사업 외 예산 · 예산편성 한도 미설정 · 주민 참여적 사업선정	· 사업부서 주도이나 주민참여 형식인 사업 - 주민투표, 공청회 등

출처: 유성구(2023)

유성구의 주민참여예산제도의 운영절차를 보면, 제안사업의 접수단계를 거친 후에 사업검토와 구체화단계를 거치는데, 이것은 공무원들이 법령 등 적합여부와 사업의 타당성을 검토하는 것이다. 그리고 사업들간의 유사사업을 통폐합하기도 한다.

그리고 행정 공무원들의 제안사업에 대한 구체화와 정리작업을 거친 안을 가지고 주민참여예산 구민위원회와 동지역회의에서 사업심의를 한다. 여기서 사업들에 대한 숙의와 토론이 이루어진다. 이 과정을 거친 후에 온라인 투표와 동주민총회를 통해 사업을 선정하는 과정을 거친다.

제안사업 접수	▶	사업검토 및 구체화	▶	사업 심의 (숙의 · 토론)	▶	사업 선정	▶	예산안 반영
· 주민제안 접수 · 동 지역회의 구성 및 의제 발굴		· 법령 등 적합 여부 · 사업타당성 검토 · 사업구체화 및 유사사업 통폐합		· 주민참여예산 구민위원회 · 洞 지역회의		· 온라인 투표 · 洞 주민총회		· 예산심의
연중 (4~5월 집중접수)		2023.5.		2023.6.~7.		2023.7.~8.		2023.9.~10.

출처: 유성구(2023)

유성구의 주민참여예산제도의 운영성과를 살펴보면, 2022년의 주민참여예산사업은 24억원이었고, 시비 8억원과 구비 16억원을 투입하였다. 유성구의 주민참여예산사업은 구정참여형에 시비 5억원, 동단위 계획형에 16억원이 투입되었으면, 동단위 추가형에 3억원의 구비를 투입하였다.

<table>
<tr><th colspan="2" rowspan="2">사업유형</th><th rowspan="2">공모
규모</th><th rowspan="2">사업내용</th><th rowspan="2">제안
건수</th><th colspan="2">선정현황</th></tr>
<tr><th>건수</th><th>금액</th></tr>
<tr><td colspan="2">총계</td><td>24(시8,
구16)</td><td></td><td>931</td><td>127</td><td>23.73</td></tr>
<tr><td colspan="2">구정참여형</td><td>5(시비)</td><td>구단위 문제해결사업(구 소관사무, 2개동 이상 해당사업)</td><td>492</td><td>5</td><td>4.75</td></tr>
<tr><td rowspan="2">동
단위</td><td>동단
위계
획형</td><td>16(시3,
구13)</td><td>동단위 문제해결사업(동별 1억-1.25억 배정)</td><td rowspan="2">439</td><td>96</td><td>16</td></tr>
<tr><td>동단
위추
가형</td><td>3(구비)</td><td>동 주민총회에 상정되어 투표를 거친 사업 중 시비 지원규모(22년7월) 축소로 인해 탈락한 후순위 사업(한시사업)
-동별 2천5백만원 이하</td><td>26</td><td>2.98</td></tr>
</table>

출처: 유성구(2023)

구정참여형은 구단위의 문제해결사업으로서 구 소관사업이나 2개동 이상에 해당하는 사업이다. 제안건수로는 492건이 제안되었으나, 이 중 선정된 것은 5건으로서 금액은 4억75백만원이었다.

동단위 계획형은 동단위 문제해결사업으로서 동별로 1억에서 1.25억원을 배정하였고, 총 439건이 제안되었으나, 96건이 선정되어, 16억원의 예산이 배정되었다. 동단위추가형은 동주민총회에서 상정되어,

투표를 거친 사업으로서, 시비 지원규모축소로 인해 탈락한 후순위 사업에 한해서 동별로 2천5백만원이하로서 선정하였다. 이것은 총 26건에 2억98백만원이 배정되었다.

3. 문제점 분석

유성구의 주민참여예산사업의 운영상의 문제점으로서는 첫째, 제도운영의 연속성이 단절되고 있다는 점이다. 즉 대전시의 주민참여예산제도 운영방침이 변경되어, 구정참여형 사업에 대해 22년에는 전액 시비로 하였으나, 23년에는 자치구별 자율적 추진으로 변경되어, 구비를 투입할 수밖에 없게 되었다는 점이다.

구체적으로 보면, 2022년에는 동단위계획형의 사업중에서 마을공동체활성화사업을 50%이상 편성하도록 하였으나, 2023년에는 동단위 계획형을 2개분야로 나누어서 단기 주거환경개선사업과 동활성화사업으로 구분하였는데, 전자는 주로 도로, 하천, 공원 등 시설정비사업이 해당되고, 최대 60%까지 사업비를 배정하였다. 후자는 주로 시설정비사업외의 마을행사, 복지, 안전, 교육, 건강, 문화예술 등의 활동사업으로서, 한도가 없다.

분 야	2022년 추진 내역	2023년 변경 내용
운영 규모 변경	·구정 참여형 : 5억 원(전액 시비) ·동단위계획형 : 16억 원(시 3, 구 13) ·동단위추가형 : 3억 원(전액 구비) (한시사업)	·구정 참여형 : 5억 원(전액 구비) ·동단위계획형 : 13억 원(전액 구비 / 동별 1억 원) ※ 2023년 대전시 주민참여예산제 운영 방침에 (자치구 참여예산제도는 자치구별 자율적 추진) 따라 구정참여형 사업 구비로 추진
동단위 사업 유형 구분	·동단위계획형 사업 중 - 마을공동체 활성화 사업 50% 이상 편성	·동단위계획형 2개 분야로 구분 (1) 단기 주거환경 개선사업 : 최대 60%까지 예) 도로, 하천, 공원 등 시설정비 사업 (2) 동 활성화 사업 : 한도 없음 예) 시설정비 사업 외의 마을 행사, 복지, 안전, 교육, 건강, 문화·예술 등의 활동 사업
시설비 사업 관련 부서 의견 수렴	·없음(신설)	·시설비 사업이 유지관리에 대한 사전 검토 없이 제안·채택되는 경향 있음 ·유지관리가 어려운 시설정보를 주민들에게 사전 안내하여 소모적인 '사업제안⇒불채택'을 미연에 방지
예산 학교 운영 개선	·정책 대상별 교육 확대 운영 - 일반: 권역별 찾아가는 예산교육 - 여성, 청소년, 청년, 노인, 장애인 등 교육대상 확대	·중간지원조직(지역공동체지원센터)을 통한 수요조사 및 주민들이 원하는 교육 상시 제공 ·정책 대상별 교육(청소년 등) 지속 운영
주민 참여율 제고 방안	·주민참여플랫폼과 연계하여 다양한 ·주민참여 독려 및 의견수렴 창구 확대	·'유성구 주민참여의 달' 운영 - 기 간 : 총회 전 주민홍보·숙의기간 ~최종 사업확정일(약 1개월 간) - 중점추진 : 많은 주민들이 마을의제에 대하여 숙의·토론할 수 있도록(구-동 연계) 집중 홍보 및 온라인 연계 이벤트 시행 ·사업의 집행 및 평가과정에서도 주민참여 확대

출처: 유성구(2023)

두 번째 문제점으로서는 주민참여예산제도가 주민자치회 제도와 마을공동체만들기 제도가 융복합되어 참여사업이 자치제도에 의해 운영되는 편법이 발생하고 있다는 점이다.

구체적으로 보면, 주민참여예산제도의 운영구조에서 예산학교를 운영하는 것을 중간지원조직인 지역공동체지원센터에게 위탁하여 운영하고 있는데, 이것은 참여예산제도와 마을공동체만들기 정책과의 융합이 이루어진 부분이다. 마을공동체지원센터 조직의 주된 미션이 공동체활성화를 위한 지원기능을 하는 것인데, 주민참여예산의 교육을 하는 것이 타당한가에 대한 검토가 필요하다.

또 주민참여예산제도의 동지역회의의 역할수행을 주민자치회(가칭, 주민참여예산분과)가 하도록 대체하고 있다. 이 부분도 참여제도로서의 주민참여예산제도가 자치제도로서의 주민자치회의 제도운영과 융합하고 있는 부분이다.

즉 주민참여예산제도는 동지역회의에 대하여 20명이상으로 구성하고, 공개모집원칙을 통하여, 주민자치회 위원이 아닌 일반주민이 분과회의에 50%이상 구성하도록 노력하여야 한다고 하고 있다. 그럼에도 주민자치회가 동지역회의의 역할을 수행하도록 '제도융합'을 실행하고 있는데 이에 대해서 참여제도로서의 정체성을 유지하고 있는가를 살펴볼 필요가 있다. 물론 참여제도이니까 어떤 주민이든지 많이 참여하면 된다는 생각을 할 수도 있지만, 행정에 대한 참여제도로서의 주민참여예산제도에 자치제도로서의 주민자치회 주민참여예산분과를 만들어서 이용하는 것이 어떤 영향을 가져올 것인가를 생각해 보아야 한다.

다시 말해, 동지역회의는 사업을 발굴하고, 제안사업을 검토(구체화 및 통폐합)하고 숙의하여, 주민총회 상정하는 구조를 가지고 있는데, 이것은 주민참여예산제도의 사업결정을 주민자치회가 하도록 함으로써 '제도대체'가 일어나게 하고 있다.

洞 지역회의	구성	· 20명 이상(남녀 비율 중 한쪽이 60% 이상이 되지 않도록 구성) · 공개 모집 원칙(주민자치회 위원이 아닌 일반주민 50% 이상 구성 노력) - 주민자치회 위원이 아닌 일반주민의 분과회의 참여 보장 · 주민자치회(가칭'주민참여예산 분과')가 지역회의 역할 수행
	역할	· 사업 발굴, 제안 사업의 검토(구체화·통폐합) 및 숙의 · 제안사업 심사 및 주민총회 상정 사업 결정(동별 예산규모의 130%)

출처: 유성구(2023)

세 번째의 문제점으로서는 자치제도인 총회제도에 주민참여하는 비율을 높이는 것으로 참여제도의 미래 성과목표로 선정하고 있으나, 이것은 자치제도의 발전을 주민총회가 발전해 나가야 할 제도경로에 혼선을 주는 것일 수 있다.

즉 참여제도인 주민참여제도의 경우는 주민의 참여비율을 높이는 것 자체가 목표가 되어선 안 된다고 할 것이다. 오히려 참여제도로서는 참여하는 주민들의 연령별, 직업별, 구역별 모집단을 잘 대표하는 구성이면 바람직하고 효율적인 참여구성을 하는 것으로 볼 수 있다.

그런데, 유성구의 주민참여제도에서는 2026년까지 주민총회 참여율을 10%까지 높이는 것으로 성과목표를 정하고 있는데, 그렇다면 과연 참여비율을 어느 정도까지 계속 높여갈 것인가에 대한 의문이 있다.

※ 26년(민선8기 마지막해)까지 주민총회 참여율 10% 달성을 장기 성과목표로 설정

성과지표(단위)	실적 및 목표치						자료수립 방법/출처
	구분	22	23	24	25	26	
주민총회 참여율(%)	목표	5	6	7	8.5	10	운영계획 및 결과
	실적	5.93	-	-	-	-	

* 지난 3년간 주민총회 참여율 : 1.22%(20년) Þ 2.99%(21년) Þ 5.93%(22년)
* 주민총회 참여율 = 전체 주민등록상 인구수 대비 총회 참여자수

출처: 유성구(2023)

Ⅳ. 바람직한 주민참여제도의 발전방향과 주민자치와의 포지셔닝

1. 참여제도 : 적정한 참여비율과 규모

주민참여예산제도의 본질은 행정과정에 대한 참여라고 할 수 있다. 주민이 지역문제를 자치하겠다는 것이 아니라는 점이다. 주민주도형의 참여가 가능한 것이지, 주민이 주도한다고 해서, 자치가 되는 것은 아니다.

자치는 근린공동체사무에 대한 자치관리를 하는 것에서 시작하는 것이지, 행정사무에 대하여 주민이 주도한다고 그것이 주민자치가 되

는 것은 아니다. 어디까지나 주민주도형의 주민참여일뿐이라는 점이다. 이 점에서 참여제도로서의 주민참여예산제도는 적정한 정도의 참여비율 목표나 구조를 합의하는 것이 중요하지 참여비율 자체를 20%, 30%로 계속 올려나가는 것이 목표가 될 수 없다.

현재의 주민참여예산제도에서 주민참여의 비율을 높이기 위해서, 주민자치제도의 총회를 활용하고 있으나, 이것은 주민자치제도로서의 경로발전을 해 나가도록 총회를 통하여 집행위원회의 대표자를 뽑고 이들에게 일정기간 집행을 위탁하는 주민주권형 참여가 되어야 하는 것이어야지, 이렇게 참여제도로서의 주민참여예산제도를 위하여 종속되어야 할 제도는 아니다.

다시 말해, 총회라고 하는 주민자치제도의 꽃이라고 하는 것을 주민참여를 위한 수단화하는 것은, 주민자치로의 제도발전을 방해하는 것일 수 있다는 것이다.

주민들은 주민총회를 통해 주민참여예산제도라는 기차에 올라타는 것으로 뭔가 주민의 역량을 높이고 있다고 생각한다면 이것은 착각일 수 있다. 정작 주민 자신들이 주권자로서 총회를 통하여 근린자치관리를 해야 한다는 것을 망각하게 만드는 것이기 때문이다. 주민은 주권자로서 풀뿌리 민주주의의 주인으로서 참여하면서 시민사회의 역량을 실질적으로 함양할 수 있는 것이다.

특히 주민참여예산제도에서 주민총회 참여율을 10%로 올리는 것을 장기 성과목표로 설정하고 있는 것은 참여제도의 바른 운영인가에 대한 재고가 필요하다.

2. 자치제도: 자치로서의 본질 찾기

현재의 주민자치회 시범실시는 자치제도라고 하기 어렵다. 주민자치위원회에서 주민자치회로 전환하였지만, 시범실시의 구조를 보면, 주민자치회 사무인력에 대한 인건비 지원으로 행정예산에 의존하고 있기 때문이다.

또 주민자치회의 안정적 운영을 위하여 운영과 활성화를 위한 중간지원조직을 구축하였는데, 이것은 공동체지원제도에 해당한다고 할 수 있다. 즉 유성구 지역공동체 지원센터는 공동체 지원을 위한 조직목표를 가진 곳인데, 이곳에 '자치지원팀'을 신설하여, 주민자치회를 지원하는 조직 구조를 가지고 있다.

결과적으로 지역공동체 지원센터도 행정예산으로 운영되는 것이기에, 주민자치회가 행정예산에 의존하는 구조를 벗어나지 못하게 되는 것이다. 자치제도는 주권자인 주민이 운영 회비를 부담하여 재정적으로 자립구조를 가져야 한다.

그리고 주민자치회는 그 성장단계별로 차별화된 주민자치 역량강화를 위한 지원을 한다고 하는데, 이는 결과적으로 주민자치의 성장에 따라서 행정예산을 더욱더 지원받는다는 것을 의미하고, 이는 행정에 대한 의존도를 높이는 것을 의미한다.

이래서는 주민자치가 자치조직으로서 분가하고 독립운영을 할 수 있는 시스템으로 전환될 수 없다. 자치는 자치조직으로서의 시스템전환이 이루어져야 하고, 행정으로부터 일정한 거리를 두고, 자율적 운영의 순환구조를 가지고 있어야 한다.

또, 주민자치 프로그램운영에 대해서 민간위탁을 확대하여, 자율운영을 강화하도록 해준다고 하는데, 이것도 역시 행정예산을 가지고 운영하는 구조를 벗어나지 못하고 있는 것이다. 결과적으로 민간이 위탁을 받아서 자율운영을 한다고는 하지만, 이에 대한 행정으로부터의 감사나 사무처리, 운영에 대한 규제와 통제권을 놓지 않는 한 여전히 행정사무의 대행구조를 벗어나기 어려운 것이다. 자치의 시작은 자치사무를 처리하는 재정에서의 자율성을 확보하여야 하는 것부터라고 할 것이다.

3. 참여제도와 자치제도의 분리해주기

주민자치회를 주민참여거점 플랫폼으로 삼는 정책을 유성구는 제시하고 있다. 그리고 공동체를 주민참여의 분소플랫폼으로 규정하고, 주민의 풀뿌리 활동과 의견을 폭넓게 수렴하는 참여통로로서 규정하고 있다. 그리고 주민의 구정 정책과정에 대한 참여를 통하여 더 좋은 거버넌스를 구축한다는 제도 비전을 가지고 있다.

유성구는 진잠동 분소 플랫폼을 확대 운영하였고, 협약을 2021년 4월에 체결하였다. 금손공예마을, 마음쉼터 심심풀이 2개 곳이 이에 해당한다. 또 원신흥동에도 분소플랫폼을 확대운영하였고 협약을 체결하였는데, 로컬푸드교육센터, 품 협동조합, 도안마을신문, 도안 꿈살림 봉사회, The 공동부엌 등의 4개소도 이에 해당한다.

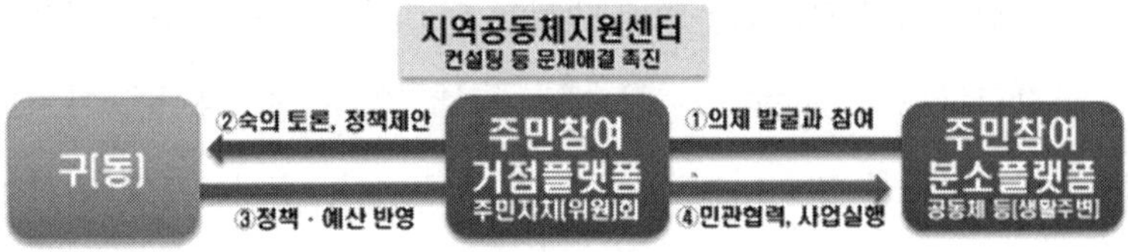

출처: 유성구(2023)

그런데, 이러한 구상은 주민자치회를 자치제도의 거점이 아니라 주민참여제도의 거점으로 변환하는 것으로서, 주민참여를 위한 거버넌스 구축은 이루어졌을지 모르나, 정작 주민자치의 역량을 함양할 수 있는 제도설계라고 보기는 어려울 것이다.

특히 이를 전담하는 것이 지역공동체 지원센터로 되어 있어, 주민자치를 지원하기 위한 조직 미션을 가진 것으로 보기 어렵다.

그리고 유성구의 지역공동체 지원센터운영은 마을공동체 활성화를 위한 것인데, 이를 통하여 주민자치를 실현하겠다는 목표를 가지고 있는데 이 부분은 재고가 필요한 부분이다. 이론적으로는 마을공동체가 활성화되면, 이것이 주민참여의 씨앗이 되고, 또 이러한 주민참여의 시민사회의 역량은 주민자치의 기반이 되는 것은 사실이다.

그렇지만, 현실적으로는 마을공동체를 활성화하는 것이 도시지역에서는 자발적으로 자생적으로 이루어지지 않으니, 이를 행정예산으로 지원하면서 행정사업으로 시작된 것이다. 원래 행정예산의 지원은 시민사회가 공동체를 자생적으로 이루지 못하기 때문에 마중물로서 조금 넣고 그쳐야 하는 것인데, 이것을 지속적으로 수년동안 행정예산이 지원되어야 하는 것이라면 재고가 필요한 것이다.

또 이렇게 형성된 마을공동체가 씨앗단계에서 줄기단계로 그리고 열매단계로 계속적으로 지원을 받는다고 하면, 이제 이것이 시민사회의 자생적인 자치역량을 구축하는 것으로 전환(transform)되어야 하는데, 과연 이것이 가능할 것인가라는 점이다.

본 고에서 제기하는 것은 참여제도는 아무리 행정예산을 투입한다고 해서, 그것이 자치제도로서 전환되지 않을 수 있다는 점이다.

즉 2021년 6월 4일에 유성구 지역공동체 지원센터를 개소(장소 어은로 51번길 41) 하였는데, 마을공동체 정책의 목적은 유성매직 마을공동체 공모사업을 추진(62개팀)하는 것이고, 마을공동체 역량강화 및 네트워킹을 위한 워크숍과 커뮤니티 캠프, 탐방학습 실시 등을 그 내용으로 하고 있다.

그런데, 지역공동체 지원센터에 '주민자치회 전환동 코디네이터(3인)을 배치하고, 주민자치 학습모임을 지원'하는 사업이 들어가 있는데, 이는 제도들 간의 결합을 시도한 것으로 볼 수 있다. 즉 제도설계 시에는 마을공동체를 육성하여, 주민자치활성화의 씨앗으로 한다는 비전을 가진 것이었다.

그런데, 정치행정환경이 바뀌어, 공동체 관련의 예산이 축소되거나 폐지되는 경우, 마을공동체지원센터에서 하던 주민자치교육까지 축소되거나 폐지되는 결과를 초래하게 되는 것을 보면서, 자치제도는 자치제도의 패러다임 속에서 추구해야 하는 것이라는 점을 생각하게 된다.

참고문헌

임성일 · 송창석 · 최인욱 · 김상철. 2018. 참여예산: 시민이 정부를 바꾼다. 도서출판 해남

김태일 좋은예산센터. 2014. 재정은 어떻게 내삶을 바꾸는가. 코난북서

서울특별시시민참여예산담당관. 2018. 시민참여예산제 돌아보기 2017. 서울특별시

이재원. 2019. 지방재정론. 윤성사

부록

주민자치패러다임과 자치분권시스템 개혁

시론

부록

시론

I. 지금 지방분권 논의는 어디에 있는가 : 주민과 지방분권

1. 주민은 지방자치의 핵심요소

주민은 지방자치의 주권자이다. 주민은 국민이기도 하기에 주권재민의 당사자이다. 주민이면서 국민인 경우에는 대한민국의 주권자로서 중앙정부의 국회의원과 대통령을 선출할 수 있는 선거권이 부여되어 있고, 동시에 지방자치단체의 주민이기도 하기에, 지방자치단체의 지방의회의원과 지방자치단체장을 선출할 수 있는 주권자이다. 즉 주민은 주권자이기에 국민주권과 주민주권은 헌법적으로 보장된 권리라고 할 수 있다.

지방자치는 3가지 요소로 구성된다. 구역과 주민과 자치권이 그것이다. 도시학에서는 도시의 3요소로서 공간과 시민과 도시시설을 들기도 한다. 국가의 3가지 구성요소는 국토와 국민과 주권이다. 여기서 국가와 지방의 핵심적 구성요소로서 주권과 자치권의 관계를 어떻게 보아야 하는가라는 점이다. 그 관계는 국가의 주권과 지방의 자치권이 수직적 관계인가, 수평적 관계인가 아니면 상호중첩된 관계인가라는 점이다. 이것이 바로 중앙정부와 지방정부간의 정부간 관계의 3가지 유형이기도 하다.

한국의 경우에는 제도적 보장설이라고 하여, 헌법으로 국가가 보장하는 범위 내에서 자치권의 독립성이 보장된다고 하는 이론을 취하고 있으나, 유럽에서는 자치권의 고유한 권리는 국가라도 침해할 수 없다고 하는 지방자치의 고유권설을 취하기도 한다. 미국의 딜론의 룰과 같이 지방의 자치권은 주정부로부터 연유하는 것으로서, 국가의 고유권설을 취하는 이론이 있기도 하다.

한국의 경우, 1952년에 도입된 지방자치제도는 미국의 지방자치제도의 원형을 모방한 것으로 보인다. 즉 시읍면 자치를 기초적 자치단체로 하여 지방자치제도가 도입되었으나, 사회적 혼란으로 인하여 지방자치제도가 안정적으로 운영되지 못한 측면이 있었다. 그리하여 1961년 516 군사혁명에 의하여 지방자치는 중단되었고, 30년간 지방자치는 시군자치로 읍면자치는 폐지되었었다.

그러다가 1991년에 지방자치제도를 재도입하면서, 시군구자치를 도입하게 되었고, 광역시도라는 광역계층을 두어서, 획일적인 2층제자치제도를 도입하였던 것이다. 이리하여 주민이 지방자치단체의 지방의회 의원들을 선거로 선출하는 대의제 지방자치제도가 도입되었으나, 풀뿌리의 읍면 계층에는 여전히 행정관료조직이 지역의 의사결정과 집행을 독점하였다. 주민들은 이러한 행정관료조직에 자문을 하는 정도의 행정참여를 하는 정도에 불과하였고, 지역문제는 읍면동 행정계층의 하부 행정조직인 통리장을 통하여 행정관료조직에 전달되는 전달체계를 가지고 있었다. 이 구조속에서 주민은 행정에 의존하면서 행정서비스의 혜택을 누리는 행정 대상자에 불과하였다.

2. 관치에 매인 주민자치

주민이 주민으로서 행정과정에 참여하는 것은 소수의 지역유지들이었다. 동정자문위원회의 형태나 지역발전위원회의 위원 형태로 지역의 유지들은 행정관료조직에 일정한 자문이나 행정참여를 할 수 있었다.

그러다가 1998년 IMF로 인하여 읍면동을 축소시키고, 남는 공간에 주민들이 자치를 할 수 있는 공간으로 주민자치를 하게 되었다. 이 때의 주민자치는 이론적으로는 지역복지와 지역경제, 지역교육, 지역문화, 공동체활동 등을 하는 것으로 제시하였지만, 주민자치센터에서 할 수 있는 것은 취미와 여가 프로그램을 통하여 주민들이 공동체를 형성하는 정도였다. 주민에게 자치를 하도록 한다고 하였지만, 취미여가 프로그램에 대한 자율적 운영이 가능하도록 하는 정도의 사무를 위임한 것이었다. 그리고 그 사무에 대한 최종 권한은 동장에게 유보

되어 있었기에 그 사무에 대한 관리를 동직원들이 자신의 행정사무의 하나로 관리하고 있었다. 이것은 주민에게 자치권한이 주어진 관계가 아니었다. 여기서도 주민은 여전히 행정관료제로부터 사무를 위탁받아 운영하는 대행자에 불과한 것이었다.

2012년에 시군통합을 하게 되면서, 주민들이 지방자치행정으로부터 너무 거리가 멀어지게 되어, 민주성이 떨어지게 된다는 비판이 있었고, 이 문제를 해결하기 위하여 주민자치위원회를 주민자치회로 개혁하는 대안을 제시되었다. 주민자치회를 위하여 3개의 대안이 제시되었지만, 현재의 읍면동 사무소를 그대로 두고 주민자치를 하는 협력형만이 도입되었고, 진짜 주민자치라고 할 수 있는 통합형이나 주민조직형은 배제되었다. 여기서 한국의 주민자치는 여전히 관치의 틀 속에서 운영될 수밖에 없는 궤도를 굴러가게 된 것이다.

2017년 이후 서울형 주민자치에서 주민총회를 도입하여 직접 민주주의를 경험할 수 있는 제도를 도입하고, 마을계획을 수립할 수 있는 거시적 의사결정을 할 수 있는 권한을 부여하였다. 또 주민세를 주민자치특별회계로 이용할 수 있는 재정적 기반을 구비하여 주었으며, 주민참여예산제도를 주도할 수 있는 권한을 부여하였음에도 불구하고, 이 모든 것이 여전히 행정이 지원하는 예산과 인력에 의존하는 것이었다. 즉 본질적으로는 주민들이 주권자로 자치를 하는 것은 아니었던 것이다.

그러다가 2022년 대통령선거와 지방선거를 통하여 정당교체가 일어나면서, 주민자치와 마을공동체, 주민참여예산에 배정되었던 예산들이 대거 삭감되면서, 주민자치회 시범실시라는 사업방식으로는 주민자치가 지속가능하지 않음을 알게 되었다.

이제는 시민사회가 중앙정부의 사업이나 지방자치단체의 예산에 의존하지 않는 방식으로 공유서비스를 스스로 결정하고 집행할 수 있는 모델의 주민자치가 새롭게 설계되어야 한다. 지금은 주민자치의 위기이기도 하지만, 새로운 주민자치의 설계를 제시해야 할 시기이다. 발상의 대전환이 필요하다. 여상한 방식으로는 관치에 매여있는 주민자치를 구해 낼 수 없다. 비상한 발상의 대 전환이 필요하다. 그러면서도 현재의 상황을 정확히 파악해 내면서, 여기서부터 가능한 혁신이어야 할 것이다.

3. 주민분권을 통한 근린정부 형성 설계 필요

윤석렬 정부는 지방시대를 제시하면서, 지방이 스스로 계획하고 선택하면, 중앙정부는 이를 지원하는 방식으로 지역문제를 해결하고자 하는 국정 운영 방향을 제시하였다. 인구감소문제를 위한 국가 사업을 지원하는 것도, 먼저 지방자치단체에서 인구감소문제를 대응하기 위한 사업을 스스로 기획하고, 이를 중앙정부에 제안하면, 그것을 심사하여, 50억에서 100억원정도의 사업비를 지원하는 방식이다.

이러한 국정사업 운영방식이 가능하기 위해서는 지방자치단체에서 스스로의 사업기획역량이 구비되어야 한다. 지방자치단체에서의 기획역량이라 함은 조직적 역량과 개인적 역량으로 구분할 수 있을 것이고, 조직적 역량에는 지역문제를 조사하고 분석하여, 그 문제를 해결할 수 있는 조직과 예산이 확보되어야 할 것이다. 또 개인적 역량에는 기획과 조사분석에 대한 전문가를 배치하고 있어야 하고, 이 문제를 관리하고 리더할 리더십을 갖춘 단체장이나 관리자가 있어야 할 것이다.

문제는 인구감소와 지방소멸의 위기에 있는 농촌지역의 중소규모의 시군구역의 지방일수록 이러한 기획역량을 구비하기가 어렵다는 것이다. 이러한 역량을 구비하기 위해서는 이 문제를 전담할 조직설치와 인력배치의 여유를 가지고 있어야 한다. 다시 말해 기획역량을 구비하기 위해서는 이에 상응하는 예산의 뒷받침이 있지 않으면 행정관료제로서는 지역문제의 해결을 대응해나가기가 어려운 것이다.

이에 인구감소와 지방소멸이라고 하는 지역문제를 풀어나가는 대응방식의 전환이 필요하다. 현재와 같이 시군단위의 관료제조직이 직접 사업을 기획하고 집행하는 방식은 읍면 계층의 구역에서 보면, 획일적이고 평균적인 사업집행을 할 수 밖에 없게 되고, 읍면 지역의 세밀한 필요와 문제원인을 찾아 대응하는 것은 어렵게 된다. 이러한 방식의 사업기획은 밑빠진 독에 물붓기식이 될 가능성이 높다.

그렇다면, 읍면 계층의 구역에서 인구감소와 지방소멸의 문제를 대응할 수 있도록 읍면 계층에서 스스로 기획하고 사업을 집행해나갈 수 있는 방법은 무엇일까? 바로 그것은 주민들에게 직접 국가의 주권을 1/n으로 분권해 주어서, 이들이 모여서, 근린정부를 마을단위로 혹은 리단위로 형성하는 것이다. 즉 주권을 가진 주민들이 공동체를 이루어서, 공동체 단위로 인구감소와 지방소멸의 문제를 어떻게 대응해야 할까를 기획하고 분석하여 사업을 집행해나가는 것이다.

이 과정에서 주민들은 주권자로서 이 문제를 생각하게 되고, 이 문제를 풀어나가기 위한 개인적 단위의 혁신적 아이디어를 숙고하게 된다. 다양한 개개인들이 이 문제를 풀기 위하여 모일 때마다 서로 토론하고 담론하면서, 아이디어를 도출하게 되고, 그것을 공동체적으로 정리하여 사업으로 조직하는 리더십이 주민들속에서 만들어져야 한다. 마을문제와 리의 문제를 풀어내기 위한 리더십이 개발되는 것이다. 주민자치는 이러한 건강한 리더십이 개발되어야 성공할 수 있다.

이것이 가능할 수 있는 주민자치법의 제정이 필요하다. 즉 자치행정의 일하는 방식의 대 전환이 필요한 것이다. 그 방식의 전환에는 시군관료제 계층을 통하여 정책기획을 하던 것을 읍면 혹은 리와 마을단위의 공동체에서 그 구성원인 주민들이 주권자로서 참여하여 의사결정하는 주민자치적 방식으로 정책기획을 할 수 있어야 한다.

요컨대, 지금까지 한국의 지방자치 논의에서 분권논의는 중앙정부의 사무를 광역시도나 시군구에 몇 개를 이양하는가라는 말단지엽적인 것이었다면, 주민자치의 시대에 분권논의는 국가주권을 주민들에게 1/n으로 나누어주어서 주권자로서의 주민들이 스스로 n명이 모여서, 근린정부를 구성하여 그 근린구역단위로 공공서비스 공급의 문제와 지역문제를 기획하고 그 과정에서 리더십이 함양되는 방식으로 분권되어야 할 것이다. 이를 위해서는 근린정부를 형성할 수 있는 법률 입법은 필수적이다. (월간공공정책 2024.7.15.)

II. 지방시대 시작, 주민자치의 새로운 주도

1

주민자치에 대한 근본적인 인식과 이론, 실천의 방법론에서 전환이 필요하다. 새 술은 새부대에 담아야 한다고 하듯이, 주민자치정책도 새로운 정부에서 새롭게 개념정립과 인식전환이 필요할 수 있다. 지금까지는 주민자치를 '주민이 하는 자치'라고 하는 자치의 3요소 중에서 '주민'에 방점이 있었다고 하면, 새로운 근린자치는 '주민이 살고 있는 구역'에 방점을 두는 정책으로 전환할 필요가 있다.

즉 주민자치가 '구역'에 방점을 두게 되면, 그 구역에서 발생하는 다양한 공유서비스 및 공공서비스를 누가 어떻게 관리할 것인가라는 문제로 인식이 전환되게 된다. 그리고 구역에서 필요한 서비스를 '자치'로서 해결하는 방법과 '행정'이 구역의 외부에서 관리해 주는 방법으로 구분되는 것이다.

여기서 '자치'로서 관리한다는 것은 구역의 공공문제를 스스로 결정하고, 스스로 집행하며, 스스로 부담하고 책임지는 것을 의미한다. 여기서 비로소 구역에 거주하고 있는 '주민'이 주권자로서 함께 결정하고 함께 집행하는 공동체 자치가 이루어지는 것이다. 이것을 이론적으로 말하면, '총회제 민주주의'라고 하는 것이고, 직접 민주주의라고 하는 것이다. 여기서는 주민들이 근린공동체 자치에 직접 '주권자로서 참여'하는 것이다. 근린공동체자치에서는 구역에 자치관리를 위한 근린정부를 구성하는 것이다. 근린정부의 존재이유는 구역에 대한 생활공유서비스를 공급하기 위한 것이고, 근린정부의 요체는 근린구역을 규율하는 규약의 제정권을 구역에 거주하는 주민들이 가지고 행사한다는 것이다. 이것은 구역의 규모가 작은 경우에 가능한 것이다.

한편, 구역의 규모가 커지게 되면, 구역의 주민들이 총회제 근린정부에 참여하기가 어려워지게 된다. 특히 도시화로 인하여, 구역의 인구밀도가 높아지게 되고, 주민들의 생활이 원자화되고 개인주의화되면서, 공동체의 문제에 관심을 가지는 것이 어려워지는 경우, 총회제에 의한 의사결정도 어려워지고, 직주분리에 의하여, 공동체의 문제를 해결하기 위한 집행에 직접 참여하는 것도 어려워지게 된다. 이 경우에는 결정을 대신해 줄 사람이 필요하게 되고, 집행을 대신해 줄 사무직원들이 필요하게 된다. 이 경우에는 총회제 자치가 불가능하게 되어 불가피하게 '대의제 민주주의'를 할 수밖에 없게 되고, 집행을 위한 전문적인 사무직원들을 고용할 수밖에 없게 된다. 근린공동체에 관료제가 결합하게 되는 것이다. OTM(주민총회)정부에서 RTM(대표제주민총회)정부로의 전환이 일어나는 것이다.

다시 말해, 주민자치를 바라보는 인식을 '주민'에서 '구역'으로 전환하여야, 공유서비스 혹은 공공서비스의 관리를 어떻게 할 것인가라는 본질에 접근할 수 있게 된다. 이 본질을 다루게 되면, 서비스에 대한 '자치관리'를 할 것인가, 구역의 외부에서 '행정관리' 할 것인가의 선택의 문제로 전환하게 되는 것이다.

지금까지의 주민자치에 대한 인식과 이론이 '주민' 에 방점을 두고, 주민주권이라고 하는 다분히 정치적인 관점에 초점을 두었다면, 앞으로의 주민자치에 대한 인식과 이론은 '구역'에 방점을 두고, 구역에 대한 근린생활서비스를 어떻게 관리할 것인가라는 '관리적인 관점'에서 실천의 방법을 구해야 할 것이다.

지난 정부에서 주민자치에 대한 논의가 '정치적'혹은 '정당적' 이해관계의 갈등으로 더 이상 진전되고 있지 못하고 있다. 그렇다면, 이번 정부에서는 주민자치의 논의를 바라보는 인식과 이론을 '관리적' 방법론의 관점에서 '자치관리'를 선택할 것인가 '외재적 타치(他治)관리 즉 행정관리'를 선택할 것인가의 문제로 전환하는 데서 새로운 길을 찾아야 할 것이다.

2

윤석열정부가 들어서면서, 주민자치에 대한 관점을 전환해야 할 필요성이 생기고 있다. 기존의 주민자치에 대한 인식과 이론으로서는 더 이상 주민자치제도를 진전시키기가 어려운 상태가 된 것이다. 주민자치는 주민자치위원회 시대에서 주민자치회 시대로 전환되었지만, 주민자치회의 시범실시를 1300여곳이상 확대하였지만, 이에 소요되는 과도한 행정예산과 행정사무의 부담은 더 이상 주민자치라고 보기가 어렵게 만들었다. 오히려 행정사무 영역을 '주민자치'영역까지 확장된 셈이 되었고, 이는 결과적으로 정치적 혹은 정당의 이해관계에 포로가 되는 결과를 초래한 것이었다.

윤석열정부에서 지방문제를 지방자치단체가 스스로 지역특성에 맞게 정책을 추진하여, 지역발전을 이끌어 낼 것을 국정과제로 제시하였다. 그것을 지방시대라고 하였고, 그 결과로서 지역발전과 주민복리가 증진될 것을 기대하고 있다. 그러나 현재와 같이 중앙정부와 지방자치단체의 관계가 단체자치의 패러다임에 여전히 갇혀있고, 국고보조사업을 통하여, 지역소멸이나 지역쇠퇴, 비수도권의 경쟁력약화의 문제를 해결하는 의존적 관계에서는 지방자치단체가 주도적으로 지역문제를 해결하기가 용이하지 않을 수 있다.

그렇다면, 지방시대를 어디서부터 열어야 할 것인가? 시간이 걸리고, 중기적으로 효과가 바로 나타나지 않더라도 시민사회의 자치관리의 역량을 키우고, 시민사회의 리더십을 길러낼 수 있는 '자치관리' 경험을 가지도록 법제도를 디자인해주어야 할 것이다. 이러한 법제도의 디자인은 '주민자치' 패러다임에서 찾아야 할 것이고, 근린구역인 읍면동이하의 규모에서 디자인되어야 할 것이다.

또 지방시대가 본격화되기 위해서는 지방정부가 지역문제를 스스로 결정하고 집행할 수 있는 법제도와 역량이 구비되어 있어야 한다. 그런데 여전히 지역문제를 지방자치단체가 스스로 해결하기가 어려운 중앙-지방 정부간 관계가 법제도와 행재정적으로 작동하고 있고, 지역문제를 지방자치단체가 집행하는 과정에 지역정책의 대상자들이 참여하여 지역정책에 대한 이해관계와 공공선에 대한 의견을 주장하고 받아들이는 것이 어려운 로컬 거버넌스(local governance)라고 한다면, 지방시대를 열어가는 것은 여전히 어려울 수밖에 없다.

윤석열정부는 지방시대를 위하여 지방분권을 강화하겠다고 하였다. 그래서 국정과제의 목표로서, 지방자치단체가 주도적으로 지역특성에 맞는 정책을 추진하고, 이를 통해 지역발전을 이끌어낼 수 있는 강력한 지방분권을 추진하겠다고 했다. 그렇지만, 현재의 지방시대위원회라는 조직이 이 정책을 추진할 수 있는 위상과 역량을 가지고 있는가하면, 쉽지 않은 목표일 것이라는 생각을 거둘 수 없다.

지방시대위원회는 국가균형발전위원회와 지방자치분권위원회를 통합한 조직으로서 지방시대 국정과제와 지역공약을 총괄하는 컨트롤타워조직이기는 하나, 상향적인 지방시대 종합계획을 수립하고, 각종 균형발전 시책과 지방분권과제를 추진한다고 한다. 문제는 과연 컨트롤타워로서의 역할을 할 수 있는 권한과 자원을 가지고 있는가라는 점이다.

지방시대위원회가 사용할 수 있는 자원은 기회발전특구라는 정책수단정도일 것으로 보인다. 지방에 대한 적극적인 투자를 유도할 수 있는 인센티브로서의 특구지정이고, 이를 통해, 지방에 투자하는 기업에 대한 규제특례, 세제특례를 지원하여, 지방투자를 확대하고 양질의 일자리를 창출한다는 것이다.

그러나 21세기 4차산업혁명시대에 있는 한국에서 기업들의 투자는 여전히 수도권중심으로 집중되고 있고, 가속화되는 현실에서 '기회발전특구'라는 정책도구가 성과를 내기에는 한계가 있을 것으로 보인다. 즉 투자하는 기업에 대한 동기부여로서 과연 설득력과 유효성이 있을 것인가라는 점이다.

또 지방자치단체의 입장에서도 기회발전특구가 포함된 지방시대

종합계획을 수립하는 것만으로 4차산업의 혁신적인 기업들을 어느 정도 유치할 수 있을 것인가가 과제이다.

다시 말해, 지방시대를 위한 자치분권정책의 주된 정책수단으로서 '기회발전특구'라는 것만으로 분권정책이 추진되고, 지방정부의 지역발전과 주민복리가 증진될 수 있는 정책구조인가라는 점이 앞으로 살펴볼 부분이다.

그렇다고 하면, 윤석열정부에서 지방시대를 위하여 시민사회의 자유와 자율이 높아질 수 있는 혁신적인 정책이 필요하고, 이것이 가능할 수 있도록 중앙정부의 조직구조를 강소조직으로 전환하는 것이 필요할 것이다.

3

한편, 윤석열정부에서 지방분권을 강화한다는 국정목표를 위한 정책수단을 보면, 7가지를 제시하고 있는데, 중앙정부측에서 해야 할 것이 1)국가-지방 기능조정 2) 자치경찰권 강화 3) 지방자치-교육자치 연계 4)특별자치시 도 위상제고 이고, 지방자치단체측에서 주로 해야 할 것이 1)자치권 강화 2)지방자치단체 기관구성 다양화 이며, 시민사회측에서 해야 할 것이 '주민자치회 개선'이다. 즉 국정과제의 주요한 정책수단으로서 주민자치회개선이 들어있고, 그 내용을 보면, '주민참여 확대로 주민자치회 자율성 보장' '지역여건에 따른 주민자치회 구성, 운영 다양화' '주민자치회 법적 근거마련'으로 되어 있다.

주지하듯이, 분권정책은 중앙정부가 가진 법제도적 권한, 행재정적 권한을 지방정부로 이관하고, 중앙정부는 작은 정부로 조직감축개혁을 해야 하는 것이다. 그리고 지방정부는 중앙정부로부터 받은 법제도적 권한과 행재정권한을 가지고, 지역발전을 위하여, 그리고 지역문제의 해결을 위하여 스스로 결정하고, 분석하고, 대안을 선택하며, 집행을 위한 리더십과 조직역량, 사업역량을 가지고 있어야 가능한 것이다.

지방정부의 지역정책이 성공적으로 추진되기 위해서는 로컬 거버넌스에 참여하는 다양한 참여자들이 서로 각자의 역할을 수행하여 지역의 공공선을 이루기 위한 공공성을 가진 참여자여야 한다. 지방정치인은 정치인대로, 지방공무원은 지방공무원으로서, 시민사회의 리더들은 시민사회의 리더답게 지역의 공공성을 제고하기 위한 자치성과 시민성을 가지고 있어야 하는 것이다.

특히 지방자치는 시민사회가 지방정부와 협력하면서도 통제할 수 있는 역량을 가지고 있어야 성공할 수 있는 것이고, 중앙정부의 통제나 지도감독이 없어도 지방정책이 공공선을 지향할 수 있도록 시민사회가 지방정부를 통제할 수 있는 자치역량이 있어야 한다. 이러한 자치역량이 주민자치영역에서 존재해야 하는 것이다. 이러한 자치역량은 시민사회가 '구역'에서의 '자치관리'를 할 수 있는 근린공동체정부를 구성하고 이를 운영해 보는 경험에서 길러지는 것이다.

이것이 가능하기 위해서는 윤석열정부의 주민자치정책은 '구역에 공유서비스에 대한 자치관리시스템을 도입하기' '도시지역과 농촌지역의 특성에 따른 차별화된 근린자치관리' '근린공동체자치와 근린구역자치관리의 중층화된 자치' '주민자치체와 지방행정의 거버넌스 시스템' 등을 정책수단으로 도입해야 할 것이다.

4

주민자치에서 주민이라고 하는 관념에서 벗어나자. 주민이 주권자이기는 하나, 아직 한국에서 주민이 주권자로서 살아가는 경험이나 교육훈련이 되어 있는 것으로 보이지 않는다. 예를 들어 아파트단지에는 자치관리시스템이 도입되어 있어, 대표자를 선출하고, 아파트단지의 전문적 관리를 위해 관리사무소 조직이 설치되어 있으며, 이를 규율하는 아파트단지의 규약이 있고, 공공주택관리법이라고 하는 법률 시스템이 도입되어 있지만, 아파트 자치관리의 대표자의 선출과정에 입주자들의 무관심은 심각하다. 매달 지방자치단체에 내는 주민세의 100배이상의 아파트 관리비를 내고 있으면서도, 자신이 내는 관리비가 어떻게 쓰여지는지에 대해 관심을 가지고 대표자회의에 참관하거나 정기적인 총회에서 동의권을 행사하는 경우는 드물다. 다시말해, 자치관리의 시스템이 구비되어 있어도, 입주자들은 아파트단지의 주권자로서의 권리나 의무 행사가 취약하다는 것이다. 하물며 비아파트단지에 거주하는 주민들은 더욱더 자신이 거주하는 근린구역의 자치관리에 무관심할 수밖에 없다. 그렇다면 한국의 주민자치제도는 주민들의 시민성과 공공성에 대한 참여와 헌신을 끌어내지 못한다면, 유명무실해 질 수밖에 없다.

요컨대, 한국에서 논의되고 있는 주민자치는 사실은 근린구역의 자치를 의미하는 것이고, 근린구역에 대한 자치관리를 구역의 외부에 있는 행정관료제가 하게 할 것인가, 구역의 내부에 있는 주민들이 총회제로 직접 관리하거나, 대의제를 통해 간접관리를 하게 할 것인가의 문제이다. 물론 대의제에 의한 간접관리는 사무직원들에 의한 관료조직이 형성될 수 있다. 그렇지만, 이 사무직원들에 의한 관료조직은 '행정관료'가 아닌 '민선관료'이다. 여기서 민선관료라 함은 구역의 주민들이 직접 채용하고 통제할 수 있는 주권자라는 의미이다. 행정관료는 구역의 주민들이 직접 채용하거나 통제할 수 없고, 구역의 외부에 있는 상위의 정부에 고용된 관료들이어서 인사권을 주민들이 가지고 있지 않다.

윤석열정부의 주민자치정책은 '주민'에서 '구역'으로 전환하여야 하고, '민주주의'에서 '자치관리'로 전환되어야 한다. 정책의 대상도 '읍면동'에서 '근린구역'으로 전환되어야 하고, 정책추진의 방법도 '행정의존적 참여'에서 '구역공동체 자율적 독립성'으로 새로워져야 할 것이다. 정책의 대상도 '전국 획일성'에서 '농촌과 도시의 특화'로 지역맞춤형으로 다양화되어야 할 것이다.

윤석열정부의 지방시대가 '주민자치정책의 새로운 인식과 이론, 그리고 실천 방식'의 전환에서 시작되길 기대해 본다. (공공정책 2023.7.22.)

Ⅲ. 윤석렬정부 주민자치의 갈 길

1. 주민자치 정책 연혁

주민자치회는 풀뿌리자치를 활성화하고 민주적 참여의식의 고양을 위해 읍면동 단위에 설치된 주민참여기구이다. 여기서 주민자치회가 '주민참여'기구로 정의한 부분을 주목할 필요가 있다. 즉 주민 '자치'란 용어를 쓰면서 그 실체는 주민'참여'라는 점이고 이는 행정 관료제에 대한 시민사회의 참여제도라는 의미로서 시민사회의 자치제도는 아니라는 것이다.

연혁을 보면, 1999년 읍면동은 행정하부조직으로서의 기능을 가지고 있었는데, 기능전환의 일환으로서 주민자치센터와 주민자치위원회를 구성하도록 한 것에서 주민자치가 시작되었다고 본다. 그리고 2013년에 기능이 강화된 주민자치회를 시범운영 실시하는 것으로 바뀌었다. 여기서 주민자치위원회는 주민자치센터의 운영을 심의하는 기구로서 전국 2,994개의 읍면동에 설치된 것이고, 주민자치회는 주민자치와 주민생활 밀접 사무 등을 수행하는 민관협치기구라는 것이다.

여기서도 주목할 부분이 주민자치위원회는 주민자치센터라고 하는 행정사무를 처리하는 데 있어 '심의'하는 기구에 불과하기에, 역사 '자치'기구의 조직이 아니라는 점이다. 또 주민자치회도 '자치'라는 용어가 들어가 있지만, 주민자치와 주민생활 밀접 사무를 수행하는데 있어, 민관협치기구라는 점이다. 여기서 방점은 주민생활 밀접의 '행정' 사무를 수행하는데 있어 행정관료제에 협력하는 협치기구로서 '민'이 함께 참여한다는 것으로 해석할 수 있다. 즉 여기서도 행정관료제에 대한 '참여'기구이고 시민사회의 자치사무를 자치적으로 운영하는 기구의 조직인 '자치' 는 아닌 것이다.

주민자치회는 지방분권특별법과 각 지방자치단체의 조례에 근거하여 신설 추진되었다. 주민자치회의 구성은 '주민 중에서 일정시간 교육을 이수한 사람을 대상으로 공개추첨 혹은 위원선정위원회의 심의 등을 거쳐' 선정된다. 지역에 따라 분과회의, 정기회의, 임시회의 등을 개최하고 ,자치계획 등 주민자치회가 수립 의결한 사항을 주민들과 공유하고 최종적으로 추인하기 위해 전체 주민이 참여하는 주민총회를 개최하도록 하고 있다.

여기서 주목할 부분은 전체 주민이 참여하는 주민총회를 개최한다는 점은 직접 민주주의의 자치정부(self-government)를 형성하는 것이기도 하여, 주민자치정책의 일대 전환을 위한 패러다임이 구축될 수 있는 것이라고 할 수 있다. 그러나 주민총회에 읍면동의 주민이 얼마나 참여해야 직접 민주주의를 구현할 수 있는 것인가는 주민자치의 제도화에 논점이고, 대의 민주주의와 어떤 역할분담을 할 것인가도 주민자치 정책의 성패에 영향을 줄 것이다. 요컨대 주민자치 제도를 어떻게 구축하여야 한국 민주주의의 남겨진 과제인 직접 민주주의를 경험하면서, 대의민주주의의 한계를 극복할 수 있도록 할 것인가이다. 그러면서도 주민이 주권자로서 지역사회의 자치적 관리 역량을 함양하도록 정책을 설계해 나갈 것인가이다. 무너진 시민사회를 어떻게 새롭게 시민성과 공공성을 가진 공적 참여자로서 다시 새롭게 일어서게 할 것인가가 주민자치 정책의 목표가 되어야 할 것이다.

2. 문재인 정부의 주민자치 정책

문재인 정부는 2017년 10월 지방자치의 날에 발표한 자치분권 로드맵에서 내 삶을 바꾸는 자치분권을 비전으로 제시하였다. 그러면서 연방제에 버금가는 강력한 지방분권을 제시하였고, 핵심전략으로 풀뿌리 주민자치의 강화를 들었다. 읍면동을 주민자치의 플랫폼화 하겠다고 하면서, 공동체 활성화, 읍면동 행정혁신, 주민투표나 주민소환 등의 주민참여제도개선 등으로 구체화하였다.

그러다가 2018년 9월 우리 삶을 바꾸는 자치분권을 비전으로 제시하며, 자치분권 종합계획을 발표하였고, 이 계획에는 6대 추진전략과 33개 과제를 제시하였다. 여기서 첫 번째 추진전략으로서 주민주권 구현을 제시하였고 구체적인 과제로서 주민참여확대, 대의민주주의 한계 보완, 주민자치회의 대표성 제고와 활성화 등을 포함시켰다.

주민참여확대의 경우, 지방자치법 목적 규정에 주민자치의 원리를 규정하고, 지역의 정책결정과 집행과정에 대한 주민참여권을 신설하는 것과 주민의 알 권리 보장을 위해 정보공개 종합규정 마련, 숙의 기반의 주민참여 방식을 가능하도록 운영사례와 매뉴얼제공, 주민참여예산 제도의 적용대상을 예산 전 과정으로 확대하는 것이다. 또 대의

민주주의 한계 보완은 주민이 지방의회에 조례 발안하는 제도, 주민소환 주민감사첨구 주민투표제도 등 청구대상과 요건을 합리적으로 개선하는 것이다. 주민자치회의 대표성 제고와 활성화는 주민자치의 대표기구로서 주민자치회를 설치하고, 주민자치회에 대한 행 · 재정 지원근거를 지방자치법에 규정하되 운영관련사항은 조례에 위임하여 지역의 여건에 부합하는 자율성과 다양성을 보장하도록 하는 것을 포함하고 있었다.

그리고 2020년 12월 32년만의 지방자치법 전부개정을 통해, 지방행정에 대한 주민의 참여권이 확대되고, 지방의회의 정상화, 국정 동반자로서의 지방자치단체의 지위 격상, 지방자치단체의 책임성 강화 등에 초점을 두어졌다. 주민주권구현을 위해 지방자치정보가 지역주민에게 투명하게 공개되고, 이를 바탕으로 주민은 주민조례 발안을 지방의회에 직접 할 수 있다. 또 주민감사 청구 연령을 18세로 낮추어 폭넓은 주민감사가 이루어지게 되었다.

지방의회도 사무기구에 대한 인사권 독립, 정책지원 전문 인력 보강으로 지방의회의 역량이 제고될 수 있게 되었다. 또 중앙-지방 협력회의가 설치되어, 자치단체의 국정참여가 제도화되어, 협력적 거버넌스가 활성화될 수 있게 되었으며, 특별지방자치단체 제도를 활용하여, 시도통합이나 메가리전 형성이 가능할 수 있게 되었다.

그러나 주민자치 근거조항이 국회 논의과정에서 삭제됨으로써, 주민자치를 지방자치법에 제도적 근거를 마련하지 못하고, 주민자치가 주민자치회의 시범실시 확대로만 이루어지고 있게 되었다.

문재인 정부의 행정안전부는 주민자치와 주민자치회를 전담하는 조직으로서 주민복지서비스개편추진단(구 주민자치형 공공서비스 추진단)을 설치 운영하면서, 표준조례안을 지속적으로 개정하면서 주민자치회가 활성화될 수 있도록 추진하고 있다. 여기서 주민자치를 통하여 어떤 공공서비스를 제공하는가와 어떻게 주민복지서비스를 제공하게 할 것인가가 중요한 과제인데, 이 부분이 특정되어 있지 않은 부분은 문재인 정부가 남겨놓은 미해결의 과제라고 할 것이다.

3. 새 정부의 주민자치 정책

윤석열 정부의 중앙선거관리위원회에 제출한 10대 정책공약에는 주민자치에 대한 공약은 존재하지 않는다. 이외에 5개 분야(경제, 코로나19, 복지, 사회, 외교안보)별 공약이나 지역별 공약에서도 주민자치관련의 공약은 존재하지 않는다. 단, 주민자치와 직접 관련은 되지 않지만, 관련된 공약으로서 통장과 이장에 대한 법적근거를 마련하겠다는 공약이 있고, 이장에게 월20만원, 통장 월 10만원의 특화발전지원수당을 신설하겠다는 공약이 있다. 그러나 이것은 자치에 대한 공약이라기보다는 오히려 행정에 대한 동원을 강화하고, 행정사무 집행력을 강화하는 것이다.

<표1> 주민자치 관련 대선 공약

윤석렬 당선자 공약	안철수 후보 공약
◎ 통장 이장 · 이장통장 법적근거 마련 - 현재 시행령에 단순하게 규정된 이장 통장 임명근거를 지방자치법으로 상향 - 선임절차도 중앙정부의 예우와 지방정부의 특화 예우 등을 규정할 수 있도록 하고 조례를 통해 구체화 · 이장 월 20만원, 통장 월 10만원 특화발전 지원수당 신설 - 농어촌 측화발전 추진과정에서 지역자원조사지원, 주민의견수렴, 특화마을만들기 주도 등	없음

그리고 윤석렬 정부가 안철수 국민의 당과 공동정부를 구성하거나 합당한다고 하면, 안철수 후보의 공약들이 일부 반영될 가능성은 있다. 그런데 안철수 후보의 공약에도 주민자치와 관련된 공약은 없었기에 윤석열 새 정부의 주민자치에 대한 정책은 현재로서는 부재한 것으로 평가할 수 있다.

그렇다고 하면, 윤석열 새 정부의 주민자치 정책의 나아가야 할 길은 어떤 것이어야 하는가? 윤석열 정부는 문재인 정부가 잘 한 정책은 계승하고, 잘못한 정책은 갈등을 일으키더라도 폐기하거나 전환하려고 하는 것으로 보인다. 즉 부동산, 원자력, 여성가족부, 중대재해처벌법 등 문재인 정부와 대립의 각을 세운 정책이 있는가 하면, 실용주의와 국민의 이익이란 관점에서 문재인 정부가 잘 한 것은 계승하겠다고 3월 26일 대통령직 인수위 워크숍에서 제시하였다.

그렇다면, 주민자치 정책은 계승해야 하는 정책인가 그렇지 않으면,

대립의 각을 세우면서 갈등을 일으킬 정책인가에 대한 판단이 내려져야 한다.

〈표1〉에서 살펴본 바와 같이 윤석열 당선자의 후보시절 대선공약에서 주민자치 관련의 공약이 전무하고, 오히려 읍면동 행정 관련으로 이·통장에 대한 법적근거나 수당지원에 대한 공약만을 제시하고 있다.

따라서 윤석열의 새 정부는 주민자치정책에 관한 한 문재인 정부의 주민자치 정책을 비판적 계승을 하는 것이 필요할 듯 하다. 즉 문재인 정부의 주민자치 정책은 행정관료제에 의한 지원을 통한 주민자치회 활성화라는 프레임을 가지고 있었던 것이고, 이것은 시민사회에서 자생적인 주민자치가 생겨날 때까지 한시적으로 지원한다는 전제가 있었던 것이다. 그러나 그 한시적인 것을 주민자치에 관한 지원을 법제화하려고 하고 있어, 주민자치가 시민사회의 자립적이고 자생적인 근린 공유서비스에 대한 자치관리의 플랫폼이 되지 못한다는 한계를 가지고 있었던 것이다.

이 점에서 윤석열 정부는 근린 공유서비스에 대한 자치관리가 될 수 있도록 근린계층에 보충성의 원칙에 입각한 생활 공유서비스 공급의 자치권을 부여하는 주민자치 정책을 수립해야 할 것이다. 이것은 아파트단지에 주차장, 방범, 엘리베이트, 조경, 쓰레기처리, 조명 등 생활공유서비스 공급에 대한 자치관리를 위한 공동체자치 시스템이 구축되어 있는 것을 벤치마킹하는 것이다. 즉 비아파트단지 구역에 대해서도 구역 주민들이 공유서비스로서 공급할 수 있는 것을 특정하고, 이 공유서비스 공급을 위한 자치규약을 주민총회를 통하여 만들고, 그 규약에 따라 근린자치의 대표자들을 선출하고, 전문적 관리를 위한 사무소를 두어서 집행 관리를 해 나가도록 하는 것이다. 비아파트단지 구역은 대체적으로 통 정도의 규모일 수 있고, 농어촌지역은 리 정도의 규모일 수 있다.

다시 말해 윤석열 정부의 주민자치 정책은 도시지역과 농촌지역을 차별화하여, 근린생활구역의 생활 공유 서비스의 자치관리를 위한 공동체자치 시스템을 구축하고, 이러한 공동체자치에 주권자로서 참여하는 과정에서 시민성을 가진 주권자를 함양하는 비전을 가지고 설계되어야 할 것이다. (월간공공정책 2022.5)

Ⅳ. 2025년 주민자치의 전망과 과제

1

2025년은 새로운 민주주의 시대가 열릴 것으로 기대된다. 대통령 중심제의 한국 헌법 체계가 더 이상 지속되기 어려운 시스템이라는 것이 경험된 것이다. 탄핵이 되든 탄핵이 중단되든 어느 쪽이더라도 한국의 제왕적 대통령 시스템과 중앙집권적 성청시스템은 개혁되어야 할 것이다.

이 과정에서 한국의 지방자치제도와 중앙정부와 지방정부간의 분권적 헌법 시스템이 새롭게 도입되어야 할 것이고, 정책영역별로도 중앙정부부처가 법적 권한과 예산, 인력을 독점하던 구조는 지방정부에 이양(empowerment)하는 개혁을 하여야 할 것이다.

그리하여 지방정부는 지방의 문제를 자기 결정과 자기책임을 가지고 해결할 수 있는 자치분권형 정부시스템을 가져야 하고, 풀뿌리 지방자치가 가능할 수 있도록 주민자치 패러다임에 입각한 근린생활 자치시스템이 보충성의 원칙(principle of subsidiarity)과 전권한성의 원칙에 의한 제도설계가 되어야 할 것이다.

이러한 분권자치 풀뿌리 민주주의 시스템이 새롭게 제도 설계되고, 도입되어야 진정한 지방시대가 올 수 있을 것이다. 현재와 같이 말로만 지방시대를 외친하고 해도 그것을 구현할 수 있는 제도개혁과 세제와 예산구조개혁, 시민사회의 공론장이 만들어지지 않으면, 지방시대는 오지 않고, 여전히 중앙집권시대가 이어지는 것이다.

한국의 지방자치제도는 지난 34년간 부활하여 운영하고 있지만, 성과도 있었지만, 여전히 많은 구조적 문제점을 양산하고 있다. 그 중에서도 가장 심각한 것 중에 하나는 수도권과 비수도권의 격차가 심화되고, 수도권으로 인구와 자원의 이동이 블랙홀처럼 빨아들이고 있다는 것이다. 이로 인해, 비수도권의 지방은 쇠락할 뿐만 아니라 지방 소멸을 겪을 위기에 처해 있다는 것이다.

이 지방소멸의 위기를 대응하기 위해 중앙정부부처는 인구감소대응기금이나 균형발전특별회계, 혁신도시 조성, 중앙행정부서의 세종시 이전 등 다각적인 정책과 제도를 도입해 왔지만, 인구 15만이하의 시군의 경우, 인구의 유출이 심각한 것이다. 지역이 소멸될 위험이 가장 높은 곳이 인구 15만이하의 비수도권이다.

군 지방자치단체의 평균 재정자립도를 보면, 10%대에 불과하고, 지방세가 600억원 정도라면, 국고보조금을 받는 것이 5,000억원이 되는 정도로 심각한 중앙정부 의존 현상이 나타나고 있는 것이다. 군 지방자치단체의 평균 공무원수가 600명 정도인데, 이 중 국고보조사업을 위한 사무가 재정규모로 보면, 80%이상을 차지하고 있는 셈이다. 현재의 군 지방자치단체의 조직의 상당 부분을 광역시 · 도 지방자치단체로 이관하는 것이 필요하다.

그리고 한국의 지방자치제도를 선진국의 지방자치제도와 비교해 보면, 가장 먼저 제도왜곡이 되어 있다고 보여지는 부분이 기초지방자치단체의 인구규모이다. 독일이나 프랑스, 미국, 일본의 기초지방자치단체의 평균 인구규모는 2천에서 1만명이하이다. 그런데 한국의 시군구 지방자치단체는 평균이 20만명이므로, 한국에는 풀뿌리 기초 지방자치단체가 없는 셈이다.

한국의 지방자치제도의 역사를 보더라도, 시군구 지방자치제도는 1991년부터 운영되었던 것인데, 그 유래를 보면, 1961년 지방자치 중단기에 시읍면자치제도를 시군자치제도로 변경하면서, 그 중앙집권적 지방행정체제의 시스템이 그대로 이어진 것이다. 따라서 시군구 계층에 지방의회를 설치하여 주민들의 투표에 의하여 지방의원들을 뽑아도 주권자인 주민과 지방의원간의 소통이나 관계가 선진국에 비하여 너무 먼 것이다. 결과적으로 한국의 지방자치제도에서 지방의원들은 주민들의 생활문제를 경청하고, 소통하면서 공적 토론을 이끌어내는 역할을 하는 것이 아니라, 중앙정당에서 공천권을 가지고 있는 국회의원이나 당협위원장의 눈치를 보는 존재가 되어 버린 것이다.

그렇다면 진정한 지방시대는 어디서부터 어떻게 열어가야 하는 것일까? 지방자치제도를 주민자치 패러다임에 입각하여 지방자치시스템을 재설계해야 할 것이다. 2025년은 한국에 지방자치제도가 재도입된 지 35년이 되고, 지방자치단체의 단체장의 선거가 도입된 지 30년이 되는 시점이다. 단체자치 패러다임에 의한 시스템을 주민자치 패러다임에 의한 지방자치시스템으로 전환해야 하는 기회의 창이 열린다. 새로운 지방자치시대는 한국의 지방자치행정시스템이 주민자치 패러다임에 의하여 새롭게 설계될 때, 가능할 수 있을 것이다.

2

주민자치 패러다임에 대한 논의가 매우 구체적이고 세련되게 성숙해 가고 있다. 이러한 성숙함의 토양에는 한국주민자치중앙회와 한국자치학회에서 지난 13년 이상 주민자치에 대한 논의를 학제적으로 그리고 철학적으로 역사적으로 심화시켜 둔 것이 있다. 이 점에서 최근에 한국의 주민자치의 실체를 파악하고, 한국에서 자생적으로 주민자치 패러다임의 발생 가능성을 형성하기 위한 최근의 논의를 정리해 보는 것이 2025년의 첨두에 의미 있는 것일 수 있다.

주민자치 논의를 통하여 한국의 지방자치가 궤도를 잘 못 잡았던 가장 큰 문제는 기초지방자치의 규모를 시읍면 계층으로 하지 않고 시군구라는 광역구역 규모로 하였다는 점이다. 즉 주민자치의 기초단위를 주민자치가 가능할 수 있는 수백명 내지는 수천명 수준으로 설계되어져야 실질적인 주민자치가 이루어 질 수 있다는 점이다

두 번째로 주민자치는 주민들 간에 공유된 뭔가가 있어야 한다는 것이다. 즉 이익을 공유할 수 있든지, 혹은 가치나 신념을 공유할 수 있거나 아니면, 생활을 공유하는 조건이 있어야 한다는 것이다. 한국에서 주민자치의 성공사례로 자주 이야기되고 있는 제주도의 리 단위 주민자치는 예외 없이 공유자산(commons)을 매개하여 주민자치가 실질화되고 있는 것이다.

또 한반도의 내륙지역에서 리 단위 자치에서 마을의 전통적 가치라든가 생태적 가치 혹은 문화유산가치를 존중하는 것에 대한 주민들의 자부심과 정체성을 갖는 경우에 주민자치가 실질적으로 이루어지더

라는 것이다.

한편, 도시지역에서는 공동주택에서 공동생활과 관련된 일상적인 문제를 공유하는 생활공유형 자치여서 실질적 주민자치가 이루어진다는 것이다. 공유공간의 활용과 관리, 생활쓰레기 문제, 주차문제, 층간소음, 아파트 주민 복리시설, 흡연 등 생활 공해, 자원재활용, 통근과 통학관련 사안, 인근 지역과의 생활 갈등 상황 등 공유적 생활문제가 있는 경우에는 주민들의 능동적 관여와 자치적 해결을 위하여 주민자치가 실질화 되더라는 것이다(전영평, 2024:88).[1]

세 번째로 주민자치 패러다임이 운영되기 위해서는 주민자치의 조직화와 공동체의 리더십형성이 중요하다. 주민자치 현장에는 자치회장, 이장, 부녀회장, 노인회장 청년회장 등 리더그룹들이 형성되고 있는데, 이들의 권력구조와 권력행사방식, 상호작용의 관계성이 어떠한가에 따라서 주민자치의 성과가 달라지더라는 것이다.

요컨대, 주민자치 논의에 대한 주민자치 중앙회와 한국자치학회 등의 숙성된 정리들에 의하면, 현재의 주민자치회나 주민자치위원회의 운영방식으로는 실질적 주민자치에 이르기 어렵다는 점이다. 주민자치 패러다임에 의한 실질적 주민자치를 위한 구조 설계를 새롭게 해야 할 것이다. 2025년에 주민자치 논의는 진정한 지방시대를 열기 위해서 새 술은 새 부대에 담는 거듭남이 필요하다. 새 술을 헌 부대에 담아서는 술도 버리게 된다.

---

1 전영평, 2024. 주민자치 실체파악 위한 답사설계: 지역특수성 지표구성. 월간주민자치(2024.12) vol 158.

3

주민자치의 새로운 부대가 준비된다면, 한국 직접민주주의 자치분권 민치시스템에 의한 주민주권이라고 하는 새술이 담아질 수 있을 것이다. 직접 민주주의는 대의 민주주의의 한계를 보완하고 주민주권이라는 헌법적 가치가 구현될 수 있는 시스템이다.

스위스와 같은 강한 민주주의 국가에서는 대의민주주의 중앙집권 통치 시스템과 직접 민주주의 자치분권 민치 시스템이 보충성의 원리와 연방제의 원리에 기초하여 씨줄과 날줄로 작용하 는 상호견제 시스템이 작동한다고 한다(임진철, 2023:364).[2]

상호견제라고 하면, 한국에서는 입법부와 행정부의 상호견제라든가, 지방자치단체의 단체장과 지방의회 간에 견제와 균형(check and balance)를 말하고 이것이 민주주의를 가능하게 하는 것이라고 한다. 그러나 이러한 견제와 균형은 입법부와 대통령간이나 단체장과 지방의회 간에만 있어서는 온전한 민주주의가 이루어지기 어렵다. 이것은 이미 한국의 87년 체제의 한계가 입증하고 있는 것이다. 87년 체제는 군사독재 체제를 타도하여 만들어진 대의 민주주의 체제라고 할 수 있는데, 이것은 50%의 민주주의 체제일 뿐이다.

한국의 민주주의가 미래적으로 나아가야할 새 부대는 숙의 토론 민주주의와 공론 정치가 기반이 되는 합의 민주주의라고 한다면, 대의 민주주의와 직접 민주주의라는 두 시스템이 협치하고 융합할 때라고

2 임진철. 2023. 담대한 혁신사회플랜: 마을공화국 지구연방. 도서출판쇠뜨기.

한다. 숙의 토론 민주주의가 제대로 정착하지 않으면, 검찰과 언론방송, 재벌 등의 기득권에 의하여 언재든지 여론이 조작되거나, 팬덤 정치에 의하여 주민주권이 휘둘릴 수 있다. 이 점에서 강한 민주주의가 제대로 뿌리내리기 위해서는 좋은 언론방송과 미디어, 그리고 싱크탱크의 존재가 중요하다.

한국에서 스위스와 같은 강한 민주주의 국가로 새롭게 거듭나기 위해서는 주민자치 패러다임에 입각한 총회형 자치분권 민치 시스템이 새롭게 설계되어야 하고, 이를 기반으로 하여, 대의 민주주의 통치 시스템과 융합하는 것이다. 이러한 강한 민주주의로의 여정을 위해서는 2025년에 주민자치 패러다임에 의한 실질적 주민자치와 근린생활 구역에서의 주민주권 구현이 이루어질 수 있는 의제(agent)가 주민자치 정책과정(policy process)에 의제화 되어야 할 것이다.

그렇다면 주민자치 패러다임으로의 여정을 위한 발화점을 한국의 2025년 현실에서 어디에서 찾아야 할 것인가? 그러한 발화점을 아파트단지의 입주자대표회의라는 조직을 주민주권에 입각한 시민사회의 공론장으로 전환하는 이슈에서 찾을 수 있을 것이라고 본다.

현재의 아파트단지의 입주자대표회의는 아파트단지의 자치관리를 위한 시스템으로서 조직화된 것이다. 그러나 여기에는 아파트의 시설관리에 관한 이슈를 처리하기 위하여 아파트 소유자들의 조합과 같은 것으로 아파트 건물의 수요와 공급이 이루어지는 시장경제시스템이 작동하는 공간에서 시설관리라고 하는 사무를 처리하기 위한 보조시스템의 역할이 부여되어 있다. 따라서 아파트 단지에 거주하는 주민들의 이익 공유를 위한 자치관리에 그치고 있어, 소비자로서 참여하는 것이다.

2025년에는 한국의 진정한 민주주의를 위한 여정을 위한 기회의 창이 열리고 있다. 여기에 주민자치 패러다임이 먼저 아파트 단지의 주민 공동체에 도입될 필요가 있다. 총회형 혹은 타운정부 형 주민자치가 아파트단지에서 도입되어야 하는데, 이것은 아파트 입주자대표회의의 본질을 소비자로서의 주민이 아니라, 주권자로서 주민이 참여할 수 있도록 전환(transform)하는 것에서부터 논의를 시작할 수 있을 것이다. 주민주권에 기반한 새로운 헌정 질서를 아파트단지의 공론장을 만들어 가는 것에서부터 지방자치정책을 새롭게 시작해 볼 것을 기대한다.